扬子鳄刑辩联盟  苏州大学王健法学院

扬子鳄刑辩联盟
苏州大学王健法学院　编

YANGZIE XINGBIAN LIANMENG JINGXUAN XINGSHI ANLI JI

扬子鳄刑辩联盟精选刑事案例集
精彩辩护人

主　编／周小羊
副主编／方　园　宋建平

JINGCAI

BIANHUREN

苏州大学出版社
Soochow University Press

图书在版编目(CIP)数据

扬子鳄刑辩联盟精选刑事案例集. 精彩辩护人／扬子鳄刑辩联盟,苏州大学王健法学院编；周小羊主编. —苏州：苏州大学出版社,2020.7
ISBN 978-7-5672-3138-2

Ⅰ.①扬… Ⅱ.①扬… ②苏… ③周… Ⅲ.①刑事诉讼－辩护－案例－中国 Ⅳ.①D925.210.5

中国版本图书馆 CIP 数据核字(2020)第 108663 号

扬子鳄刑辩联盟精选刑事案例集
——精彩辩护人
扬子鳄刑辩联盟、苏州大学王健法学院　编
责任编辑　刘一霖

苏州大学出版社出版发行
(地址：苏州市十梓街1号　邮编：215006)
镇江文苑制版印刷有限责任公司印装
(地址：镇江市黄山南路18号润州花园6-1号　邮编：212000)

开本 700 mm×1 000 mm　1/16　印张 21.5　字数 353 千
2020 年 7 月第 1 版　2020 年 7 月第 1 次印刷
ISBN 978-7-5672-3138-2　定价：68.00 元

若有印装错误,本社负责调换
苏州大学出版社营销部　电话：0512-67481020
苏州大学出版社网址　http://www.sudapress.com
苏州大学出版社邮箱　sdcbs@suda.edu.cn

编写人员名单

主　　编 周小羊

副 主 编 方　园　　宋建平

编　　者 胡凤敏　　周钦明　　郝　亚

　　　　　　黄晓炎　　高　勇　　王　君

　　　　　　张　剑　　陆吕杰　　吴正红

序

　　为展示刑辩之力量与技巧，促进刑辩律师之间的交流，2019年3月，《扬子鳄刑辩联盟精选刑事案例集——进攻型辩护》成功出版。该书是扬子鳄刑辩联盟携手苏州大学于2018年3月举办的首届刑辩研修班学员及业内优秀刑辩律师的成果。在此基础上，我们再接再厉，以进攻型辩护为序章，面向五湖四海的刑辩律师及两届刑辩研修班学员征集稿件，终于将《扬子鳄刑辩联盟精选刑事案例集——精彩辩护人》交稿出版，在此对大家表示诚挚感谢。

　　本书面向的是非专业刑辩读者，将一个个刑事案件娓娓道来。在律师与当事人的谈话中，当事人不再只是犯罪嫌疑人、被告人。在追寻探索中，我们开始慢慢了解故事背后的冤屈与真相。在律师与司法机关的争辩中，我们才知道，律师在庭审上辩护的精彩表现背后，是夜以继日的伏案工作，不放过任何细微之处以寻找辩点。随着一个个真实故事的展开，我们不禁为一波三折的案情捏一把汗，也为律师风采所折服。本书不同于其他法律书籍，没有枯燥的法律专业知识讲解，而是通过一个个真实的故事、最朴素的语言、最扣人心弦的案情，让即使是毫无法律背景的读者也读得明白，读得沉迷。可能有读者在阅读的过程中会有这样的问题：为什么律师既要为弱者伸张正义，也要为受争议的人辩护？为什么书中有些案件能取得非常成功的效果，有些案件的结果却不甚理想？关于第一个问题，读者须知，辩护权是被告人的一种权利，无论被告人是什么样的人，其辩护权都应得到充分保护。这既是为了维护被告人的合法权益，也是为了保证不冤枉一个好人。关于第二个问题，本书收录的案件既包括成功案例，也有结果不尽如人意的案例，是因为相比案件结果，辩护过程本身也是极其重要的一环。成功辩护固然值得夸赞与宣扬,但在那些未能得到理想判决的案件中,律师在辩护过程中所费的心力、发表的具有前沿性的辩护观点、在庭审上的精彩表现,也委实值得学习。

人们常说,律师是法律界的守夜人;守夜人的坚持可以不让世界变得更坏。而我相信,刑辩律师的专业能力、职业坚守、精彩辩护可以让世界变得更好。

精彩辩护人,未来更精彩。

周小羊

2020 年 3 月 20 日

目 录 CONTENT

贝贝伤人为哪般
　　——褚秀霞不被起诉案　001
这份枪支鉴定书是怎么出炉的？
　　——李某涉嫌非法制造枪支案终获不起诉　009
枪案疑云迭起　有效辩护成功改判
　　——刘某涉嫌非法买卖枪支案　015
兑水后的产品就成了伪劣产品吗？
　　——郭某涉嫌生产、销售伪劣产品一案获不起诉　025
热心求学引发的牢狱之灾
　　——李某某销售假药案　032
老板跑路，员工顶罪
　　——冯某某走私废物案　040
火速会见，救了一位年轻人
　　——宗某涉嫌走私普通货物案办案札记　047
集资诈骗？非吸？
　　——姚某庆非法吸收公众存款案　051
互助平台一场梦，挽救企业终成空
　　——曾某某涉嫌非法吸收公众存款案　057
涉案千万元，终获自由
　　——住多少就被判多少的职务侵占案　065

一起举报人变成犯罪嫌疑人的离奇刑案

  ——王某虚开增值税专用发票案件 077

善心汇：全国传销犯罪第一案

  ——张某涉嫌组织、领导传销活动终获不起诉 086

我们遇到了好法官

  ——帮助老盐工匡某进行"马拉松"式维权纪实 095

恩怨夺命球

  ——李某过失致人死亡案 100

本是同根生，琐事酿惨案

  ——陈某涉嫌故意伤害罪 106

被告人是自动投案，还是被警察抓捕归案

  ——重大少数民族集体上访事件是这样被避免的 110

两小无猜花开早

  ——许某梁强奸幼女案 118

情人，无情

  ——莫某某涉嫌强奸不被起诉案 129

以子之矛，攻子之盾

  ——翁某涉嫌强奸一案获缓刑 138

从无期徒刑到无罪并获国家赔偿的艰辛

  ——阳某某涉嫌强奸一案 144

一桩强奸亲属案件引发的思考

  ——杨某涉嫌强奸案 150

此罪？彼罪？真无罪？

  ——孔某猥亵儿童案 157

网吧少年智斗绑匪

  ——扎某绑架罪案 168

催要合法债务不成，反成非法侵入住宅

  ——为了讨债贸然入室 175

既是原告又是被告，究竟是谁侮辱了谁
　　——杨玉良涉嫌侮辱罪终获无罪　　179
编造身份出售冒牌车辆是犯罪吗？
　　——陈某涉嫌诈骗案获绝对不起诉　　188
从一件不起诉案件说起
　　——曾某涉嫌诈骗终不被起诉　　194
一个错字引发的诈骗案
　　——张兵涉嫌诈骗终获不起诉决定　　204
有效辩护：论诈骗与非法经营的是与非
　　——未经许可经营黄金期货业务，诱使他人交易并向客户提供反向提示操作的行为如何定性？　　212
执法程序严重违法，妨害公务能否构成？
　　——周某某妨害公务无罪案　　219
爱情保卫战
　　——朱某某涉嫌寻衅滋事案获不起诉　　222
关于"代理人涉嫌虚假诉讼罪共犯"案件的辩护要点分析
　　——张某涉嫌虚假诉讼罪案　　228
污染严重超标的案件如何终获缓刑
　　——陈某涉嫌污染环境获缓刑（当地同类案件中第一起缓刑判例）　　233
咬文嚼字争取而来的无罪
　　——以非法处置进口的固体废物罪分析刑法中"处置"与"利用"的关系　　236
庭审被直播的江西鹦鹉案　　244
一场意外山林大火促成的无罪辩护
　　——章某涉嫌非法占用农用地一案获不起诉　　256
从命悬一线到绝处逢生
　　——"大毒枭"终获无罪释放　　262

毒品刑事案件的不起诉与取保候审
　　——记一名零包毒贩的起落　272
撼动三个"十五年"
　　——张某某贩卖毒品案之有效辩护　280
再坚持一下，下一步就是奇迹
　　——高某传播淫秽物品牟利案办案札记　287
公司资金流动怎成贪污？
　　——陆某贪污案　292
作家之殇
　　——作家程某某挪用公款罪案辩护纪实　301
判决免予刑事处罚的遗憾
　　——姚某某涉嫌受贿案辩护记　308
被"骗补门"风暴扫到
　　——李某某滥用职权案　316

　　附录　323

贝贝伤人为哪般
——褚秀霞不被起诉案

曾经有一篇狗伤人的新闻报道被网友疯狂转发。报道中受伤男孩鲜血淋淋的惨状牵动着网友们的心,狗主人纵狗伤人后带狗逃跑的举动更是激发了网友们的口诛笔伐。一时间,网友痛骂狗主人,让狗主人去死的咒骂铺天盖地。报道中称司法机关已拘留了养狗人,几天后批准逮捕,将以涉嫌以危险方法危害公共安全罪追究其刑事责任。

生活中狗咬人的事并不鲜见,但纵狗伤人、带狗逃跑的并不多见。狗的主人是谁?他为什么要纵狗伤人?他将会受到怎样的惩罚?受伤的孩子是否无辜?一个个疑问让大家对案件的进展高度关注。

贝 贝

褚秀霞(化名)是一位生活在矿区与村镇接合部一个小区的退休女工。曾经经历的坎坎坷坷让她看淡了一切。她每日过着平淡的生活。在第一任丈夫离开后,她结识了情投意合的王木木(化名)。两人都非常珍惜这段感情,但女儿无论如何也不接纳王木木。虽然三年后两人无奈分手,但均未再婚。由于两家住得较近,两人在生活上还是互相照应。后来女儿出嫁到外地,渐渐理解了母亲,对母亲与王木木保持来往也就不再干预。

在共同生活的岁月里,两人一起饲养了一条德国牧羊犬,并为它取名贝贝。贝贝乖巧懂事,深得两个主人的喜爱。它最爱玩扔球抛球的游戏。它有健壮的体格,适合奔跑。每一次叼回主人抛出的皮球后接受主人的抚爱,对贝贝来说都是一种满足和享受。邻居都曾见过他们两人与贝贝一起嬉戏时的欢乐场面,贝贝那种与威猛体型不相符的温顺、活泼、乖巧的性格深受大家的喜爱。但毕竟贝贝属大型烈性犬,平时王木木还是将贝贝关

到定做的大铁笼子里,只在带它遛弯时或晚上锁上院门后,才打开笼门。

伤　　人

　　意外却总是在不经意间来临。

　　太阳西下,又到了贝贝放风遛弯的时间。昨天酒后归来的王木木一觉睡到了日上三竿,匆匆喂食之后忘记关笼门,便急忙赶去单位上班了。贝贝见笼门没关,欣喜若狂。它在院里跑来跑去,等着每天傍晚遛弯玩耍的欢乐时光。而今天女主人迟迟不来,让贝贝有些焦躁。它高声吠叫,希望得到主人的回应。

　　褚秀霞出门办事回来,眼见有点晚,不禁加快步伐。她不知道与以往不同的是贝贝没有关在笼内,更想不到亲爱的贝贝会闯下滔天大祸,把它的主人送进看守所。

　　熟悉的脚步声引起了贝贝的注意。院门刚被打开一条缝隙,贝贝便夺门而出,一溜烟地冲了出去。褚秀霞连忙关上院门,快步追赶贝贝。

　　五月初傍晚的气温最为宜人。老人们在家门口闲聊,扯着家长里短。一群孩子在一小块平地上嬉戏玩耍。一个半旧的篮球是他们追逐的目标。他们像一群逐食的鱼儿,随着篮球的跳跃、滚动,一会儿跑到东,一会儿又跑到西。

　　贝贝跑得很快,在四处跑动中,发现了孩子们手中争来夺去的球。这不正是它最爱的游戏吗?贝贝没有丝毫犹豫,扑了上去,一口咬住了在地上滚动的球。孩子们见狗来势汹汹,都吓呆了,只躲在那边看着狗叼着球向一个阿姨跑去。

　　褚秀霞看到贝贝像个淘气的孩子一样把战利品送到跟前,又听到旁边的孩子们惊魂未定,七嘴八舌地说着"那是我们的球。还给我们",真是哭笑不得。她赶紧把球从贝贝嘴里拿下来,很自然地做了一个让她后悔莫及的动作——把球掷还给孩子们。

　　看着蹦蹦跳跳跑过来的篮球,孩子们一拥而上,都想将球抢到自己手里。突然间,一道黑影闯进人群,撞倒了两个小男孩,一口咬住了抢到球的男孩的胳膊,发出"呼、呼"的怒哮,来回甩动头部。顿时,男孩的胳膊鲜血淋漓。受到惊吓的孩子们哭喊着四散奔逃。受伤的男孩没能挣脱,已经被拖倒在地,极度的恐惧和疼痛使他放弃了挣扎,泣不成声。

眼见贝贝咬住男孩胳膊并将其拖倒在地,褚秀霞的脑袋里霎时一片空白。她旋即冲上去一边喊"贝贝松口",一边用手、鞋狠打贝贝的头和身体。附近的居民见状,纷纷拿起手边的物品上前一起打狗,解救孩子。一时间狗叫声、人呼喝声,还有孩子们的哭喊声乱成一团。

贝贝挨了主人和别人的一通打,仿佛也意识到自己犯了大错,松开口,耷拉着脑袋灰溜溜地朝家的方向走去。褚秀霞紧跟其后,生怕再出变故,到家立即把它锁回笼子里。

孩子们还在血泊里等待着救援。围观的人越来越多,有打110的,有打120的,有询问孩子伤势和家长姓名、住址的。大家议论纷纷,"狗把小孩咬得不轻,胳膊恐怕是保不住了","我看到狗主人把球扔向孩子们,纵容、怂恿狗咬人","狗主人偷偷带着狗溜了","就是她让狗咬人的,要不然为什么带着狗偷跑了"……

风口浪尖

不一会儿,救护车和警车先后赶到。几名热心群众将被咬得血肉模糊的孩子送往了最近的医院紧急治疗。"一条大狗快把小孩咬死了"等狗咬人的消息像风一样迅速传遍小区。经过群众添油加醋后,事情已经完全不是原来的模样。

警察在调查中发现狗和它的主人已不见踪迹,而围观群众不能提供关于狗主人身份的准确信息,但异口同声地说狗主人在狗咬人后,携狗潜逃,强烈要求公安机关严厉惩处。

褚秀霞看着笼子里的贝贝,不知如何是好,给王木木打了几个电话,但都没有接通。褚秀霞清楚地知道,小孩伤得不轻,甚至可能有性命之虞,但自己没什么积蓄,拿什么去赔人家呀?正当褚秀霞胡思乱想之际,王木木回电了。王木木了解了事情经过后,安慰褚秀霞:"该赔的还是要赔。你别管了,我去处理。"听到王木木的答复,褚秀霞松了口气,恍恍惚惚回到家中。

就在褚秀霞在家里苦苦等待之际,事发现场的人们口口相传,添油加醋,将狗主人形容成一个故意放狗来伤害别人、报复社会的"女魔头"。对

贝贝伤人为哪般

受伤孩子的同情和对"女魔头"的憎恨,让人们放弃了自己去探求真相的理性,一股脑地在网上愤怒地控诉、谴责、谩骂狗的主人。

当晚,新闻工作者凭借敏锐的职业嗅觉,纷至沓来。居民接受记者采访时更是将发生的事不尽不实地反馈给记者,说狗主人明知自家狗是烈性犬,还将其随意释放到小区,在狗咬人后赶忙带狗逃离现场。记者们在现场、医院拍下一些照片后,一篇篇带有倾向性的新闻报道随即见于网端:"事件发生后狗主人却逃逸""狗的主人带狗匆忙离开现场,至今未现身""狗主人在旁观看,未曾上前阻拦,任由狗咬伤男童""被咬男童生死未卜"……由于事件快速发酵,市领导高度关注,指示相关部门协同配合,立即查出肇事者,严厉惩处,同时加强对饲养烈性犬的监管,杜绝类似事件发生。

身陷囹圄

市领导的密切关注,沸沸扬扬的社会舆论,使得一个原本简单的民事侵权案件的定性变得扑朔迷离。当晚,公安机关在市、矿区两级检察院的监督指导下,以涉嫌以危险方法危害公共安全罪刑事立案,通过各种技术手段侦查的同时,在网上发布公告,鼓励广大知情群众积极举报肇事狗主人。

网上背离事实、汹涌如潮的谴责和来自国家机关的强大压力让褚秀霞和王木木一筹莫展。褚秀霞当时确实离开了现场,即使现在解释是怕狗再伤人才先把它"押解"回家,别说是受伤小孩的家长,恐怕就是其他人,也没有一个人会相信。如果现在出面承认是自己的狗肇事,就相当于承认她就是那个"女魔头",她实在没有那么大的勇气。如果不出面承担,她的良心就会受谴责,而且纸终究包不住火,附近居民经常看到贝贝,早晚会找到她。况且现在公安机关已经刑事立案,她一出面承认,就会被判刑……两个人思来想去,商量半天也拿不定主意,一筹莫展,彻夜不眠。

第二天清晨,"哪、哪、哪"的敲门声打破了宁静。一种不祥的预感油然而生。果不其然,王木木打开院门后,三名警察鱼贯而入。褚秀霞将昨天狗咬人的事和盘托出,供述了事件的详细过程,随即被刑事拘留,送进了看守所,十天后被逮捕。

巧　合

褚秀霞的女儿得知母亲被抓，心急如焚，匆匆赶回家，向王木木了解了事情经过，和亲戚再三商量决定聘请律师，寻求帮助。恰好其同学的一个李姓朋友就是律师。其和同学一起向李律师说明来意后，李律师表示这个案子不同一般，强大的舆论压力，市领导的督办，两级检察院的提前介入、督导从目前来看多多少少已经使得该案的办理偏离法治轨道，而且他本人并不擅长刑事辩护，所以李律师不想接受委托，但可以帮她推荐更合适的律师人选。

刘彦成、韩友鑫律师也关注到这起狗咬人事件。他们对网络上的炒作信息表示怀疑：狗主人平白无故为什么会纵狗咬人，而且还是咬小孩？咬人后未拴狗绳的狗去了哪里？既然有人说经常见到这只狗和它的主人，狗和主人怎么能凭空消失？会不会是狗主人急丁管教、拘束狗，而未将小孩送医？当狗主人准备出面来处理此事，但发现被歪曲的舆情对自己严重不利，而又无从辩解的时候，她很可能就选择缄口不语，这也符合趋利避害的一般心态。从现有情况来看，这是一起民事侵权案件，而不属于刑事犯罪案件。从社会危害性程度分析，没拴狗绳遛狗的行为与放火、决水、爆炸、投毒等行为显然不具有相当的危险性和社会危害性；从审判实践分析，因狗一次咬人，司法机关就以该罪名追究狗的所有人、管理人刑事责任的案例实属罕见。所以，刘彦成、韩友鑫坚信狗主人的行为不构成以危险方法危害公共安全罪。出于律师的正义感和对法治的信仰，两位律师非常希望为狗主人辩护，迎接这个挑战，但前提是受到当事人亲属的信任和委托。

案发后第六天，褚秀霞的女儿在李律师的推荐下找到刘彦成律师，恳求刘彦成律师一定要救救她妈妈。刘彦成、韩友鑫律师向其了解了一下情况，发现其不能提供更多有效信息，于是决定马上会见褚秀霞。

一波三折

在看守所，两位律师见到了孤立无援、身心俱疲的褚秀霞。随着交谈的深入，对案件事实有了深入了解。为进一步核实案情、感受案发当时的

过程，他们在王木木带领下，在与案发时间相同的时间查勘养狗的处所、当日遛狗的路线、沿途环境，在脑海中复原狗咬人事件的整个过程。之后，两位律师更加坚定了无罪的判断。

当时褚秀霞尚未被批捕。在会见后第二天，两位律师即向检察院提交了连夜完成的《不予批捕法律意见书》。检察官当面表示，他们对侦查机关的定性也持怀疑态度，会慎重考虑律师的意见。这令辩护律师、当事人及亲属满心期待褚秀霞不日脱困。谁知等来的却是批捕决定，原因是褚秀霞的行为可能构成犯罪，而且群情激愤，不捕难平民愤。

这个结果让律师深切体会到，独立司法之路还很漫长，单单从法律层面进行辩护恐怕难以奏效，必须多管齐下。首先，要做好褚秀霞的思想工作，让她知道刑事诉讼程序不是她想象的那么简单，她有可能还要在看守所待一段时间，千万不要急躁，要相信司法公正，如实向办案机关供述，不要有抵触情绪。其次，要协调做好被害人一方的赔偿、安抚工作。无论褚秀霞是不是犯罪，对被害人的赔偿责任都需要承担。及时赔偿被害人损失，取得其谅解，就能让这个事件不再进一步发酵，也能减轻社会舆论对司法独立的不良影响。再次，最关键的还是坚持以事实为依据、以法律为准绳的原则，坚持不懈地提出无罪的辩护意见。

褚秀霞、王木木完全接受律师的意见。经过多次协调，被害人接受褚秀霞的赔偿和歉意，最终表示谅解。

两位律师将《谅解书》《褚秀霞的行为不构成犯罪法律意见书》一并提交检察院，从几个方面阐述褚秀霞的行为不构成以危险方法危害公共安全罪：

第一，褚秀霞在主观上没有犯罪的故意。狗的所有人系褚秀霞前夫王木木。褚秀霞对该狗的习性有一定的了解。在本案发生前，该狗性情温顺，从未发生过咬人或想咬人的情形。故褚秀霞无法预见，更不会明知该狗会咬人。被害人曹某某、证人李某某也证实，在狗咬人时褚秀霞打狗，阻止它伤人。这说明褚秀霞对狗咬人持强烈的否定态度，并非希望或放任狗咬人的发生。

第二，褚秀霞没拴狗绳遛狗的行为不属于《中华人民共和国刑法》第一百一十四条、第一百一十五条第一款规定的危险方法。法院对以其他危险方法危害公共安全罪的认定，必须以严格掌握构成危害公共安全罪的特定构成要件为基础。法律规定的其他危险方法是有限制的，只有行为人实施危害公共安全的行为所采用的危险方法的危险性与放火、决水、爆炸以及投放危险物质的危险性相当且行为的社会危害性达到相当严重的程度，该行为才构成该罪。没拴狗绳遛狗的行为显然与放火、决水、爆炸、投毒等行为不具有相当的危险性和社会危害性。另外，狗是受球的刺激继而咬人的，而褚秀霞无法预料到遛狗的处所会有球出现，更无法预料到狗会为抢别人的球而咬人。本案实为意外事件。

第三，从司法实践来看，因狗咬人而以该罪名追究刑事责任的案例实属罕见。辩护人在裁判文书网中共检索到"狗咬人"案例515例，其中仅有新疆生产建设兵团第（农）一师中级人民法院〔2015〕兵一刑终字第00016号吴某一以危险方法危害公共安全罪案一例，另有一例"狗咬人"案件涉嫌罪名是"过失以危险方法危害公共安全罪"（详见祁阳县人民法院〔2017〕湘1121刑初650号胡小伟过失以危险方法危害公共安全罪一审刑事判决书。不确定是否生效）。辩护人在威科案例网中共检索到"狗咬人"案例540例，在无讼案例网中共检索到"狗咬人"案例524例，结果同在裁判文书网搜寻的结果。在以上两个案例中，吴某一的3条狗在2010—2013年先后9次咬伤9人；胡小伟的两条狗分别于2016年12月18日、2017年7月18日、2017年8月26日3次咬伤3人（一人重伤）。两个案子的共同点是：多条狗多次咬人。多次咬人的事实可以判断行为人在主观上的"明知或应当知道"；多条狗咬人则可证明其具有侵害公共安全的危险性。本案不同于这两个案子的是，一条狗，第一次咬人。因为狗是第一次咬人，褚秀霞在主观上不是"明知或应当知道"狗会咬人。一条狗，即便伤人，也与爆炸、放火等行为不具有相当的侵害公共安全的危险性。

第四，根据谦抑性原则，司法机关不应追究褚秀霞刑事责任。刑罚是国家为保护法益和维护秩序所采用的最后手段。能够不使用刑罚就能达到所想要的结果的，就不需要用刑罚。《中华人民共和国民法通则》第一百二十七条及《中华人民共和国侵权责任法》第七十八条、第七十九条、第八十条对于饲养的动物致害的责任承担的规定有效地调整、处理了狗咬人侵权法律关系，因此法院无须再适用刑事法律来追究褚秀霞的刑事责任。

综上所述，褚秀霞在主观上没有犯罪故意，其行为本身与放火、决水、爆炸、投毒等行为不具有相当的危险性和社会危害性。狗咬人实属意外事件，而且被害人亦接受了褚秀霞的赔偿和歉意，并书面表示谅解。辩护人

贝贝伤人为哪般

注意到该案经网络、媒体传播造成了一定的社会影响，对社会公众基于对受伤儿童的同情纷纷指责褚秀霞完全可以理解。但辩护人认为，司法人员不应将社会舆论作为办案的风向标，而应秉持司法独立和以事实为依据、以法律为准绳的原则，依法客观、理性地办案，使每一个公民都能感受到社会主义法治的公平和正义。

平　息

在漫长的等待后，辩护人及当事人终于等来了期盼的结果：检察院决定对褚秀霞不起诉。

褚秀霞在经历了意外风波和牢狱之灾后又恢复了平淡的生活。小区回归往日的平静……

市、矿区关于加强对豢养宠物监督管理的相关规定相继出台……

特别声明：文中所载案例系刘彦成、韩友鑫律师办理的真实案例。为保护当事人隐私，文中姓名均为化名。

律师简介

刘彦成，河北盛仓律师事务所创始合伙人、刑事业务部主任，中国民主建国会会员，河北省律师协会职务犯罪辩护与代理专业委员会委员，邯郸市律师协会刑事专业委员会副主任，邯郸市人民检察院人民监督员，邯郸仲裁委员会仲裁员。擅长商事犯罪研究及辩护，成功办理了大量经济犯罪与职务犯罪案件，所办案件曾入选"2017年度十大无罪辩护经典案例"，被中国法学会案例法研究会、中国政法大学刑事辩护研究中心共同授予"2017年度刑事辩护杰出成就奖"。

韩友鑫，河北盛仓律师事务所专职律师，2017年9月1日加入刘彦成刑辩团队，承办的案件曾入选"2017年度十大无罪辩护经典案例"，被中国法学会案例法研究会、中国政法大学刑事辩护研究中心共同授予"2017年度刑事辩护杰出成就奖"；还办理了大量不起诉以及免予、减轻处罚刑事案件。

# 这份枪支鉴定书是怎么出炉的？
——李某涉嫌非法制造枪支案终获不起诉

自制"枪支"，身陷囹圄

家住贵州省遵义市某县的李某于2017年4月从工地上带回一把射钉枪，之后通过视频资料自学，在网上购买了无缝钢管、钢珠，自行组装成一把"枪支"，用来打鸟。打过几次鸟之后，李某就再也没有用过这把"枪"。然而，李某没有想到，2018年11月，公安机关通过网上查控发现其购买枪支配件的线索之后找上门来。亮明身份之后，办案人员在李某住处搜查到该"枪支"。李某当即被传唤到公安机关，随后如实供述了其制造"枪支"的行为。公安机关经过鉴定，认定该把枪形物的枪口比动能超过了1.8焦耳/厘米^2，该把枪形物应为枪支，于是将李某刑事拘留。

李某30多岁，是遵义市某县的农民，与妻子育有一个6岁的儿子，家中还有一个80多岁的爷爷。一家人在当地属于贫困户。李某为人忠厚老实，平时在家务农，在村里口碑也很好。李某出了这样的事，无异于祸从天降，也着实出乎同村村民的意料。他们实在想象不出平时这样一个老实本分的人到底干了什么触犯法律的事情。

案件还要从2016年说起。2016年下半年，李某到外省某建筑工地打工。某天下班的时候，李某从工地上捡到一把射钉枪，便带回住处。到了2017年4月，工地上的活干完以后，李某就带着这把射钉枪回到了遵义老家。出于好奇，李某通过视频资料自学，在网上购买了无缝钢管、钢珠，自行组装成一把"枪支"，然后到树林中去打鸟。由于安装方法不当，在使用了几次之后，连接枪管与弹膛的装置脱落并丢失，之后枪管也与枪体分离。李某将二者分别放置在家中的两个房间内，再也没有动过。除了妻子之外，村里其他人对此事都一无所知，直到公安在一年多之后根据其购买钢管的线索找上门来。

律师对策

辩护人在接受委托后第一时间到看守所会见了李某，向李某了解了上述案情。得知本案的"枪支"是用射钉枪改制的之后，专门对射钉枪进行了研究，查阅了相关资料，意外地发现目前在市面上的某些五金店以及网上商城都可以买到射钉枪（射钉器）和射钉弹。

射钉枪算枪吗？

公开的科普资料显示，射钉枪是一种利用发射空包弹产生的火药燃气作为动力，将射钉打入建筑体的工具。与射钉枪配套使用的射钉弹的主要成分是硝化纤维、安定剂、溶剂和化学颜料。射钉紧固技术作为一种现代紧固技术，与传统的预埋固定、打洞浇注、螺栓连接、焊接等方法相比，具有许多优越性。目前市面上出售的射钉弹绝大部分是四川南山射钉紧固器材有限公司（简称"南山公司"）生产的。根据百度百科资料，南山公司以军工技术为依托，是中国最早研发射钉紧固技术的专业生产厂家。公开资料显示：2002 年，仅南山公司的一分厂月生产射钉弹就达 7 000 多万粒。国家质量监督检验检疫总局和国家标准化管理委员还专门于 2005 年 9 月 6 日发布了《射钉弹》国家标准。并且，公安机关并未将射钉枪、射钉弹的销售纳入特种行业进行管理，没有禁止公民购买射钉枪、射钉弹。目前，对两种物品进行管理的主要依据是公安部《关于加强射钉器射钉弹管理工作的通知》（公治〔2015〕678 号，以下简称《通知》）。在《通知》中，公安部要求各地严格督促销售企业落实销售射钉器、射钉弹实名登记制度，实行流向信息登记管理，指导销售商户建立射钉器、射钉弹进货台账，如实登记射钉器、射钉弹的进货厂家、品名、数量，登记购买人的姓名、身份证号、联系方式、购买时间、购买用途、购买品名、购买型号、购买数量等。由此可见，国家对射钉器、射钉弹的买卖采取的不是许可审批制而是备案制；不论购买还是持有，都不需要国家主管机关的许可。有了这一发现，辩护人连夜撰写法律意见书，从射钉枪并不属于国家禁止买卖商品的角度，从李某购买射钉弹的主观认知、动机、目的，李某平时的一贯表现，李某到案后的配合态度等角度论证了李某的行为社会危害性小，对李某无逮捕必要，并和负责此案批捕的检察官进行了充分沟通。最后检察官部分同意辩护人的意见，对李某不予批准逮捕。初战告捷。

公安要把该案办成铁案

据李某描述，办案人员对检察院的不批捕决定有所不满。在办理取保候审的过程中，李某从办案人员的语气中感觉到了办案人员绝不会这么轻易就放过他，毕竟，"无逮捕必要"不等于"不予追究刑事责任"。在接下来的一段时间内，李某连续被公安机关传讯几次。当从办案人员的口中得知公安机关会继续搜集证据，将本案办成铁案，追究其刑事责任的消息时，李某一家人寝食难安。作为一个丈夫，作为一个孩子的父亲，李某哪怕最终得到的结果是缓刑，对整个家庭来说也是天大的打击。由于在这期间看不到案卷资料，辩护人也只能尽量安慰李某一家人，告知李某面对公安机关应当有一个好的态度。同时，辩护人也和办案人员积极沟通，希望对方能够对本案的实际情况，从李某个人一贯的表现、到案后的配合程度以及李某的家庭情况等方面充分地予以考虑。但是办案人员表现得不太愿意与律师沟通，态度也很敷衍。果然，一个半月之后，公安机关将本案移送检察院起诉。

在办理本案的过程中，辩护人看到了办案人员表露出的极强的追诉欲，看到了某些办案人员在体制惯性之下表现出的麻木——一种令人感到悲凉的麻木。他们就像司法流水线上的机器，而被追诉人则是这条流水线上的产品。在享受"破案"的过程中，他们已经把李某当成了他们的猎物，钟情于用证据编织的这张网网住猎物。

认真地阅卷之后，辩护人发现办案人员在枪支的提取、包装、送检过程中存在诸多问题。公安部于2011年11月1日发布的《法庭科学枪支物证的提取、包装和送检规则》规定：提取用于检验的枪支前应对枪支的原始状态和所处的环境进行拍照固定，并做必要的文字记录，而且提取枪支后要尽量保持其原始状态，按物证封装要求包装和填写封装标签。在本案中，办案人员没有依照规定在原始状态下对物证进行封装并填写封装标签，

这份枪支鉴定书是怎么出炉的？

已属严重地违反法定程序,其直接导致的后果是提取到的物证和送检的物证可能不具备同一性。此外,办案人员在执法记录仪记录下了枪管与射钉枪处于分离状态的情况下,甚至在已对枪管和射钉枪分别拍照的情况下,在现场令李某把枪管和射钉枪拼接在一起,并令其用手指着该枪形物,拍下了一张所谓"李某指认其非法制造的枪支"的照片。更为恶劣的是,办案人员拒不把枪管与射钉枪已经分离和分开放置的这一重要细节如实记录在李某的笔录中,并且在提交给检察院的提请批捕和移送起诉的案卷中也未如实反映这一客观事实,在案卷中只提交了李某用手指着拼接在一起的枪管和射钉枪的照片,刻意隐匿了办案机关在枪管、射钉枪处于分离的原始状态下拍摄的照片。

基于发现的上述问题,结合第一次提交的法律意见,辩护人制作了建议不起诉的法律意见书并提交检察院。在辩护人与承办检察官交换了意见之后,承办检察官初步同意辩护人意见,认为本案具备不起诉条件,但表示不起诉必须经检委会通过。得知这一消息后,李某一家看到了希望,悬着的心算是放了下来。

然而一个月后,不好的消息传来了。承办检察官表示:虽然本案取证程序存在一些瑕疵,单纯持有射钉枪不违法,但是这些并不影响李某改装枪支的事实,不影响本案的定性。鉴定意见显示该把枪形物的枪口比动能已经超过1.8焦耳/厘米^2,因此该把枪形物应被认定为枪支。检委会在讨论之后还是决定起诉。

刚刚燃起的希望又破灭了。当事人和辩护人都看到彼此脸上的焦虑表情。

峰回路转　起死回生

2007年10月29日公安部发布的《枪支致伤力的法庭科学鉴定判据》和2010年12月7日公安部发布的《公安机关涉案枪支弹药性能鉴定工作规定》将鉴定为枪支的临界值大幅度地调整到一个极小的值:发射弹丸的枪口比动能 $e_0=1.8$ 焦耳/厘米^2。

辩护人知道,在当下的司法环境下,很难撼动司法工作者的意念。无可否认,只有拿出更有分量的东西,才能扭转局面。必须另寻出路。

把案卷看了一遍又一遍，重新梳理全案的证据之后，辩护人终于发现了一个之前被自己和检察官都忽略的重要细节：既然李某的"枪"被查获时，枪管和枪支处于分离的状态，并且连接装置已经丢失，那么鉴定是如何完成的呢？在查阅了大量的资料之后，终于有了令人兴奋的发现。在连接枪管和射钉枪的唯一连接装置已经缺失的情况下，如果操作者仅仅是把枪管和射钉枪拼接在一起，那么单靠一只手是无法完成击发操作的，原因在于没有了连接装置的固定，在枪被举起来的时候枪管会发生脱落（就这个问题，辩护人已向李某求证）；就算是用两只手来操作，即在击发之前用另一只手托住枪管，在没有连接装置的情况下，要使外加的这根枪管和射钉枪的弹膛保持在同一水平线上也是极其困难的。如果弹膛和枪管不能保持在同一水平线上，就必然会导致炸膛（即发射的子弹撞击在枪管上）。案卷材料显示，李某被扣押的这把射钉枪的长度是84厘米，扣除射钉枪的自身长度之后，枪管的长度至少是60厘米。在缺乏有效连接装置的情况下，要使这根外加上去的60厘米长的枪管与弹膛保持在同一水平线上几乎是不可能的，二者之间只要有哪怕1毫米的角度误差也必然会导致炸膛。所以，这支枪形物是不可能完成可靠有效的击发的。然而，《检验鉴定书》中居然把该枪形物描述为"机件完备，击发动作正常"。在缺乏关键连接装置的情况下，何来"机件完备"？在枪管可能脱落的情况下，何来"击发动作正常"？

此外，《检验鉴定书》中还有两处硬伤。首先，《司法鉴定程序通则》第二十七条明确规定："司法鉴定人应当对鉴定过程进行实时记录并签名。记录可以采取笔记、录音、录像、拍照等方式。记录应当载明主要的鉴定方法和过程，检查、检验、检测结果，以及仪器设备使用情况等。记录的内容应当真实、客观、准确、完整、清晰，记录的文本资料、音像资料等应当存入鉴定档案。"《公安机关涉案枪支弹药性能鉴定工作规定》第四条也明确规定："对枪支弹药的鉴定需经过鉴定、复核两个步骤，并应当由不同的人员分别进行。复核人应当按照鉴定操作流程的全过程进行复核，防止发生错误鉴定。鉴定完成后，应当制作《枪支、弹药鉴定书》。《枪支、弹药鉴定书》中的鉴定结论应当准确、简明，同时应当标明鉴定人、复核人身份并附有本人签名，加盖鉴定单位印章。《枪支、弹药鉴定书》应附检材、样本照片等附件。"而本案中的《检验鉴定书》里没有记录鉴定方法

这份枪支鉴定书是怎么出炉的？

和过程，而是直接下了"枪口比动能为 $86.66\ \text{J}/\text{cm}^2$"的结论，且只有鉴定人的签名，没有复核人的签名。其次，《检验鉴定书》中没有说明该鉴定意见是依据什么科学理论做出的，没有任何科学分析和逻辑推理的过程，严重违反法律的规定，不符合最高人民法院对于鉴定意见采信标准的要求，违反《最高人民法院关于适用〈中华人民共和国刑事诉讼法〉的解释》第八十五条第（五）和第（六）项规定的情形，即"鉴定程序违反规定"和"鉴定过程和方法不符合相关专业的规范要求"。

综合以上情况，辩护人向检察院提交了第三份法律意见书，并请求检察官通知鉴定人到检察院说明情况。

检察官同意了辩护人的意见，通知鉴定人到院就鉴定问题进行询问核实。令人意外的事情发生了，鉴定人没有去检察院，只是在电话中气急败坏地说"信不信由你"。至此，上述所有疑问和办案人员做出的反应彻底动摇了检察官之前的想法。在经过两次退侦之后，检委会终于作出了不予起诉的决定。

案情的几起几落仿佛让当事人坐了一回过山车，但最终还是得以平安落地。辩护人在办案过程中不服输，不放弃，大胆地挖掘案件中的疑点和辩点，并小心加以求证，最终得到了认可。这一"刺激"的过程也让辩护人体验了"在同一起刑事案件中胜诉两次"的成就感。

律师简介

沈万江，北京盈科（贵阳）律师事务所专职律师，毕业于中国人民公安大学，具备十多年的公安工作经验，曾经在公安局从事过刑侦、经侦、涉外警务工作，具备丰富的刑事案件办理经验。擅长办理重特大刑事案件、疑难复杂的刑民交叉案件以及涉外案件。

枪案疑云迭起 有效辩护成功改判

——刘某涉嫌非法买卖枪支案

"刘哥"的发财梦

2017年的一天,四川的某个小城失去了往日的平静。几辆警车穿过市区,围住了一栋花园小区的单元楼。随即20多位公安干警装备停当,一齐冲入了楼内,不多时,就带走了刘某。刘某做梦也没有想到,他刚决定毕生发展的"事业",这么快就迎来了终结,也没有想到,他的所作所为将给他带来多大的灾难。

刘某自小家境尚可。父母都在工厂上班,父亲在厂里也算是一个小领导。父母对刘某百般宠爱。只要刘某要零食、玩具、书包,他们就有求必应。刘某的口袋里永远放着数目不小的零花钱。这样的条件让刘某成了"孩子王"。周围的小兄弟自发地称其为"刘哥"。

然而,在刘某初中毕业的那一年,他的父母都下岗了。迫于生计,两人找了环卫工的工作。家里的经济条件一落千丈。刘某自小就不是学习的料,由于家中出了变故,索性上完初中就辍学了,在外跟一帮朋友混日子。他也曾在家里的劝说下外出打工,但是往往待不到几个月就偷偷回家了。虽然如此,刘某仍坚信,自己总有一天会发财,当回"刘哥"。

2005年,刘某找家里要了两万块,称自己要去赚大钱了,随即乘上了去往珠海的火车,这一去就是两年。在这两年中,刘某与家人几乎断了联系。转眼到了2007年的小年夜,刘某带着一名刚出生不久的女婴匆匆赶回了家,称这是他的女儿。这两年间到底发生了什么?无论谁问起,刘某都是闭口不谈,原来说起话来滔滔不绝的他变得沉默寡言了。经历了这次体验,刘某再也不提赚钱的事情,并接受了家里的安排,去广州的一家工厂打工,每月按时给家里寄钱,过年才在家里待几天。

贩卖枪支，身陷囹圄

2016年11月的一天，刘某正如往常一样在工厂附近的出租屋休息。在百无聊赖之际，他发现自己的朋友圈里有个叫"峰"的人在出售气枪。"峰"是他在无聊时通过附近的人添加的。两人一直没有太多的交流。他试着联系了"峰"。出乎意料的是，对方很热情，向他介绍了这行的大概情况。

原来，"峰"是气枪厂家的代理商。喜欢玩枪的人会通过他向厂家订购气枪零件，再在他的指导下自己组成整枪使用。"峰"告诉刘某：他把买家信息告知厂家，由厂家直接发货；代理商有代理层级，且只要能跟买家谈好价格，加多少钱卖出去自己可以定；扣除厂家或上级代理商的报价后，剩下的钱都是自己的，而他的月收入经常在两万元左右。听到这里，刘某动心了：自己现在累死累活地在外打工，一年到头也赚不到多少，可干这一行的只要动动嘴，每个月就有两万元进账！他想到了那个掩埋许久的发财梦，想到了他的父母在老家省吃俭用帮他带女儿。刘某当即向"峰"表达了入行的想法。"峰"也很讲义气，把刘某拉进了他们代理商的微信群。进群前，刘某谨慎地问了"峰"：这样的行为是不是触犯了法律，会不会被抓。"峰"听罢哈哈大笑，告诉刘某：造枪的是厂家，而玩枪的是买家；代理商连枪都摸不到，并不会犯罪，顶多只是违法。虽然刘某的顾虑并没有打消，但他也没有深究下去。

刘某在淘宝上注册了店铺，使用了"套件""粮食"等业内黑话进行宣传。只有了解这一行的人才知道他在卖什么。一旦有人在店铺询问，他就把自己的QQ号或微信号发过去，然后双方再具体谈购买业务。虽然问的人多，买的人少，但长此以往，他还是结交了不少气枪爱好者。

刘某专门组建了一个气枪爱好者的QQ群，并自称"刘哥"。他经常在群里与大家一起讨论气枪，并给大家提出一些建议。另外，他售卖的零件质量好、价格实惠，购买后安装枪支的指导也非常耐心，所以他在群里的爱好者中比较有威望。于是，经常有爱好者在刘某处订购枪支零件，有时也会帮忙介绍朋友。刘某的生意有声有色地开展起来了。

纸终究是包不住火的。在刘某的生意刚步入正轨之际，一位浙江平湖的客户按捺不住好奇心，用刚组装好的气枪向窗外射击了一发。邻居发现后报警。警方介入后，顺藤摸瓜，找到了刘某的所在地，将他捉拿归案，带到了嘉兴看守所。

一审被判十一年

刘某刚被拘留，他的小姨就联系了我。小姨是我多年前的一位朋友的同事，之前她有个官司，我也帮了些忙。小姨花了几分钟，简单把她知道的情况告诉了我，问我是否能代理她外甥的案件。当时正赶上沸沸扬扬的"天津老太非法持枪案"二审宣判，对于枪支犯罪，我也是比较有兴趣的，就跟她约好到律所聊聊。

第二天，我按照约定时间到了律所。我和小姨刚一见面，顾不得寒暄，就直奔主题了。正如我所料，家里压根不知道刘某贩卖气枪的事情，只知道过年回来之后，刘某就不再去打工了，在城里住高档小区，而刘某被抓的原因还是公安电话通知的。既然如此，我只能去嘉兴找刘某了解情况了。

我告诉小姨：枪支犯罪要根据公安认定的枪支数量与子弹数量，结合其他情节定罪量刑，而这些情况我需要先找刘某了解；签了委托合同后，第二天我会直接去浙江的看守所一趟，详情可以在会见完刘某后再谈。我按照办案的最低标准报了每阶段的价格。听完报价，小姨面露难色。"陈律师，小刘的父母都是环卫工，价格能不能有所优惠？"虽然我和小姨认识多年，但是办案有成本，所以我无法做出太大让步。小姨说要回去跟刘某的父母商量一下。

几天过去了。我估计代理费用刘某家里还是不能接受。果然，小姨给我打了电话，告诉我刘某的家里实在拿不出这么多钱，所以在嘉兴找了一个当地的律师。由于刘某经营的时间不长，我认为案子应该比较小，叮嘱了几句枪支数量的问题，就挂了电话。此事算是告一段落了。

某天晚上，当我还在准备一起非法集资案件的辩护材料时，电话铃声突然响起。来电的是刘某的小姨。电话接通后，我还未说话，另一头就传来一阵哭声："陈律师，救救小刘吧！"

2018年6月22日，刘某因非法买卖枪支弹药罪，被浙江省平湖市法院一审认定非法买卖气枪4把、铅弹2 960发，判处有期徒刑11年。

接受上诉委托

被判刑的这一年,刘某已经 33 岁,而父母年事已高。如果服刑 11 年,刘某可能无缘见他父母最后一面。更何况,他的女儿也 10 岁了,在成长的关键时期,不能缺少刘某至关重要的陪伴。11 年,对于刘某来说太长了。

我约小姨再来律所谈谈。这一次,等我到律所的时候,小姨已经等候多时了。经过了解得知,当时那起非法买卖枪支案引起了公安部的高度重视,由平湖警方牵头,全国 26 个地区的警方联合办案;除了刘某外,他的几名上下家也一同被捕。更悲催的是,由于刘某是最先被抓获的,检方将其认定为第一被告人,最后判决也是最重的。判决书出来时,刘某一审的辩护人告诉小姨,刑期已定,二审法院基本不可能改变,所以已经劝刘某不要再上诉了。在判决书被送达刘某家后,他的母亲哭了许久。全家已经放弃了希望,不打算再委托律师上诉。

小姨本来也已经放弃了,但是忽然想到一年前我对她的叮嘱,就抱着试一试的想法,希望我能看看判决书,分析刘某是否还有一线生机。我拿到小姨给的判决书,经细致研究后发现,该案存在几个可能性:

1. 一审法院认定刘某出售 4 把气枪、2 960 发气枪子弹,是根据《最高人民法院关于审理非法制造、买卖、运输枪支、弹药、爆炸物等刑事案件具体应用法律若干问题的解释》中 2 500 发子弹构成"情节严重"的标准,突破了十年有期徒刑。而判决书上关于刘某售卖枪弹数量认定的依据并未有所体现。如果能让涉案铅弹的认定数量减少,刑期就能降到十年以下。

2. 刘某在本案中的犯罪行为模式是:买家下单给刘某,刘某再将订单、地址报给上一级卖家。刘某本身并不接触枪支,在整个犯罪中仅起到居间介绍的作用,按照作用地位来说,在整个过程中仅起帮助作用,应被认定为从犯。一审法院将其作为第一被告人,未予认定从犯情节,所以这方面是可以争取的。

3. 据我之前办理这类案件的经验,枪支、铅弹的鉴定可能并不会很细致。枪和子弹的认定需要通过射击击发验证,而子弹数量多,所以鉴定意见或多或少会存在问题。如果鉴定意见存在问题,则本案可以釜底抽薪。

同时，因交易均在网上进行，各类电子数据的提取、使用都存在不合法、不规范的情况。这也是本案的一个突破点。

经过分析，虽然我没有十足把握，但是本案确实有很大的辩护空间。

其实，这时刘某的家人已经放弃了刘某，但是疼爱外甥的小姨不愿意放弃。这次她专程向朋友借到了上次约定的律师费，希望我能救救刘某。按道理说，这次代理的难度更大，收费也会更贵，但是我没有多说什么，默默带她去办了委托手续。

初识刘某

我接到委托的时候，离收到判决书已经过去了五天，而本案的上诉期已近终结。为了确保效率，我不得不先集中精力撰写上诉状。这也就意味着：我要在短时间内，找到一审判决中的全部问题，并将其转化为充分合理的上诉理由；等完成上诉状，再去嘉兴看守所会见刘某。

几天下来，我终于完成了上诉状的最终定稿。我向法院提出：第一，本案枪弹数量存在事实认定错误；第二，刘某在本案中起居间帮助作用的从犯地位未被认定；第三，本案枪支销售对象都是发烧友、爱好者，对于枪支的使用和管理非常谨慎，并未造成不良社会影响，因此本案判决过重，与刑法罪刑相适应原则相悖。

完成上诉状后，我等不及安排日程，当天即驱车奔赴嘉兴。由于当日并没有多少人在排队，很快我就见到了刘某。

刘某个子不算高，谈话时一直佝偻着身子。初见我时，他的眼里充满惊讶和怀疑，问我："家里不是说不请律师了吗？请律师也没什么用的。"我能理解他这种破罐破摔的心态，没有接他话茬，拿出手续跟他确认。"你小姨要救你，希望你好好配合！不管一审判决怎么样，法律都给了你一次上诉的机会。希望你好好珍惜，和我们一起争取一个好的结果。当然，如果你自愿放弃上诉，也没有关系，我会回去告诉你家里的。"刘某忙摆摆手，说他只是听上个律师说家里已经放弃他了，所以很奇怪。

虽然会见的时间很紧张，但我还是决定先跟他简单聊聊，建立信任。我们从他的经历聊起，聊到他犯罪的经过和心路历程。直到聊到他的女儿，他的眼神失去了一贯的狡黠，随后他便痛哭起来。他说女儿从来没有跟他享过一天福。他刚在市里租了一套好房子,还没来得及接女儿过去,就发生了这种事。我也只能简单安慰了两句,等他释放完情绪。

等他哭得差不多了,我拿出上诉状,从头到尾仔细地跟他讲了一遍。随后,刘某确认自己弄明白全部上诉理由后,我让他在上诉状上签字。等全部手续结束,会见的时间也差不多了。当时已是下午4点,我必须趁邮局还没下班赶紧把上诉状寄出去,就结束了本次会见。在警卫带刘某出会见室时,刘某回过头,低声嘀咕了一句:"陈律师,您老实说,我还有救吗?"

我正背对着他在收拾材料。听到这话,我转过身子,看着他的眼睛,停顿了一下,然后郑重地告诉他:"有没有救,我说了不算。但是如果你自己先放弃了,那肯定就完了。"他冲我点点头,跟着警卫走了。

出去后,我当即找了一家附近的邮局,向平湖法院邮寄了上诉材料,终于赶在上诉期的最后一天完成了上诉的全部工作。

阅卷之旅

提出上诉后,我就让助理一直关注二审案件的进度。终于,2018年7月中旬,我获知了二审的案号及承办法官的联系方式,随后我马上联系了法官。我与法官进行了简单的沟通,并申请了阅卷,确定了阅卷时间。

2018年7月23日,我带着助理一大早赶到了嘉兴市,8点半准时来到了嘉兴市中级人民法院门口,希望能尽快阅完案卷。法官惊讶于我们赶到的时间之早。他一边安排我们就座,一边招呼另一位法官拿案卷。另一位法官用手推车推出了全部案卷。我这才发现,本案的卷宗非常多!卷宗一共有40卷,平均每卷有200多页!我简单翻阅了一下:平湖警方把几名卖家的聊天记录全部拉了出来,而全国的警方对记录里的每一处地址都进行了调查,把买家都揪了出来,没收了相应的气枪与弹药。

40卷案卷把手推车三排架子塞得满满的。我们费了好大的力气,才把案卷全拉到了阅卷室。看着这些卷宗,我们有点犯愁:40卷案卷几天才能拍完呢?作为辩护人,及早地掌握全部案情非常重要,但是想想自己接下来的安排,如果这次我拍不完,下次预约阅卷的时间就不知道是什么时候了。

我打通了小姨的电话,让她问问一审的律师是否从平湖检方处获得过刘某的一审电子版案卷。如果对方有的话,我们的阅卷压力会大大减少。然而一审律师的回复令我大跌眼镜。他告知:一审时他并未拿到检察院的电子卷,也并未对一审案卷拍照阅卷!

如此,我也不作他想了,便简单直接地拍照阅卷。为了不遗漏任何一个关键点,我们对每一卷案卷的每一页都进行了拍摄,确保每一页都完整、清晰。花了整整一天的时间,顾不上吃午饭和休息,我与助理终于在法院即将关门前,完成了全案40卷案卷的阅卷工作。

重大问题浮现

把40卷案卷全部拍好后,代理工作才刚刚开始。任何案件,我们拿到手后,第一件事情就是看一遍卷宗,制作证据目录。这也是一个熟悉整个案子的过程。

我与助理花了几个晚上的时间,将40卷内容全部分门别类整理出来,制作成了案卷综合目录,把每一份笔录、鉴定报告、证据在案卷中的位置进行定位。接着,我们把全案认定的每一把枪的信息,从买家是谁、卖家是谁、如何下单、卖家如何邮寄到买家是否签收、扣押情况、鉴定文书,挨个比对卷宗,查询是否有充足的证据印证。最后,我们将整理出来的数据汇总分析,将一审法院认定的刘某的每一把枪、每一颗子弹的来龙去脉都搞清楚,看其是否与一审结论相吻合。此外,我们找到了气枪组装的视频,通过与刘某交流,研究了气枪每个部件的作用与击发原理。

通过多次通览案卷,关于这个案子我们确实发现了几个重大问题:

第一,在刘某与一名徐姓买家的聊天记录中,买家是个懂行的人,称刘某卖的气瓶安全性不好,于是他没有从刘某处购买气瓶,而是通过另一家淘宝店铺下单,相关交易记录也被提供给了警方。气瓶是一支枪的动力来源与重要组成部分。没有气瓶的枪根本不是一支枪。对于这支没有气瓶的枪,一审法院按照整枪出售认定是对气枪结构明显的认识错误。

第二,部分枪支鉴定报告与买卖双方的证言有矛盾,在枪管口径上不一致。网上交易记录显示的枪支口径均为5.5mm,而在一审法院认定的4把枪支中,3把的鉴定意见结论是口径为5.6mm,1把的鉴定意见结论是口径为5.5mm。也就是说，4把枪支中有3把与刘某出售的记录不一致。我们提出，本案买家都是玩枪的行家，很有可能不止收藏一把枪，在口径不一的情况下，很难确定上缴送检的枪支就是刘某卖给他们的。按照存疑时有利于被告的原则，法院应当作出有利于刘某的认定。

第三，法院认定刘某出售2 960颗气枪子弹，然而查获的仅有1745颗，其他都是按照买家的供述来认定的。且涉案枪管口径为5.5mm，但气枪子弹的鉴定文书中出现了口径为6.8mm的铅弹，且鉴定意见结论为"可正常发射"。虽然一般来讲，子弹的口径要大于枪管，以防空气填充影响击发速度，但是，这种口径高达6.8mm的子弹恐怕根本无法塞入枪管中。我还通过案卷了解到，他们经常订购的制作子弹的商家是一个残疾人，平时靠手工制作铅弹维持生活，但是由于自身原因，难以控制子弹质量，经常被买家抱怨。如此一来，在买家购买的子弹中，有多少可以正常击发，有多少"废弹"？在无法查清的情况下，刘某出售的气枪子弹不应被草率认定为2 960颗。该节铅弹数量事实认定明显存在主观推断情况。

第四，有买家讲到"不急着发货，我家里还有点"。那么该买家送检的铅弹是刘某所售还是家中存货有待查实。

找到这几个问题后，我松了一口气，改变刘某命运的机会总算是增大了一点。

又遭变故

然而，正当团队准备停当，焦急等待开庭的时候，我接到了法官的电话。他告诉我，刘某的案子事实清楚，也没有新的证据，因此法院决定书面审理，不开庭了。如果我们有辩护意见，可以以书面形式寄过去；二审法院将于2018年10月12日审限到期日宣判。

在我以为这个案子已经准备万全的时候，这个消息实在是给了我当头一棒。不开庭就意味着很多辩护意见不能被充分表达，之前的一切辛苦工作都是白费的，刘某11年的牢狱之灾无法避免！

这样的安排我自然无法接受。我第一时间向二审法院递交了《请求开庭审理申请书》。法官收到之后，又给我打了电话。他认为一审判决并没有很大的问题，而且因为工作安排，法院无法在2018年10月12日前安排庭审。我告诉法官,我在阅卷中发现非常多的问题,而且其中部分内容的讲解需要结合视频,仅书面材料无法充分表达我们的辩护意见。在我的据理力争和坚持下,法官同意给我一个上午的时间面谈,听取意见。

成功改判

为了不浪费这次面谈的机会,我与团队经过讨论,决定第一次尝试使用 PPT 与视频的形式,更直观地向二审法官展示我们的辩护意见。在准备的过程中,我还安排助理去了一次刘某的老家。

2018 年 9 月 21 日,我们又早早来到嘉兴市中级人民法院。这一次,法官也很早就在约定的会客室面色凝重地等待我们。简单寒暄后,我打开了 PPT,开始向法官展示。首先我在 PPT 中对几个鉴定报告与口供进行了对比。法官从中明显可以看出,买家的供述与鉴定意见出入很大。随后,我给法官播放了气枪安装视频,向法官说明气瓶作为整枪部件的重要性,以及铅弹是如何放入枪管并发射的,以此说明缺失气瓶的枪支并不能被认定为整枪,以及口径过大的枪弹无法放入枪管的重要事实。

播放完枪支组装视频后,我向法官播放了我让助理在刘某老家拍摄的视频。在视频中,刘某年迈的父母与女儿蜗居在四川农村的一处平房里,充分诠释了"家徒四壁"的含义。刘某的父母并没有告诉孙女刘某被关押的事情,只是说"爸爸去外地打工了,很久才会回来"。刘某的女儿告诉我的助理,如果看到她的爸爸,就告诉他早点回家,她想他了。视频播放完后,我与法官沉默了良久。最后,我们向法官递交了整理好的书面辩护意见,结束了本次面谈。

在第二天快下班的时候,法官给我打了电话。他告知我,经过面谈,他认为本案确实存在问题,已经把这个案子报送浙江省高级人民法院并请示,希望把判决的时间往后推一推。如果是平时,这个好消息我会第一时间告知当事人及家属,但是这一次,我只是给刘某的小姨发了条短信,告诉她我们还有机会。至于高级人民法院最终如何决定,我不确定。

经过漫长的等待,终于在 2018 年 12 月 10 日,助理告诉我,收到了该案的判决书。二审法院认定,一审法院对基本事实认定清楚,但对枪支数量的认定有误,予以纠正,结合本案社会危害性较小,改判刘某有期徒刑

5年。就此我一颗悬着的心终于放下了。

结案前，我最后去会见了一次刘某。他已经收到二审判决书，见到我，高兴极了。我简单地告诉了他一些关于减刑假释的规定，让他好好表现。

等把注意事项都交代完，我告诉他："你的女儿让你早点回家。她想你了。"

承办律师

陈晓薇，北京盈科（上海）律师事务所高级合伙人、港澳台法律事务部副主任、长三角刑辩中心副主任。先后被评为"盈科全国优秀刑事律师""上海市松江区法律专家库专家"，被上海市政府妇联等授予"上海优秀巾帼女律师"等称号。主攻经济、金融证券类的刑事辩护以及企业刑事法律风险防控业务。执业9年以来，代理了大量经济、金融证券领域的刑事犯罪案件，为数十家企业提供专项刑事法律风险防控服务。所代理的大部分刑事案件取得了撤销案件、取保候审、不起诉、免予刑事处罚、缓刑的良好辩护效果。

陈律师在律师思维、法律文书撰写等方面有深入的探索研究，形成了一系列律师实务课程。先后在苏州大学、上海市相关机关单位兼职授课。

兑水后的产品就成了伪劣产品吗？
——郭某涉嫌生产、销售伪劣产品一案获不起诉

2018年10月8日，忙碌而充实的国庆节刚过，同行来电说，有一知名企业的老板涉嫌生产、销售伪劣产品被羁押于广东省Z市某看守所，需要委托刑辩律师介入。

涉案企业的员工断断续续地叙述着，好像什么都知道，又好像什么也不知道。我所关注的重点问题，他基本上回答不上来。空调的冷气似乎无法缓解他的紧张和焦虑。

2018年9月26日，某电器公司的工作人员在公司现场发现涉案企业配送给公司的产品H-1015缓蚀清洗剂有大量兑水的情况。某电器公司经过检测，认为测试值及有效成分均存在明显问题，于是报警。警方以"涉嫌生产、销售伪劣产品"为由将涉案企业的老板郭某及两名员工刑事拘留。经调查，从2017年10月开始，身为涉案公司老板的郭某安排员工郎某往H-1015缓蚀清洗剂内兑水，将一桶原装清洗剂加水兑成两桶再配送给某电器公司。至案发时，已销售给某电器公司的兑水的H-1015清洗剂的总金额为536 280元。经广东省某质量计量监督检测所鉴定，涉案企业配送给某电器公司的H-1015缓蚀清洗剂总酸含量不符合Q/（GZ）YX1-2006《H-1015清洗剂》企业标准。

无罪的意念

在第一次会见郭某时，我就情不自禁地对他产生了好感。年近花甲的他，憨厚、乐观，骨子里透着民营企业家特有的踏实。郭某并不急于谈案情。我在交谈中得知，郭某的大哥是水处理研究领域的专家，在1982年就着手承接化工部"中央空调系统水处理技术研究及应用开发"科研课题。经过5年的基础研究及初期在广州、北京、上海、杭州等地的工厂、大厦的实际使用,研发的技术取得了良好的效果。后化工部科技局组织专家鉴定,认为该技术在中央空调系统水处理技术方面居国内领先地位。企业成立后,经专家鉴定,郭某精心研制的H-1015缓蚀清洗剂的"质量性能及使用效果达到进口同类产品水平,属国内领先"。企业曾被评为高新技术企业、知名品牌企业、科技创新优秀企业、中国广州最具诚信度百强企业等。可以说,企业的水处理技术在业界应当是首屈一指的。郭某在谈起企业发展历史与水处理技术时显得很兴奋,似乎已经忘记了自己此刻正身陷囹圄。但是,很快,手铐的沉重终归还是把他拉回了现实。他低下头喃喃自语:"我们怎么可能为了这么一点蝇头小利,去砸自己的招牌!"他继续说,"我觉得我们的产品是没有问题的。他们认定我们是在销售伪劣产品,这一点我是坚决不同意的。第一,企业每天都派员工给该电器公司清洗设备。我们提供的是清洗空调设备的服务,不是单纯的清洗剂买卖,所以,他们不能以清洗剂的质量标准来评价我们的工作,而应以水处理效果来评价质量的好坏。第二,企业为该电器公司的空调设备提供清洗服务多年,从未出现问题,可见清洗剂是没有质量问题的。第三,在清洗剂中兑水,是水处理工艺的要求。为了使水处理达到最好的效果,我们需要根据设备、水质的不同而选择不同浓度的清洗剂,就必然要进行兑水稀释。这样做的目的不是为了牟利。第四,在企业为该电器公司提供服务的多年中,双方一直相安无事。本案之所以发生,估计是因为有人在背后捣乱。"

虽然生产、销售伪劣产品罪是一个比较容易入罪的罪名,且刑事调查才刚刚开始,但听了郭某的介绍,或许是因为思维习惯,或许是因为心中的愿望,我的脑海中再一次产生了"本案无罪"的念头。在辩护人的执业生涯中,这种初步形成的印象或者愿望很重要。辩护人的很多不捕、不诉的成功案件往往就始于这种"无罪"的意念!

初次受挫

我按照郭某的思路,落实有利证据的收集以及与侦查机关的沟通工作。但是,我的无罪意见在侦查机关那里碰了壁,原因在于:郭某所陈述的理由和主张要么无证据证实，要么证据所反映的事实与被告人的主张有冲突。比如：郭某提出往清洗剂中兑水是水处理工艺要求，不是为了非法牟利，但这是否属于工艺要求，涉及水处理专业知识，郭某无法提供相关的证据来予以证实；而且，在将一桶清洗剂兑成两桶销售后，获利是客观存在的。又比如：虽然企业确实每天都派人到某电器公司清洗设备，但是双方之间签订的是《货物购销合同》，故"清洗设备"只是买卖过程中提供的附加服务的可能性不能被排除。双方在本质上仍然是一种买卖关系。最为关键的是，哪怕郭某的上述主张能够成立，亦不能成为最终出罪的理由。

虽然郭某所陈述的有一定道理，但很显然，理由并不充分，因此结果是无功而返。辩护人在侦查机关面前初次受挫！

一波未平，一波又起

侦查机关不采纳辩护人的意见是家常便饭。对此，我并不感到意外，但是，让我感到意外的事情马上就发生了。经调查，涉案企业的业务负责人郎某长期向某电器公司的多名工作人员行贿，涉案金额达近百万元，而这些工作人员已被抓捕。这个消息简直是晴天霹雳。在会见郭某时，郭某也提到了侦查机关讯问行贿一事。在多次会见以后，我确信郭某对于郎某行贿一事的确是不知情的，是郎某为了获得高额提成，自行向相关人员行贿。在经过一番调查以后，尽管侦查机关最终没有认定郭某涉嫌行贿，但是，郎某行贿一事无疑坚定了侦查机关对"在清洗剂中兑水不是工艺要求，而是非法牟利"的判断。本案在往不利于郭某的方向发展。无罪辩护变得更加困难了。

"铁证如山"

在审查起诉阶段，我终于看到了《起诉意见书》。侦查机关认为：第一，涉案企业将H-1015缓蚀清洗剂销售给了某电器公司；第二，涉案企业在某电器公司不知情的情况下，往清洗剂中兑水；第三，涉案企业的业务负责人郎某曾向某电器公司相关人员行贿，而且，涉案企业确实因为兑水得到了非法利益；第四，经广东省某质量计量监督检测所鉴定，兑水后的

兑水后的产品就成了伪劣产品吗？

清洗剂不符合涉案企业在广州市某质监局登记备案的企业质量标准；第五，从 2017 年 10 月开始至案发，清洗剂的销售额为 536 280 元，犯罪数额确定。

上述事实均有相应证据证实。无论从犯罪动机、犯罪实施过程，还是从产品的不合格鉴定、不合格产品的销售数额上看，本案均已经形成了完整的证据链，似乎铁证如山。

另辟蹊径，起死回生

我意识到，在审查起诉阶段，不能再以郭某的辩解理由作为本案主要的辩护方向，甚至尽量不要再提，因为如果再提这些理由，不但不会被办案单位采纳，而且会冲淡辩护的力度。既然"铁证如山"，我就必须通过严格审查"铁证"，才能推翻这座大山……

广东省某质量计量监督检测所的鉴定意见为涉案产品的总酸含量不符合 Q/（GZ）YX1-2006《H-1015 清洗剂》企业标准。这份鉴定意见是认定涉案产品属于伪劣产品的直接证据。要想推翻这份鉴定意见，我就必须从这份鉴定意见是否合法、有效入手审查。

沿着这个思路，经过调查研究，我发现了以下问题：

1. 广东省某质量计量监督检测所出具的检测报告中未附有该检测所的资质证明；广东省某质量计量监督检测所获得的认证专业领域为"食品检验机构认定"，证书状态为"过期失效"。

2. 广东省某质量计量监督检测所只有果蔬清洗剂的检测认证资质，并不具有缓蚀清洗剂的检测能力。

因此，广东省某质量计量监督检测所不具备检测缓蚀清洗剂的法定资质，出具的检测报告不得作为定案的根据。

3. 检测报告未附有鉴定人的资质证明，无法证实鉴定人具有相关专业技术或者职称，因此鉴定人应当被认定为不具有法定资质，检测报告不得作为定案的根据。

4. 侦查机关送检的样品为 1 桶 25 千克的缓蚀清洗剂。该缓蚀清洗剂是不是侦查机关扣押的清洗剂无法被证实，即该送检样品来源不明，故检测报告不得作为定案的根据。

5. 根据《司法鉴定程序通则》第十九条，司法鉴定机构对同一鉴定事项，应当指定或者选择两名司法鉴定人进行鉴定。本案的检测报告仅有一名检测人员签名，违反规定，因此不得作为定案的根据。

6. 本案检测报告中没有任何鉴定过程和方法描述，无法证实鉴定过程和方法是否符合清洗剂专业检测的规范要求，不符合规范要求。

另外，鉴定意见书所依据的企业质量标准是否有效亦是本案应当重点审查的内容。辩护人发现广州市某质监局所出具的 Q/（GZ）YX1-2006《H-1015 清洗剂》企业标准在业务类型一栏中有着"废止"二字，那是不是意味着该企业质量标准已经失效了？如果标准已失效，鉴定意见就成了没有根据的意见，可以被直接否决。为此，如何确定该项事实是关键。当然，在经过一番调查之后，我已经能够确定上述事实，但这并不意味着检察院会认可，因此，我决定祭出自己的撒手锏。

那么，推翻了鉴定意见，是否就意味着一定能够出罪呢？未必！

《最高人民法院、最高人民检察院关于办理生产、销售伪劣商品刑事案件具体应用法律若干问题的解释》第一条规定，刑法第一百四十条规定的"不合格产品"，是指不符合《中华人民共和国产品质量法》第二十六条第二款规定的质量要求的产品。而《中华人民共和国产品质量法》第二十六条第二款规定："产品质量应当符合下列要求：……（三）符合在产品或者其包装上注明采用的产品标准，符合以产品说明、实物样品等方式表明的质量状况。"

基于上述规定，如果生产、销售的产品的质量不符合在产品或者其包装上注明采用的产品标准，不符合以产品说明、实物样品等方式表明的质量状况，相关企业的行为就将被视为以不合格产品冒充合格产品，将被认定为构成生产、销售伪劣产品罪，而鉴定意见根本就不需要存在。

因此，涉案产品在包装上有没有注明产品标准，将成为本案的另一个关键。我遍阅卷宗，却无法确定该项事实。侦查机关竟然没有提交扣押的涉案产品的图片。郭某告诉我，因为其企业是为某电器公司提供清洗服务，所以涉案产品在外包装上并没有标明产品标准。我对郭某的说法当然是相信的，但是之后还得想办法让检察院也相信。

犯罪数额最终也成了本案被告人出罪的重要理由之一。我发现，《起诉意见书》将 2017 年 10 月以来提供给某电器公司的 H-1015 缓蚀清洗剂均认定为伪劣产品,并进而统计出涉案犯罪数额为 50 多万元。为此,我以涉案犯罪数额的认定证据不足,事实不清,"存疑应有利于被告人"为由提出意见。首先,兑水的程度会影响 H-1015 缓蚀清洗剂的总酸含量值。除了案发当天在现场查获的清洗剂以外,以往清洗剂是否进行了兑水、兑水程度如何、兑水的缓蚀清洗剂有多少均无法查实,因此,只有现场查获的不符合标准的 H-1015 缓蚀清洗剂可以用于认定本案的涉嫌犯罪数额。其次,现场查获的 110 桶 H-1015 缓蚀清洗剂只有一半掺了水,即只有 55 桶是兑过水的。一桶缓蚀清洗剂大约 300 元,55 桶大约就是 16 500 元。这个数额远远没有达到生产、销售伪劣产品罪所需的 5 万元的入罪标准。因此,即使郭某最终被认定为有销售伪劣产品的行为,亦因涉嫌犯罪数额达不到入罪标准而不能被认定为犯销售伪劣产品罪。

祭出撒手锏

辩护观点和思路形成以后,剩下的工作就是如何说服检察院。为此,我向检察院递交了几次调查取证申请:第一,向广州市某质监局核实涉案公司在该局备案的 Q/(GZ)YX1-2006《H-1015 清洗剂》企业标准是否已经被废止;第二,调查涉案公司配送给某电器公司的 H-1015 缓蚀清洗剂的包装桶上是否标有总酸含量标准等;第三,调查现场查获的配送给某电器公司的 H-1015 缓蚀清洗剂是一半兑水,还是全部兑水。

我在申请书中详细说明了申请事项关乎罪与非罪的问题。检察院高度重视,很快就有了调查结果。我得到了想得到的全部答案。这些答案强有力地巩固了辩方的无罪观点。到此为止,无论是侦查机关的有罪观点,还是其所依赖的证据,都已经千疮百孔。侦查机关所构建的有罪"大厦"轰然倒塌。

在这里,我需要多说一句:在很多时候,辩护人申请调查取证并不是因为不清楚事实,而是明知答案才申请。为什么这样说呢?因为如果辩护人对该事实不清楚,那么调查结果是不可控的,可能有利于被告人,也可能不利于被告人。如果调查结果不利于被告人,那么申请调查等于帮助办案单位落实被告人的罪责,而这是律师职责所不允许的。在本案中,实际上,在申请检察院调查取证之前,我已经对申请事项进行了调查,确定结果有利于被告人。另外，申请调查取证还有两大好处：第一，办案单位亲自调查取得的结果，办案单位更容易接受；第二，申请调查取证可以规避刑辩律师的执业风险。当然，如果办案单位不同意调查取证，辩护人该出手时还得出手。

2019年6月6日，郭某在被羁押了将近9个月以后，终于被无罪释放，重获自由。企业和他本人都需要一段时间慢慢恢复，但自由和光明总是好的开始……

律师简介

陈松创，盈科刑辩学院副秘书长，北京市盈科（珠海）律师事务所管委会委员、股权高级合伙人、刑事法律事务部主任、青工委主任。在刑事辩护领域有着丰富的执业经验，注重审前辩护。近年来，成功办理过不少不予逮捕、不予起诉、撤回起诉等成功案件。

热心求学引发的牢狱之灾
——李某某销售假药案

一场特殊的求学经历

李某某系无锡市某区某街道社区卫生服务中心的医生。为了更好地提高服务质量,李某某不仅在工作上兢兢业业,还长期自费参加各种业务学习培训。但是,李某某没想到,自己的一次上进求学引发了一场牢狱之灾。

2016年10月,李某某在参加一个培训的过程中,偶然听到某同学讲,有一种治鼻炎的滴鼻液特别好,是山东某医学院的科研产品,而高教授是该技术的发明者。因患有鼻炎,李某某想着自己可以先试用,体验一下治疗效果,便主动从这位同期培训的同学处得到了高教授的联系方式。事后,李某某在网上搜索了高教授的信息,发现确有其人,是山东省某医学院的教授,担任某市政协委员,是这种滴鼻液的发明专利的权利人。同时,这种滴鼻液确已获得国家专利,属于科研产品。

李某某随后便打电话联系高教授。高教授答复:这种滴鼻液是治疗鼻炎的最新产品,在市场上是买不到的。只有参加他办的培训班,并在某医学院备案注册成学员,学习通过之后,才能获得厂家统一提供的滴鼻液。他的培训班每年开两期,春秋各一期。开课的时候他再通知李某某。

2017年4月,高教授通知李某某开课了。李某某请假后自费前往参加培训。在培训过程中,李某某试用了滴鼻液,觉得效果很好。再加上高教授在整个培训过程中都一直在宣扬医务人员需要注意的传统医德,李某某就更加确信高教授是品德高尚、德高望重的人才,是治疗鼻炎、拯救患者的救星。

一次悔恨终身的选择

培训结束后,高教授告知大家,若需要订购滴鼻液,可以直接打款到其指定的生产厂家账户,最终由厂家统一发货。李某某毫不犹豫,订购了3 400支,共花费8 400元。回家后,李某某便收到厂家寄来的快递。为了确定滴鼻液的良好治疗效果,李某某将自己购买的3 400支滴鼻液全部免费送给来看病或者认识的患有鼻炎的患者。因患者用过之后都觉得效果好,2017年5月、8月,李某某又分别花费4 400元购买了2 000支。2017年12月,高教授再次联系李某某,告知李某某的使用数量达不到优秀学员标准,不能享受学员内部科研装;同时告知李某某,他已经和厂家打了招呼,厂家看在他的面子上,同意让李某某补齐购买数量,先交钱,再供货。李某某就按照高教授的要求给厂家打款32 500元。厂家随后发了2 000支,但一直到案发仍有13 000支未发货。2018年4月,李某某联系厂家发货,但厂家告知,因检修设备,无法发货。至此,李某某前后分四次购买滴鼻液,共计22 400支(其中13 000支未到货)。

对于收到的9 400支滴鼻液,李某某将大部分都免费送给了患者。经查证核实,仅有两次不是免费赠送:第一次是2018年2月某日,因同行及其家属身患鼻炎,同行向李某某提出按成本价2.5元一支转让给他,李某某便按照同行的要求,共转让200支,采用快递、微信转账的方式;第二次是2017年下半年某日,李某某在社区卫生院内曾以每支12元的价格向鼻炎患者王某某销售滴鼻液5支,获利60元。

一份改变命运的协查通报

2018年6月29日,无锡市某区公安局收到公安部三局的协查通报,高某某因涉嫌销售假药已被刑拘。高某某案件的基本案情:高某某2004年获得一项治疗鼻炎、鼻窦炎的药品制剂专利,2015年4月至今,在未获得国家药品生产许可资质的情况下,私自联系山东某制药有限公司实际控制人周某某。二人达成共识:高某某提供技术及原料,而周某某安排药品生产以及提供药品塑料瓶,使用已经注销的济南某生物工程有限公司的批准文

书，生产鼻炎灵滴鼻液。高某某在社会上积极推广，介绍该鼻炎灵技术，并将鼻炎灵滴鼻液销往全国24个省市，发展的下线客户达400多人，涉案价值达5 000多万元。同时，协查通报附件中载明，山东省某市食品药品监督管理局已认定，鼻炎灵滴鼻液应当按假药论处。

一场从天而降的牢狱之灾

2018年7月25日，某派出所打电话给李某某，让其前往派出所配合调查鼻炎灵滴鼻液事宜。李某某立即赶往派出所，签署了证人权利义务告知书，并接受了公安机关的询问。2018年8月2日，李某某再次接受询问。上述两次询问笔录中都记载了"李某某明知鼻炎灵滴鼻液没有正规手续、生产批号，没有正规的流通渠道，为了收回成本才销售给患者"。2018年8月23日，公安机关立案侦查。李某某于9月3日被刑拘，在接受讯问时，依然承认自己销售假药，并于9月4日被取保候审。10月16日，在第二次接受讯问时，李某某供述：第一，他不知滴鼻液是假药，没有销售假药的主观故意。第二，他看见滴鼻液包装上写的是国药准字号批文，认为滴鼻液系保健品而非药品；即便他被认定为销售滴鼻液，销售的也不是假药。2018年12月10日，公安机关将本案移送检察院审查起诉。

一份不予起诉法律意见书

我在审查起诉阶段代理了该案。仔细阅卷后，我发现李某某前后供述不一，便问其缘由。李某某立即开始喊冤，称前几次笔录内容与他讲的内容不符。当时做笔录时，公安机关告知他"没事的"，他也没有仔细看笔录就签了字。经过多次与李某某沟通，我认为李某某被指控犯罪的事实不清、证据不足，便第一时间向检察机关提交了法律意见书。具体的意见如下：

1. 李某某对涉案滴鼻液为假药非明知。

首先，涉案滴鼻液系医学权威人士推荐，因此李某某有理由相信涉案滴鼻液为合法产品。根据本案笔录，李某某参加培训的授课老师系高某某。高某某的授课身份为山东省某医学院的教授，另外，高某某是某市政协委员，也是鼻炎灵滴鼻液发明专利的权利人。辩护人认为，李某某作为一名普通基层医务人员，基于高某某的权威身份，对高某某推荐的滴鼻液的合法性是完全有理由信任的。

其次，李某某是按市场价格购买涉案滴鼻液，并非属于明显低价采购。根据本案笔录，涉案滴鼻液的价格由高某某定价，李某某购买的价格没有明显低于市场价格。

2. 李某某购入涉案滴鼻液的目的不是牟利。

首先，涉案滴鼻液具有良好的使用效果。根据李某某的笔录陈述，其之所以购入涉案滴鼻液是因为高某某的滴鼻液具有良好的使用效果。

其次，李某某并无销售牟利的动机。根据李某某之后对涉案滴鼻液的处理情况，其将购入的大部分滴鼻液免费赠送给了患者，对部分同行人员也是以成本价转让。

3. 李某某的行为无社会危害性。

根据本案诸多证人的笔录，涉案滴鼻液效果很明显，也没有造成任何损害后果。

4. 李某某是为高某某所骗，在本质上也是一名受害人。

李某某为了增强自己的医务业务能力，不断到外地自费参加学习培训，购入涉案滴鼻液也是基于对高某某的信任。高某某并未向诸多学员披露涉案滴鼻液的实情，是为了谋取利益才鼓动李某某购入涉案滴鼻液。由此可见，李某某在高某某销售假药一案中为受害人，事实上为了购入滴鼻液也支付了款物，被欺骗了财物。

5. 李某某属于好学上进的基层医务人员，无社会危险性。

李某某长期在基层医疗机构服务，在工作上不仅兢兢业业，还长期自费参加业务学习培训，不仅取得了中医执业资格，还取得了西医执业资格，在基层医务人员中实属罕见。另外，李某某无任何前科劣迹，其本人也系整个家庭的经济来源支柱。如果李某某被判处刑罚，其多年努力取得的中医执业资格、西医执业资格将被吊销，其也无法继续在医疗机构执业。

综上所述，李某某被指控涉嫌销售假药犯罪的事实不清、证据不足。

检察院听取了我以及李某某的意见，审查了全部案卷材料后，于 2018 年 12 月 20 日以事实不清、证据不足为由，将本案退回公安机关补充侦查。案子有了峰回路转的机遇。

但是没想到，2019 年 1 月 17 日，公安机关补充侦查完毕之后，重新将

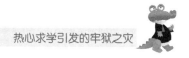

本案移送检察院审查起诉。2019年1月23日，检察院起诉至人民法院。

一个权衡利弊之后所做的决定

在检察院起诉之后，我第一时间与承办法官联系，并提交了相关法律意见。经过多次与法官沟通，我认识到以下四点不利之处。第一，法院认定前三份笔录（即李某某认罪的相关笔录）系非法证据的难度非常大。第二，市级以上的药监机构已认定涉案鼻炎灵滴鼻液为假药。第三，检察院、法院都认为，作为医务人员，李某某对药品的主观认知程度高，应当能够知道滴鼻液为假药。第四，公安机关补充了两份笔录：一份是李某某同行的。同行虽然购买了200支，但从未销售，因为他明白没有正规包装的药品绝不能销售。另一份说明李某某是在社区卫生医院把5支滴鼻液销售给王某某的。（这两份笔录可从侧面说明，作为医务人员，李某某理应能够认识到没有正规包装的药品不能销售，且私自把没有正规包装的药带去卫生院进行销售也有不合法之处）最终，在听取李某某意见的基础上，我改变了辩护策略。

一份免予刑事处罚的辩护词

2019年3月8日，在第一次公开开庭时，我提出如下辩护意见：

第一，被告人李某某具有自首情节，因此，法院依法可从轻或减轻处罚。

对于李某某涉嫌销售假药案件，公安机关于2018年8月23日立案。在立案前，李某某就曾以证人身份分别于2018年7月25日、8月2日前往公安机关如实供述案发全过程。供述内容主要包括如何接触鼻炎灵滴鼻液的、购入情况、赠送情况、转让情况等问题。被采取强制措施后，李某某也积极配合办案人员调查取证，如实交代犯罪行为。辩护人认为，李某某在犯罪事实未被办案机关掌握的情况下，主动投案，如实供述，理应被认定为自首。根据《中华人民共和国刑法》第六十七条第一款的规定，法庭对李某某可以从轻或减轻处罚。

第二，被告人李某某犯罪情节轻微，主观恶性极小，因此，法庭可酌

情从轻处罚。

被告人李某某为了增强自己的医务业务能力，不断到外地自费参加学习培训。购入涉案滴鼻液也是基于对高某某的信任。高某某并未就涉案滴鼻液向诸多学员披露真实详情，是为了谋取利益才鼓动李某某购入涉案滴鼻液。由此可见，李某某在高某某销售假药一案中实为受害者。

同时须提请法庭注意的是，李某某将购入的大部分滴鼻液免费送给患者，对部分同行人员也是以成本价转让。辩护人认为，李某某既无牟利的意图，也基本未获取违法所得，相较于专门从事销售假药的人员，李某某的主观恶性不深，犯罪情节轻微。

第三，被告人李某某的社会危害性小，因此，法庭可酌情从轻处罚。

根据《中华人民共和国药品管理法》第四十八条的规定，假药分为两种：一种是"真正的假药"，一种是"按假药论处"。本案就属于"按假药论处"的情形——必须批准而未经批准生产即销售的。辩护人认为，前一种情形的假药，不仅不能治病，而且会延误治疗时机，社会危害性极大。而本案中的滴鼻液，虽被鉴定为假药，但并未对人体造成任何损害。甚至，通过多份证人笔录可知，涉案滴鼻液治疗效果很明显。由此可见，李某某的社会危害性小。法庭对其可依法酌情从轻处罚。

第四，被告人李某某系初犯，因此，法庭可酌情从轻处罚。

李某某长期在基层医疗机构服务，不仅在工作上兢兢业业，还在空余时间自费参加各种学习培训。经过多年的辛勤努力，李某某获得了中医、西医两种执业资格证书。李某某平时一贯表现良好，能遵纪守法，无再犯可能性。且李某某此前从未受过任何刑事处分，无任何违法犯罪记录，系初犯。因此，法庭依法可对李某某酌情从轻处罚。

综上所述，辩护人认为，李某某法律意识淡薄，被高某某的权威身份蒙蔽才误入歧途；其主观恶性不大，犯罪情节轻微，社会危害性不大。提请法庭充分考虑上述情节，并结合我国宽严相济的刑事政策，对被告人李某某免予刑事处罚。

一个来之不易的判决结果

在庭审中，李某某认罪，但是对于自首的情节，检察院决定庭后核实。

2019年4月4日，法院再次公开开庭审理本案。最终，检察院认为，李某某在作为证人被调查时主动前往公安机关如实供述，虽然后续有一定程度的翻供，但在庭审当中能如实陈述，认罪认罚，按照法律规定，应当被认定为自首，建议法庭对其从轻处罚。

经过两次庭审，我再次与法官进行沟通。法官认为，国家严厉打击销售假药案件，因此，对于李某某，不要说免予刑事处罚，法院甚至很难判以缓刑。为了争取到缓刑，我检索了全国类似案件中判缓刑的大量案例，一并提交给了法院。考虑到李某某的各种犯罪情节，法院对是否对李某某判以缓刑进行了审委会讨论。

经过两次公开开庭审理，2019年5月22日，法院判决李某某犯销售假药罪，判处拘役四个月，缓刑六个月，并处罚金八千元；同时，禁止李某某在缓刑考验期内从事药品生产、销售及相关活动。

一次痛彻心扉的教训

在办理销售假药罪案件中，关于罪与非罪，最重要的辩点有两个：一是涉案物品是否为假药；二是嫌疑人或者被告人是否在主观上明知。

1. 关于是否为假药。

根据《中华人民共和国药品管理法》第四十八条规定，假药主要有两种情形：药品所含成分与国家药品标准规定的成分不符的；以非药品冒充药品或者以他种药品冒充此种药品的。除此之外，还有按假药论处的六种情形：国务院药品监督管理部门规定禁止使用的；依照本法必须批准而未经批准生产、进口，或者依照本法必须检验而未经检验即销售的；变质的；被污染的；使用依照本法必须取得批准文号而未取得批准文号的原料药生产的；所标明的适应证或者功能主治超出规定范围的。

而本案的滴鼻液属于按假药论处的情形之一。在司法实践中，具备上述八种情形之一的，无论药品本身效用如何、是否对人体产生危害，都应当被认定为刑法意义上的假药。当然，假药的认定一般有两种方式：一是根据地市级以上药品监督管理部门出具的认定意见、检验报告等相关材料进行认定；二是根据省级以上药品监督管理部门设置或者确定的药品检验机构的检验报告进行认定。对于检验报告，相关机构一般需要重点审查报告做出的主体是否合法,是否具备相关资质,检材的提取、检验过程是否规范等内容。

2. 关于是否在主观上明知。

是否在主观上明知一般可通过以下几个方面来认定:(1)销售人员的从业经历、学历、专业知识。(2)销售价格是否明显低于市场价格。(3)进货渠道是否正当,有无合法手续。(4)销售方式是否正常。(5)药品包装、标签、说明书等是否合规、正常。(6)有无批准文号、合法的经营执照及许可,是否盗用他人的批准文号或假冒他人的注册商标。

在本案当中,李某某身为医务人员,在涉案药品没有正规的进货渠道,部分还未有正规包装的情形下,应当知道涉案药品为假药。也就是说,在实务当中,法律对医生有更高的要求,赋予了更重的审查义务和注意义务。

本案经过一波三折,最后我终于为李某某争取到了缓刑。但是,最终的有罪判决对李某某的影响特别大。努力学习所获的中医、西医执业资格证书都因为一纸文书化为乌有。李某某悔不当初,觉得自己不应该被高某某的身份迷惑,更不应该转让及销售滴鼻液。我在与李某某接触后发现,他为人温文儒雅,讲起医学知识,侃侃而谈。和他接触的病人也都觉得他有仁心仁术,一致惊讶于李某某怎么会发生这样的事情。事已至此,我只能说法律意识淡薄确实可怕,会害人害己。李某某经常讲,如果再给他一次机会多好。可惜世间没有那么多如果。对于一个决心救死扶伤、拯救大众的医生来说,求学上进值得提倡鼓励,但万万不可在求学的过程中陷入别人设的圈套。对于一些隐约觉得不符合常规的事情,我们一定要坚决地说不,勇敢地拒绝,不要抱着侥幸心理,试图逃过法律的制裁。

律师简介

戴瑞兵,江苏瑞莱律师事务所合伙律师,2005年毕业于西北政法大学,2015年就读于中国人民大学苏州独墅湖校区,主修民商法专业(在职研究生学习)。常年办理各类刑事案件,积累了大量刑事案件代理经验,尤其擅长办理经济、金融类及税务类刑事案件。

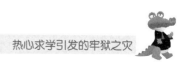

老板跑路,员工顶罪
——冯某某走私废物案

政策骤变,公司危亡

2017年8月,一则新闻链接"《关于发布〈进口废物管理目录〉(2017年)的公告》中公布自2018年1月1日起合成纤维废料为禁止进口的固体废物"出现在S市A纺织品有限公司(以下简称"A公司")的公司业务微信群内。国家政策变化本是寻常的事,但这次政策变化在A公司产生了一石激起千层浪的震撼效应。

A公司是一家外国法人独资公司。公司主要业务就是进口纤维废料进行加工纺织,再将纺织成品对外销售。进口纤维废料是A公司的业务流程中必不可少并且极为重要的一个环节。A公司合法拥有相应的进口固体废物的资质,在对纤维废料进行加工过程中合理注意到环境保护问题,未对环境和周边居民造成不利影响。然而,由于政策的突然变化,纤维废料被禁止进口。重要原材料的缺失不仅使A公司之前的努力徒劳,而且令A公司面临可能无法继续经营的生死危机。

国内纤维废料价格远远高于进口纤维废料的价格。成本过高将使A公司难以赢利。而进口纤维废料又被法律明确禁止。A公司显然不可能以身犯法。如何选择价格合适的合法原材料,成为A公司的一大难题。

老板跑路,员工顶罪

A公司董事长是J国人,是A公司的实际负责人。公司各项决策经其决定后由A公司董事冯某某代为传达。冯某某是A公司的老员工,懂J国语言,因此在董事长视察A公司业务时通常担任翻译角色,并且负责翻译相关公司文件。因工作认真，尽职尽责，加之精通 J 国语言，冯某某被授权担任 A 公司董事一职，负责管理公司日常运营。

政策变动后，A 公司展开紧急研讨，商量应对措施。数日之后，冯某某邀请 H 市 B 物流有限公司负责 A 公司报关的刘某某前来 A 公司进行实地考察，评测新政策出台后哪些原料可以进口，哪些原料不能进口。考察时，A 公司董事长也在现场。依据刘某某的专业意见，可以直接上机使用的就不是废料；白色短纤可进口，黑色、彩色的才为禁止进口的废料。A 公司参考了刘某某的专业意见，在《关于发布〈进口废物管理目录〉（2017 年）的公告》正式实施后，进口的纤维原料更加白净，包装更加齐整，并且无须分拣就可以上机使用，并且经刘某某再次确认，A 公司进口的纤维原料并非纤维废料。

2018 年 4 月，A 公司的 2 票刚刚完成报关进口手续的进口纤维原料被 H 市海关扣留。这些货物被认为存在走私嫌疑。A 公司得知消息后，立刻连线刘某某，召开紧急电话会议，而 A 公司董事长也全程在场。会议由刘某某和 A 公司董事长主导。冯某某在会议过程中并未发表任何意见，仅给 A 公司董事长当翻译。在会议中，刘某某主动教导 A 公司具体负责报关、财物和仓储的工作人员如何应对海关侦查人员提问，并进行了其他应对指导。

虽然海关稽查人员曾主观评论过 A 公司被扣留的货物看上去不像废料，但本案于 2018 年 6 月仍被立案调查。A 公司董事长当时在 J 国，在案发后一直未回到我国境内，因此未到案。而冯某某被认为是公司主管人员，作为主犯被逮捕。其实，虽然冯某某在公司职务很高，但他完全是听从外国老板的指令来管理公司的运营，实际上也是打工的。

固体废物是否存在

我在侦查阶段介入此案，阅卷后，发现本案最重要的争议点在于，A 公司进口的纤维原料是不是固体废物？

A 公司被调查的进口货物共有 4 票，分别为进口自 J 国的单号为 10001、10002、10003 的货物和进口自 T 国的单号为 10004 的货物。在认真研读和对比分析后，一个非常重要的问题引起了我的关注。4 票进口货物，

仅 10001 号和 10002 号货物被鉴定为固体废物，另外 2 票货物不是固体废物。4 票货物品质没有太大差别。4 票货物部分样品同样都被表述为样品干爽、清洁、无杂质、无异味。特别是被鉴定为固体废物的 2 票货物与未被鉴定为固体废物的 10003 号货物同属于一批货源，但鉴定结果大相径庭。材质相同、包装相同，甚至货源相同的样品，为何一些被认定为固体废物，另一些却不被认定为固体废物？主观衡量的依据和标准是什么？其中是否存在专业误判？这些主观标准在《鉴定报告》里面都没有体现。并且在 10001 号和 10002 号货物的抽样过程中 A 公司都无相关负责人在场。这份专业的《鉴定报告》引发了我这个外行人对固体废物的专业判断的质疑。

退一步讲，如果 A 公司的纤维原料确实是固体废物，那么冯某某乃至 A 公司是否明知其进口的纤维原料是固体废物，即是否存在走私废物的故意？

在研究了冯某某的讯问笔录并多次会见冯某某，与其交流后，我发现，冯某某确实没有意识到 A 公司 2018 年进口的纤维原料是固体废物。在冯某某看来，2018 年 A 公司进口的用于纺织的纤维原料相比 2017 年进口的合成纤维废料材质更佳，包装更整齐，可以直接上机使用。海关稽查人员在初步调查时也表示 A 公司进口的纤维原料"看上去不像废料"。

但进口的纤维原料到底是不是固体废物，冯某某是不是明知，除了冯某某的个人供述外，还需要其他证据来印证。通过对案件的整体分析，我认为，冯某某不仅在主观上无故意，在客观上也不可能知道 A 公司进口的货物是固体废物，因为本案发生的前提是确实存在专业误判。

在知道国家出台新政策之后，为确定能否继续进口多年使用的赖以生存的原料，A 公司邀请了刘某某前来 A 公司进行实地考察和评判。依据法庭调查及相关卷宗材料，刘某某是依据 2006 年固体废物鉴定通则对 2017 年 A 公司在库原料进行评判的。她认为虽然 2017 年 A 公司在库原料为合成纤维废料，但合成纤维废料仅是统称，在本质上是腈纶纤维、聚酯纤维等纤维原料，并不直接等于固体废物。因此，她告诉 A 公司，白色短纤可进口，黑色、彩色的才为禁止进口的固体废物；不需要分拣，可以直接上机使用的就不是固体废物。由此可以看出，刘某某对固体废物的定义存在专业误判，她未能清晰辨别什么原料可以进口，什么原料不能进口。其专业误判直接导致 A 公司对固体废物产生误判。

鉴定固体废物的主要依据是《固体废物鉴别标准 通则》。最为关键的是其中第6.1条。根据该条款，对于不需要分拣，能够直接上机使用的单一品种能否被鉴定为固体废物，能否被进口，各方意见并不一致。国家突然变动政策，且在新政策出台后并没有出台相应的细则，也没有组织相应的培训与学习。刘某某是会计专业出身，根据该条款做出了自己的判断，确实有误差，存在专业误判，但刘某某的评判并非完全没有道理。进口品质更佳、包装更整齐的合成纤维原料确实并非都是固体废物。《鉴定报告》对A公司于2018年进口的部分合成纤维原料并非固体废物予以了确认。从J国发过来的原料是否会被认定为废料，A公司的人员是无法把控的。即使货到公司了，他们也很难判断这是不是固体废物，因为都不是专业鉴别人员。

重要证据缺失

在侦查阶段和审查起诉阶段，冯某某被认为存在走私废物的故意并且有积极实行行为的理由是，同案犯A公司负责报关工作的王某某声称，2017年某日，冯某某端着咖啡来王某某办公室，要求王某某向刘某某咨询是否可以通过伪报品名的方法进口纤维废料。

虽然王某某的证言中连冯某某端着咖啡这种细节动作都描述出来了，但我在向冯某某了解之后，得知2017年某日，冯某某在外地，又如何出现在A公司王某某的办公室。王某某的记忆显然是有偏差的。

王某某又辩称冯某某是通过电话指使其行动的。王某某声称冯某某指使其行动的证言被办案机关当作冯某某定罪的重要证据，但是对于如此重要的证据，办案机关并没有调取冯某某和王某某的通话记录来印证。仅凭王某某的言辞，没有通话记录印证，难以证明当天冯某某曾主动指使王某某就是否可以通过伪报品名进口废料的问题向刘某某咨询。

目前，除了王某某的证言外，并没有其他更有力的证据能证明冯某某在本案中存在走私废物的故意，并有积极的实行行为。这也促使我在与办案机关沟通时，提出了冯某某的行为不构成走私废物罪的律师意见。这个辩护方案是可以根据后期的协商来进行调整的。

老板跑路，员工顶罪

并非主犯，认罪认罚

因为本案涉嫌的罪名是走私废物罪，根据海关查获的数量，如果没有减轻情节，那么冯某某的量刑将会是五年以上有期徒刑。所以，找到一个可以减轻处罚的情节是至关重要的。根据本案的情况，从犯是最有可能作为一个突破口而得到支持的，所以在认罪认罚协商的过程中，我把这个情节作为最重要的辩点与承办检察官进行了充分的交流和沟通。

综合全案证据来看，2018年纤维原料进口的决定权在A公司董事长手中，而且从J国发出的原料的供应商也是A公司董事长名下的公司，也就是说供销都是A公司董事长在掌握，他才是本案的策划和指挥者。冯某某在本案中，与各方关系黏性较低，既没有做出决定性的指使行为，也没有具体的操作行为，未在各方之间起到对接作用，仅仅提供翻译服务，且案件涉及冯某某的部分极少，法庭调查的细节方面也与其无关。

冯某某虽为A公司董事兼总经理，但实际上没有股份。虽然他在A公司担任重要角色，但依据其职责及工资可以判断出他实际就是一个打工的。

因为重要嫌疑人A公司董事长在国外未到案，办案机关认为，若不将冯某某立为主犯，本案将出现无主犯而仅有从犯的情形，所以对冯某某是从犯的辩护意见一直未予采纳。我一方面未放弃与办案机关沟通，一方面努力寻找一切对冯某某有力的证据。

我始终认为：无论从法理还是从情理来看，冯某某都不应被认定为主犯。冯某某在本案中并未起到主要作用，也无直接作用。冯某某一心为A公司，20多年兢兢业业。公司发展至今离不开冯某某的贡献，公司的日常经营也离不开冯某某。冯某某应被认定为从犯，并且完全可以适用缓刑。最后，在冯某某自愿认罪认罚的前提下，检察机关也接受了辩护人提出的冯某某构成从犯的律师意见，并且在开庭时建议法庭对冯某某适用缓刑。

企业艰难，应当保护

不能否认的是，2018年A公司进口的纤维原料确实比2017年进口的更好、更白、更干净。从这一点也可以推断出，本案的主观恶性是极小的。

民营企业在经营过程中一不小心就涉嫌犯罪。本案中进口的纤维原料是不是固体废物，确实难以辨别。虽然采取一刀切——凡是有可能被鉴定为固体废物的原料都不能进口的方式可以防止犯罪，但A公司是已经经营了20多年的企业，其主营业务就是进口固体废物来纺织，一刀切将直接使A公司无法维持运营，其六七十名员工将面临失业。在新政策出台后，A公司已积极采取措施向专业人员咨询以应对危机，积极响应新政策，没有再进口之前脏乱杂色的固体废物，而是进口更白、更干净、可以直接上机使用的原料。从整个证据体系看，2018年A公司进口的用于纺织的原料相比2017年进口的合成纤维废料材质更佳，包装更整齐，可以直接上机使用，海关稽查人员也认为这些原料"看上去不像废料"。当然，不可否认的是A公司在进口的手续上存在违规操作，但结合公司的实际情况来看，也情有可原。

国家政策剧烈变化，新标准条款晦涩难懂，相关培训缺乏，使刘某某产生专业误判并将此误判传达给A公司，加之进口操作确实存在不规范的行为，从而引发本案。但综上所述，本案主观恶性极小，并且情节轻微。

在《关于发布〈进口废物管理目录〉（2017年）的公告》于2018年1月1日开始实施前，A公司一直具备进口纤维废料的资质并有合法的进口许可证。禁止进口废料是为了保护我国生态环境安全和防止危害人民群众身体健康。在J国属于固体废物的原料在中国可能比非固体废物的原料品质更好，此外J国对于出口原料也要求符合环境保护的评估标准。而A公司于2018年进口的纤维原料在用于生产的过程中因车间环境良好以及产品品质良好，并未对周边环境造成不良影响，未污染环境。

2018年11月1日，习近平总书记在民营企业座谈会上指出：要为民营经济发展营造良好的法治环境，依法保护民营企业权益，大力支持民营企业发展壮大；对于民营企业历史上曾出现过的一些不规范行为，要以发展的眼光看，按照罪刑法定、疑罪从无的原则处理。现在国家也提倡对企业家建立容错机制。A公司一直以来遵纪守法，为公司员工创造岗位，为当地税收做贡献，并且国家出台进口禁令也存在过急过快的情况，没有给产业链上的相关企业缓冲的时间。原本正常经营的企业很容易因为一个变化而倒闭，公司的所有员工也会因此而失业。现在对A公司的严格执法已对A公司造成不良影响，导致员工流失，订单减少，连续亏损。现在企业已

老板跑路，员工顶罪

奄奄一息。冯某某本人也已经被羁押将近一年时间，非常痛苦。

在庭审过程中，因冯某某已经认罪认罚，我偏向感情辩护。法院最终认定冯某某为从犯，并对其判处缓刑。

律师简介

周小羊，北京盈科（上海）律师事务所股权高级合伙人、管委会委员，扬子鳄刑辩创始人，扬子鳄刑辩联盟主席，盈科长三角刑辩中心主任，上海市律师协会刑事合规委员会委员，民革上海市委民主监督委员会委员、主任助理，静安区统战部特约专家，静安区政协特约专家，静安区新的社会阶层人士联谊会理事，苏州大学王健法学院实践导师，苏州大学文正学院兼职教授。

火速会见,救了一位年轻人
——宗某涉嫌走私普通货物案办案札记

2019年8月30日下午,我正在办公室看一宗走私案的电子卷。同事宗律师打来电话,说自己的堂弟小宗卷入了走私案,已经被刑拘4天,家里人非常着急。小宗家是贫困家庭:妈妈是残疾人,有智力障碍,小宗的姐姐还在读书,全家靠小宗的爸爸放牛、捡破烂卖钱以及村里发放低保金维持生计。宗律师是做公司业务的,对刑事业务不太熟悉,所以希望我提供援助,救救小宗。同事求援、小宗家庭的贫困一下子激起了我的同情心。我没有任何犹豫,答应接受委托,在同事的协调下顺利办好委托手续,并决定尽快去看守所会见小宗。由于第二天是周六,我不确定看守所周六、周日是否接待律师。为确保能够会见到小宗,我与宗律师商定下周一去看守所。

大雨中的等待

9月2日,我和宗律师赶到看守所时已是中午12点多。顾不上吃午饭,我们直奔看守所发号窗口领取号牌。大门外的大棚里坐满了等待会见的律师。雨终于下了。我们在"噼噼啪啪"的雨声中草草吃完外卖,耐心等待叫号。3个小时过去后,终于轮到了我们。会见室是由一间房间一隔为二的,有点类似写字楼里的工位,估计是看守所为缓解律师会见难而改造的吧。尽管房间不隔音,但我们还是要为看守所这样的举措点个赞。

会见知案情

小宗坐在了我们面前。这是一个刚满18周岁的年轻人,神色平静。小

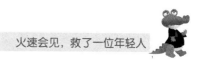

宗向我们说了案情。小宗2019年7月底接到一个打工时认识的"云哥"的电话。"云哥"叫他去江苏泰州船上烧饭打杂，说一天有300元工资。小宗当时在老家的饭店打工，工资不高，一个月只有2 000元左右，觉得"云哥"所说的工资很有吸引力，就乘火车到南京，之后转车到泰州上船。小宗上船后十几天都没有事情干，仅做了买菜烧饭及刷油漆、给电机加油等一些杂活。小宗感觉每天都没什么活干，就问"云哥"到底做什么活。"云哥"说他们一般没什么事情，但忙起来会很累，让小宗好好休息。船开开停停。到了8月22日或者23日，船靠到了一条大船边。大船往小宗所在的小船上吊装货物。小宗做了卸货时指挥起重机放货的活，然后为货物盖上防雨篷布。由于货物的包装上都是外文，小宗不认识外文，所以不知道货物是什么，当时也没想那么多，直到警察来了之后才听说是白糖，还看到警察采样。自上船到被警察抓获，小宗仅收到"云哥"给的用于买菜的1 000元，没有其他收入。船上一共有6个人。除了"云哥"外，其他人小宗都不认识。而且其他人年纪都比小宗大。

听完小宗反映的案情，我们心中有了基本判断：小宗对走私一事毫不知情，在主观上不具有走私的犯罪故意，是无辜的！

于无声处见功夫

会见之后，我立即着手拟写取保候审申请书。完成初稿后，又反复斟酌、推敲、修改，直到写到第四稿才最终敲定，然后寄给海警局。对于是否能够取保成功，说实话，我并不是胸有成竹，也没有十足的把握，因为我所了解到的案情完全来自小宗的陈述，案件中的其他证据我接触不到，丝毫不知，但根据我对小宗的观察，我的直觉是小宗没有撒谎，小宗所说的案情是可信的。那么怎样才能增加小宗取保成功的概率呢？我别无他法，唯有在取保候审申请书上下功夫。

我从来不赞成"填空式"的取保申请书填写方式，即将取保申请书中嫌疑人姓名、涉嫌罪名等几个要素填写一下就提交给侦查机关，然后坐等上天眷顾。一位负责任的刑辩律师应当紧紧抓住在会见嫌疑人过程中了解到的非常有限的证据，在取保申请书中向侦查机关阐述理由与观点，以取得侦查机关的认同。当然，我更不认同找关系、托人说情，因为那不是专业刑辩律师该干的事情。以专业取胜才是专业律师应该走的道路，应该努力的方向。

在小宗的取保申请书中我着重强调了以下两点：① 小宗始终认为自己仅仅是到船上做一些烧饭打杂的活，事先并不知道船往哪里开、装运什么货物，更不知晓货物来源、货主是谁、货物运往哪里、货物是否逃避海关监管的走私货物。② 无论"云哥"还是船上的其他人，都不可能将货物的真实来源告诉一个在船上干杂活的毛头小子。小宗不可能知道"云哥"或其他人的真实意图，也不可能与"云哥"或其他人达成走私的共谋，不可能与他人达成共同犯罪故意。因此，小宗在主观上不具有走私的犯罪故意。

希望的曙光

几天后，海警局打电话给我，告知已收到取保申请书，也表示小宗确实只是船上打工人员，对走私一事不知情，但因为鉴定及其他调查工作尚未完成，取保还需等待几天。这是一个好消息，说明取保大有希望！我立即将这个情况转告小宗的家人，并让他们再耐心等几天。9月25日，小宗终于被取保，走出了看守所。

从刑事拘留变更为取保候审，只是侦查机关对犯罪嫌疑人采取强制措施的一种变化，不代表刑事诉讼程序终结，也不能说明小宗彻底脱罪，因此，我仍需要继续跟进。如果侦查机关撤销案件，那才表明小宗能够真正摆脱烦恼。根据我多年的工作经验，海警局对小宗撤销案件的可能性还是存在的。从目前的情况来看，案件取得了阶段性胜利。小宗及家人很高兴，说我帮了大忙。

小宗卷入刑事案件是不幸的，但小宗的家人没有"病急乱投医"，在堂姐的张罗、引导下，委托刑事律师尽早介入，提供专业法律帮助，让小宗被成功取保，因此小宗又是幸运的。这个案件没有曲折的过程，没有纷繁复杂的背景，没有激烈的交锋与对抗，给我留下深刻印象的只是四稿取保申请书、大雨中的外卖、看守所会见室的构造和小宗的淡定。目前的结果再次印证了刑事拘留后的37天是救人黄金期。祝愿小宗以后的日子顺顺利利。

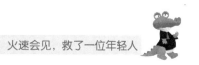

火速会见，救了一位年轻人

律师简介

宋建平，毕业于苏州大学法学院，担任过盐城市律师协会理事、江苏省第六次律师代表大会代表。现为北京市盈科（苏州）律师事务所律师、苏州大学王健法学院"卓越法律人才培养基地"实践导师、苏州大学文正学院兼职教授、扬子鳄刑辩发起人、盈科长三角刑辩中心副主任。从事律师工作29年，办理过上千起诉讼、非诉讼业务，具有丰富的办案经验。办理的大量刑事案件中，很多案件取得了撤销案件、取保候审、免予刑事处分、缓刑的效果。

业务主攻方向：刑事辩护、刑事合规审查。

集资诈骗？ 非吸？
——姚某庆非法吸收公众存款案

姚某庆大专毕业后从事销售行业，后被人引荐至某石材有限公司。该公司主要从事矿业和林业项目，也有相应的产权证。让人没想到的是，该公司矿业和林业项目的投入占总投资额的比例不到30%，公司因无法返还投资者的资金和利息而倒闭。

毫无征兆

2017年4月23日，姚某庆过着和往常一样平淡的日子。白天拉完货刚进家门，就闻到了家中的饭香。两个小孩已经等得有点不耐烦了，吵闹着要吃饭。姚某庆还没来得及拿起碗筷，敲门声就突然响起。

"你好，我们是滨江派出所的民警。家里有人吗？"

姚某庆立刻起身开门。

"是姚某庆吗？你涉嫌非法吸收公众存款，需要跟我们回去配合调查。"

当晚，民警确认姚某庆在某石材有限公司担任过业务经理，便以涉嫌非法吸收公众存款为由将姚某庆拘留。翌日，警方将拘留通知书送到姚某庆的家属手中，姚某庆则被江西警方带回调查。

首次会见

2017年5月3日，辩护人第一次在看守所见到了姚某庆。通过会见，辩护人了解到：该公司主要从事花岗岩开采，在赣州兴国县开采岩石，而大多数投资人均到现场考察过该矿产项目；业务员主要通过在街上发传单及打电话的方式发展客户；公司与客户之间签订的合同为借款合同，约定年回报率为20%，7个月回报率为13%；公司最后因为返还不了投资资金倒闭，而仅姚某庆个人发展的客户资金金额就达300多万元。

根据《最高人民法院关于审理非法集资刑事案件具体应用法律若干问题的解释》，辩护人认为，该公司可能涉嫌非法吸收公众存款，若投资到开采项目上的资金比例低于70%，还可能涉嫌集资诈骗。理由如下：

其一，根据该解释第一条，未经有关部门依法批准或者借用合法经营的形式吸收资金，通过媒体、推介会、传单、手机短信等途径向社会公开宣传，承诺在一定期限内以货币、实物、股权等方式还本付息或者给付回报，向社会公众即社会不特定对象吸收资金的，应当被认定为《中华人民共和国刑法》第一百七十六条规定的"非法吸收公众存款或者变相吸收公众存款"。

其二，非法吸收或者变相吸收公众存款，具有下列情形之一的，应当被依法追究刑事责任：

（1）个人非法吸收或者变相吸收公众存款，数额在20万元以上的；单位非法吸收或者变相吸收公众存款，数额在100万元以上的。

（2）个人非法吸收或者变相吸收公众存款对象30人以上的；单位非法吸收或者变相吸收公众存款对象150人以上的。

（3）个人非法吸收或者变相吸收公众存款，给存款人造成直接经济损失数额在10万元以上的；单位非法吸收或者变相吸收公众存款，给存款人造成直接经济损失数额在50万元以上的。

综上所述，该公司符合非法吸收公众存款的基本特征，而当事人被逮捕的可能性较大。结合案件情况，在现阶段，辩护人可从姚某庆在主观上不具有犯罪的主观故意方面寻求突破点，即根据姚某庆具体的入职时间、职务行为、学历及职业背景、对具体非法集资行为的参与度、在共同犯罪或单位犯罪中的地位和作用、收入情况、离职时间、离职原因，并结合当事人配合公安机关调查的情况、积极退还收入情况，综合判断是否有追究刑事责任的必要及刑事责任的大小。对于无相关职业经历、专业背景，且从业时间短暂，在单位犯罪中层级较低，纯属执行单位领导指令的犯罪嫌疑人，如确实无其他证据证明犯罪嫌疑人具有主观故意，其行为可以不作为犯罪处理。

情况升级

让人意外的是，2017年5月25日，姚某庆被某市检察院以涉嫌集资诈骗为由逮捕。经办检察官不仅没有采纳辩护人非法吸收公众存款的意见，还将姚某庆的行为变更定性为集资诈骗。因此，姚某庆或将面临10年以上有期徒刑的刑罚。

得知情况后，辩护人迅速与办案部门取得联系。办案部门直言，因为姚某庆吸收的金额达500多万元，且他在公司中担任业务经理一职，是分公司总监的心腹，应当知晓公司实际运营情况，但仍持放任的心态继续吸引客户投资，故被认定为具有帮助公司非法占有的目的。

逮捕作为最严厉的一种刑事强制措施，直接关系到被追诉人的人身自由权利。《中华人民共和国刑事诉讼法》对逮捕与羁押未做明确区分，导致批准逮捕即意味着对被追诉人羁押的开始。对其人身自由的剥夺通常会发生在整个办案期间。在移送起诉之前最长羁押期限为23个月。

姚某庆及其家属在得知逮捕消息后，大为不解。客户的投资款均由公司收款，而他作为员工获得相应的提成，怎么都跟诈骗挂不上钩。于是辩护人迅速会见了姚某庆，给予他信心，承诺务必会倾力为其辩护，让他获得公正的审判。

正面进攻

案件被移送审查起诉后，辩护人查阅了全部案件材料，认为姚某庆的行为不符合集资诈骗罪的构成要件，于是主动找经办检察官交流观点，提交了三份有关变更定性及认定为从犯的辩护意见。其间，案件两次被退回补充侦查。辩护意见主要从以下几点出发：

1. 姚某庆加入公司时，公司已正常运营约1年。首批投资的客户均收到本金及高额回报。该公司是正规注册的公司，且确有矿产证、林业证等凭证，足以使姚某庆相信公司具有偿还借款的能力。

根据被告人杨某、李某的供述，结合证人徐某的证言及公司相关营业执照等可知：某石材有限公司的注册资本为一亿元整，营业执照、安全生产许可证、采矿许可证等相关证件均是真实有效的;杨某还购买了兴国县的几百亩林权,而公司实际经营情况只有杨某本人知晓;姚某庆不可能对该公司生产经营情况进行实质审查。

由被告人邹某、金某、张某和姚某庆等的供述可知:某石材有限公司一直在开采矿物。虽然杨某夸大宣传其经营状况,但确有资产凭证可以说明这一点。姚某庆负责的大部分被害人是在兴国县实地考察后才投资的。姚某庆自大专毕业后便外出务工,对资产价值的认识与一般人无异。到2015年5月,公司开始出现资不抵债的情况后,姚某庆意识到公司实力有问题,便离开了该公司。姚某庆在该公司工作时从未隐瞒自己的真实身份,这可从侧面印证其并无违法犯罪的主观故意。

2. 诈骗方法是由杨某和李某商议确定的,而姚某庆并不知情。姚某庆虽为业务经理,但与一般的业务员无异。

根据被害人的陈述及报案材料可知:大部分被害人去某石材有限公司做过实地考察,都是被该公司采矿的表象迷惑;购置资产、制作宣传画册、制定宣传模式等都是由被告人杨某和李某商定的,姚某庆能接触到的领导只有某大厦营业部团队负责人关某。另外根据辩护人会见时所了解的情况,被告人关某之前在另一家公司就是姚某庆的上司,所以姚某庆一来某石材公司,关某就让其担任业务经理的职务。姚某庆虽为业务经理,但所做的事和普通业务员所做的事并无太大差异,也要做发传单、带客户去考察等事情。

3. 姚某庆并无非法占有集资款的主观目的,实际上也未占有、使用、支配客户投资资金,也没有任何挥霍相关款项的行为,不存在携款潜逃的行为,只能获得公司发放的提成款。

《最高人民法院关于审理非法集资刑事案件具体应用法律若干问题的解释》第四条规定:"集资诈骗罪中的非法占有目的,应当区分情形进行具体认定。行为人部分非法集资行为具有非法占有目的的,对该部分非法集资行为所涉集资款以集资诈骗罪定罪处罚;非法集资共同犯罪中部分行为人具有非法占有目的,其他行为人没有非法占有集资款的共同故意和行为的,对具有非法占有目的的行为人以集资诈骗罪定罪处罚。"

在本案中,根据被害人的陈述及报案材料、转账凭证,结合被告人杨某、李某、范某等的供述和银行账户流水可知,某石材有限公司业务人员所发展的客户资金由南昌分公司各营业点的会计收取，再汇总到该公司财务总监范某手上，最后由该公司统一调配所筹集的资金。

又根据被告人邹某、金某、张某和姚某庆等的供述，被告人姚某庆的提成比例是由公司决定的，而公司并没有把客户的投资款分配给姚某庆，只是按照约定每月向姚某庆发放提成款。被告人姚某庆对投资款并无支配权和使用权，也没有侵占群众的投资款，不具有集资诈骗的客观行为，不能被认定是以非法占有为目的。

迷雾重重

在案件被移送起诉前的半个月，检察官仍未透露本案定性的倾向意见，并表明本案要提交检委会讨论，让辩护人耐心等待消息。此时姚某庆已经被羁押近一年，在会见时对定性有较大异议。辩护人能明显感觉到他的焦虑。如果定性不能更改，他或将面临妻离子散。遗憾的是，因本案被害人皆为退休老人，涉案范围广，社会压力较大，检察院最后还是没有采纳辩护人的意见，以集资诈骗罪提起诉讼。且此时，案件的主犯已经因为集资诈骗被中级人民法院判处无期徒刑。案件的走向不容乐观。

在开庭前，辩护人找到该院类似判决，与姚某庆在地位、作用上类似的被告人被认定为犯非法吸收公众存款罪。第一次开庭后，法院认为事实不清、证据不足，将案件退回检察院。在法院将案件退回补充侦查后，辩护人抓紧机会，向检察院提出变更诉讼的请求，恳请检察院将姚某庆涉嫌集资诈骗一案的起诉罪名变更为非法吸收公众存款。其间，辩护人多次与法院和检察院沟通。法官表示已经注意到姚某庆地位、作用的问题，建议辩护人跟检察院也多沟通。由于之前的检察官已调任，新检察官也表示会重新审视案件。等到重新起诉时，辩护人发现，检察院不仅没有变更罪名，还将姚某庆个人的犯罪金额增加至600多万元，要其为名下业务员发展的金额承担共同责任。

拨云见日

一审法院开了三次庭。检察院对定性问题均持强势态度，但辩护人仍

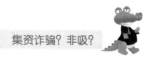

然相信，姚某庆的行为不构成集资诈骗罪。司法解释明确规定，要避免单纯根据损失结果客观归罪，不能仅凭较大数额的非法集资款不能返还的结果，推定行为人具有非法占有的目的。

庆幸的是，在一审法院作出判决前，最高人民法院、最高人民检察院、公安部联合印发了《关于办理非法集资刑事案件若干问题的意见》。有关负责人就非法集资刑事案件有关问题答记者问时，明确要贯彻宽严相济政策精神，着重惩处非法集资的组织者、管理者和骨干成员，对于参与非法集资的普通业务人员，一般不作为直接责任人员追究责任。辩护人就此意见与承办法官再次交流，认为国家刑事政策对打击非法集资类案件更为慎重和包容，希望法官能变更定性。

2019年4月12日，法院通知开庭宣判。姚某庆被关押714天之后，终于等到了法院变更定性的判决：判处有期徒刑五年。姚某庆本人及其家属均表示能接受此结果，也感谢辩护人让他们亲人能尽早相聚。姚某庆说他会认真服刑，争取在监狱中减刑。

感　想

"法律不保护权利上的睡眠者。"许多被告人都是第一次经历刑事程序，对于自身可以主张的权利并不知情，往往听之任之。律师在刑事案件中虽起不到决定性的作用，但可以最大限度地将被告人无罪、罪轻的情节展示给法庭，努力让无罪之人免于牢狱之灾，让有罪之人被判得明明白白。

承办律师

徐敏，中国共产党党员，北京市盈科（南昌）律师事务所律师、党支部青年律师工作委员会委员、职务犯罪法律事务部委员。

谢亮亮，九三学社社员，北京市盈科（南昌）律师事务所律师、职务犯罪法律事务部委员。曾受邀在江西电视台二套栏目中及《新法制报》《南昌日报》《信息日报》上就热点事件发表法律观点。

互助平台一场梦，挽救企业终成空
——曾某某涉嫌非法吸收公众存款案

一线生机

曾某某原系某县某泰电缆公司总经理。该公司因给别家公司提供担保而被迫停产。曾某某于是在2016年3月注册成立某为公司，而该公司的前身就是某泰电缆公司，其地址也是某泰电缆公司的地址。某为公司的法定代表人系曾某某妻子的堂弟陆某，而曾某某继续担任某为公司总经理，实际控制该公司，且股份也为其一人持有。

2017年，某为公司经营出现状况，资金出现严重缺口。曾某某此时异常焦急，奔走于亲友、银行、金融机构之间，以求解决企业资金困境，挽救企业。而此时韩某带领其团队通过网络学习如何经营互助平台吸金后，想借助一家实体企业作为依托，以该实体企业作为引诱投资人投资的实体保障以及彰显实力的媒介。韩某便从网络中"海选"企业。通过网络，曾某某和韩某彼此觉得对眼，曾某某窃以为在茫茫人海中寻得了挽救其企业的那一叶扁舟，而韩某此时也如愿以偿，选中了自己互助平台后的那一家实体企业。

同年7月底，韩某带领其团队成员陆续到曾某某的某为公司考察，了解了该公司的各项制度以及运营情况后，于同年8月2日正式将该团队和曾某某"联姻"，共同孕育案涉的"某为众创"互助平台。

其间曾某某和韩某约定，"某为众创"互助平台收益按照曾某某占23%、韩某及其团队占77%的方式分配。曾某某仅负责接待市场领导人参观考察"某为众创"所依托的"某为公司"，而不曾参与涉案"某为众创"互助平台的搭建以及运营。

2017年8月2日，"某为众创"互助平台正式开放、注册，市场领导人就开始在互助平台购买注册邀请券和排单用的门票。8月2日即开放投资日当晚就有700多人在"某为众创"互助平台上注册,之后每天新增注册量100人。8月3日,"某为众创"互助平台开始排单。8月13日,"某为众创"互助平台会员正式进场参与投资,而第一笔投资款是直接打给"某为众创"互助平台的。

一场空梦

2017年8月,"某为众创"互助平台在运营时被工商行政管理部门发现并勒令关停。至8月30日服务器关闭止,有3 000人左右在"某为众创"互助平台上注册,近1 000人进场参与投资。"某为众创"互助平台共收取第一批投资人投资款及购买邀请券、排单券款共计714 000元。该互助平台共造成123名投资人1 562 000元的投资损失无法追回。2017年8月31日,某县公安局民警通过电话联系曾某某,之后在某县工商局将曾某某带回某县公安局接受调查。

律师救助

上海金茂凯德(芜湖)律师事务所奚玮律师接受本案被告人家属的委托,担任曾某某的一审辩护人。在研究了本案的全部卷宗材料,会见了曾某某以及征求了其本人意见后,辩护人着重从涉案金额、涉案集资参与人人数、曾某某在本案中是从犯以及其具有自首情节等方面一一予以论证。

一、认定的涉案投资人通过"某为众创"平台总投资金额为186.7万元,投资损失金额为156.2万元,但该金额不能作为被告人曾某某非法吸收公众存款的量刑依据

《起诉书》指控,"某为众创"互助平台造成投资人156.2万元损失无法追回。辩护人注意到,要正确认定作为本案被告人曾某某量刑依据的损失金额,需要厘清以下几个问题:

1. 关于本案吸存金额证据问题。

认定被告人曾某某的吸存金额应当以客观书证为依据。如果仅有投资人证言证明涉案金额,没有相关书证印证,由于证言的客观性难以证实,那么该部分金额应当被排除。

《最高人民检察院关于办理涉互联网金融犯罪案件有关问题座谈会纪要》第十三条规定:"确定犯罪嫌疑人的吸收金额时,应当重点审查、运用以下证据:(1)涉案主体自身的服务器或第三方服务器上存储的交易记录等电子数据;(2)会计账簿和会计凭证;(3)银行账户交易记录、POS机支付记录;(4)资金收付凭证、书面合同等书证。仅凭投资人报案数据不能认定吸收金额。"

认定犯罪金额应当严格依照证据规则进行,通过法定程序取得认定被告人犯罪事实的证据。而在本案中,公诉机关认定吸存金额时大多依据投资人报案的证言以及投资人自行提供的手机截图,故证据存在重大瑕疵,不具有唯一性和排他性。因此,辩护人认为公诉机关关于本案的证明标准未达到犯罪事实清楚,证据确实、充分的证明程度。

2. 准确认定本案发生的损失金额。

《起诉书》认定:"至案发时,该平台共造成123名投资人1 562 000元的投资损失无法追回。"辩护人认为,没有确实充分的证据证明该平台造成了156.2万元的损失,因为没有《司法会计鉴定意见》予以佐证。直至2017年8月31服务器关闭,假设借款人的未偿还款项全部不良,那么给投资人造成的损失至多为156.2万元,但这156.2万元不能作为投资人的全部损失,理由如下:第一,法律程序还没有全部进行完,如"某为众创"互助平台关停后,尚没有进行清算;第二,这个数据还应剔除已支付和将要支付的利息,因为认定非法吸收公众存款罪是不能计算利息的。

3. 明确损失发生的成因和责任主体。

办案机关不能把造成本案投资人的156.2万元无法收回的责任单一地归咎于被告人曾某某,理由在于:① 案卷中所有被害人询问笔录的形成时间均在2017年8月31日侦查机关立案之后;② 没有任何证据证明平台正常运营的过程中存在投资人不能按时收回本息的事实;③ 既然侦查机关认定"某为众创"互助平台所从事的是非法吸收公众存款的犯罪行为,所有借款利息就均为赃款,那么侦查机关有义务也有责任进行追缴。

4. 应合理排除该损失中的不合理部分。

首先,办案机关在认定投资人损失数额时应该扣除利息。其次,正确认定本案的涉案金额应当以具有司法会计鉴定资质的机关出具的《司法会

互助平台一场梦,挽救企业终成空

计鉴定意见》作为依据。在尚无《司法会计鉴定意见》的情况下，辩护人认为，该156.2万元中包含的利息部分应当被剔除。

5. 现有资产是否足以覆盖全部损失。

在本案发生后，侦查机关应当及时成立一个清算组，但在案证据中没有任何的书面清算情况资料。这是非常重要的事实。如果清收资产足以覆盖全部债务，本案就不存在损失了；如果缺口存在，那么我们也能看到缺口有多大，这样更有利于厘清被告人曾某某的罪责。

二、《起诉书》关于造成投资人156.2万元的投资损失无法追回事实的认定是错误的。本案造成投资人损失的金额应当剔除第一批投资者投资的60万元

通过分析各被告人的供述以及集资参与人的陈述，辩护人发现本案打款流程大致如图1所示。

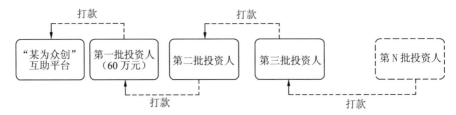

注：从第二批投资人开始，打款都没有直接进入"某为众创"互助平台，而是由投资人相互之间进行配对打款。本案的损失金额仅为最后一批投资人的损失。前期投资人的投资款均通过后期投资人予以投资填补，有些甚至有高息。

图1　打款流程图

根据打款流程图中的信息，辩护人认为《起诉书》中认定的"至案发时，该平台共造成123名投资人1 562 000元的投资损失无法追回"的结论无法被证明。

我们暂且不论该156.2万元金额的客观真实性（因没有《司法会计鉴定意见》予以佐证），但值得说明的一点是，该156.2万元应当减去第一批投资人汇入"某为众创"互助平台的60万元。根据上述各被告人的供述以及打款流程图中的信息可知，该60万元是第一批投资人汇入"某为众创"互助平台的首批投资金额，但第一批投资人的投资款及相应收益均由第二批投资人直接通过配对汇入第一批投资人的相应账户，且没有经过"某为众创"互助平台。至此，第一批投资人投资的60万元已由第二批投资人予以弥补,并且获得了相应的利息,因此这60万元不应被纳入损失金额的范畴内。

辩护人认为,要想正确认定本案的损失金额,厘清本案投资金额的流向,就需要认定最后一批投资人的投资金额。最后一批投资人的投资金额才是本案投资人损失的最终金额。然而现有证据无法证明最后一批投资人的投资金额。但由于本案的特殊的投资方式,后一批投资人的投资款填补了前一批投资人的投资款,故第一批投资者的投资金额60万元应当被扣除。

综上所述,辩护人认为:办案机关在认定本案非法吸收公众存款的金额时应当提供相应证据证明本案的涉案金额,并在查清涉案金额后剔除该平台支付出的相应利息;同时,结合本案被告人曾某某在本案中的参与程度,对其做出罪责刑相适应的处罚。值得注意的是,第一批投资人投资的60万元应从损失金额156.2万元中减去。

辩护人通过阅卷还发现,某县公安局经侦大队提供的《某为众创投资人情况表》中存在重复计算本案集资参与人数以及重复计算涉案金额等问题。而关于集资参与人数,辩护人阅卷后发现,办案机关在对参与人数予以编号时,《某为众创投资人情况表》中的序号缺失,致使集资人数增加。在案证据证明"某为众创"互助平台存在一人多户现象,故"123名"不能被认定为实际投资人数,认定案件事实的证据未达到确实、充分的证明程度。

三、本案所涉非法吸收公众存款犯罪是以被告人韩某为主犯的,被告人曾某某应当被认定为从犯

第一,被告人曾某某并没有任何参与运营操作吸存的行为,在本案中不应被认定为起主要作用。

厘清本案犯罪主体乃本案之关键。根据《最高人民法院关于审理非法集资刑事案件具体应用法律若干问题的解释》第一条之规定,非法吸收公众存款或者变相吸收公众存款必须同时具备以下四个条件:"(一)未经有关部门依法批准或者借用合法经营的形式吸收资金;(二)通过媒体、推介会、传单、手机短信等途径向社会公开宣传;(三)承诺在一定期限内以货币、实物、股权等方式还本付息或者给付回报;(四)向社会公众即社会不特定对象吸收资金。"这说明:首先,办案机关必须明确犯罪主体,在本案中，就是必须明确吸收资金、向社会公开宣传、承诺还本付息的主体究竟是"某为众创"互助平台还是曾某某本人。其次，犯罪主体必须具有吸收资金的主观故意和客观行为。办案机关在主观故意和行为客观存在的前提下才能认定非吸金额，即不能简单地以投资人在"某为众创"互助平台投资的总金额直接倒推出被告人曾某某非法吸收的金额，而应该了解投资总金额的基本构成，进而确定哪些是被告人非法吸收的金额。《最高人民检察院关于办理涉互联网金融犯罪案件有关问题座谈会纪要》第六条规定："涉互联网金融活动在未经有关部门依法批准的情形下，公开宣传并向不特定公众吸收资金，承诺在一定期限内还本付息的，应当依法追究刑事责任。其中，应重点审查互联网金融活动相关主体是否存在归集资金、沉淀资金，致使投资人资金存在被挪用、侵占等重大风险等情形。"这进一步说明，互联网金融活动主体的行为是否构成非法吸存的关键点在于：是否有归集资金、沉淀资金的行为，并导致投资人资金存在被挪用、侵占等重大风险。

在本案中，承诺高息的主体为"某为众创"互助平台，而该平台实际由韩某及其团队管控。被告人曾某某以"某为众创"互助平台作为犯罪工具时没有实际对外承诺高息，也无法管控"某为众创"互助平台，所以曾某某在本案中处于次要地位。

第二，对被告人曾某某在本案中的地位与作用的认定应当采用实质判断标准，即以在本案中实际实施的行为为判断依据，而不能单纯以相关的头衔、职位或者占股比例来认定曾某某在本案中起主要作用。

各被告人的供述以及韩某和曾某某分取利润的比例等证据可相互印证，且说明韩某及其团队和被告人曾某某进行吸存合作，同时韩某在"某为众创"互助平台中处于绝对的管控地位。

四、被告人曾某某在接到侦查机关电话通知后主动前往并如实供述其犯罪行为。该行为应被认定为投案自首

根据某派出所2018年1月20日出具的《情况说明》，侦查机关2017年8月31日联系曾某某时，曾某某正在某县市场监督管理局办事，并称办完事后马上回去。这说明曾某某自愿将自己置于公安机关的控制之下。曾某某在接到侦查机关的电话通知后能主动到案，并如实供述自己的行为，应当被认定为自首。

尘埃落定

最终,辩护人关于涉案金额、涉案人数以及曾某某具有自首情节的辩护意见均被采纳。一审法院认定:① 关于非法吸收公众存款数额问题。经审理查明,除714 000元投资款进入平台外,其余资金经平台匹配,未经平台直接由投资人打到借款人的账户;平台既未归集资金,也未占有、使用该资金在其中只起到中介作用,不宜被认定为对后面的资金构成非法吸收公众存款。故对本案非法吸收公众存款数额应当以平台占有的资金714 000元予以认定。对平台间接造成的损失可在量刑时予以考虑。② 关于投资人数123名及投资损失1 562 000元能否被认定的问题。经查,在案证据证明"某为众创"互助平台存在一人多户现象,故该123名不能被认定为实际投资人数。公诉机关指控"某为众创"互助平台造成投资人损失1 562 000元,但该数额只有投资人即集资参与人自己的书面陈述,而没有其他证据相印证。虽然部分集资参与人提供了手机转账截图打印件,但不能证明该款转账至"某为众创"平台,故该1 562 000元损失数额不能被认定,更不能作为本案的量刑依据。各被告人自愿赔偿集资参与人损失,不受该数额能否被认定的影响。③ 关于被告人曾某某是否构成自首问题。被告人曾某某经公安民警电话联系,在指定地点被民警带回公安机关接受调查,可以被认定为主动到案。到案后能够供述自己的主要犯罪事实,符合自首的构成要件。故本院对其辩护人提出被告人曾某某是自首的辩护意见予以采纳。

最终,一审法院认定被告人曾某某犯非法吸收公众存款罪,判处有期徒刑一年五个月,并处罚金人民币四万元。

事后反思

近年来,P2P网贷平台、互助平台等融资平台以高息利诱、虚假宣传、扩大影响等拉人头式吸纳资金的方式让众多集资参与人投入资金并获取了一定额度的利息,从而让该类平台的数量呈井喷式增长。后因资金监管不到位、资金链断裂等问题,该类平台又呈塌方式沦陷。

在本案中,曾某某实际上是为了解决其企业资金问题,才同被告人韩某"一拍即合"搭建涉案的互助平台,憧憬能够让其企业转危为安。谁料想,搭建互助平台终究是一场噩梦。

结合本案发生的原因以及案件证据,辩护人从非法性、利诱性、公开性和公众性四个角度分析发现,被告人的行为均符合非法吸收公众存款罪的四性构成要件,所以对本案的定性不持异议。而进一步分析该案证据以及涉案平台的运作模式后,辩护人敏锐地发现认定本案涉案金额和涉案集资参与人人数的事实不清、证据不足。

辩护人认为,在办理非法集资类犯罪案件中,尤其是在办理非法吸收公众存款案件中,首先需要厘清该罪构成要件中那些特殊的构成要件因素,从而在阅卷、梳理、分析证据时有重点地去关注那些应当关注的点,以点带面,进而制定出有效的辩护策略。其次需要关注该类犯罪中的运用互联网搭建的平台的经营理念和运作模式。具体到本案,辩护人就是洞察到该平台运作模式不同于一般的吸储平台,所以才提出了认定涉案金额及涉案人数的事实不清、证据不足的辩护意见。再次需要分析该类犯罪成因、各犯罪主体的主观目的及所实施的客观行为,从而做好对该类犯罪的有效防控。

律师简介

奚玮,法学博士,北京盈科(芜湖)律师事务所(筹)名誉主任,安徽师范大学法学院教授、教授委员会主任、诉讼法研究所所长,安徽师范大学诉讼法学、法律(法学、非法学)硕士学位点负责人、硕士研究生导师。同时兼职国际刑法学协会中国分会会员、中国民事诉讼法学研究会理事、中国法学会法律文书研究会常务理事暨学术委员会委员、中国刑事诉讼法学研究会理事暨少年司法专业委员会委员、安徽省法学会港澳台法律研究会常务副会长、西北政法大学证据法学研究所研究员、安徽大学法学院兼职教授、安徽省高级人民法院法官培训学院兼职教授、安徽省人民检察院兼职教师、安徽省律师协会刑事法律专业委员会副主任、安徽省律师协会教育培训工作委员会副主任。

涉案千万元，终获自由
——住多少就被判多少的职务侵占案

遭举报锒铛入狱　表面看山穷水尽

刘某是河南 M 市某公司的总经理（被刑事拘留时），被某公司办公室人员王某举报，2016 年 4 月 1 日因涉嫌职务侵占被刑事拘留，2016 年 4 月 16 日被批准逮捕。公安机关的《起诉意见书》中有一部分列明："2010 年 5 月至 2014 年 4 月刘某在任某公司法定代表人、董事长、总经理期间，利用其公司管理人身份，共提取某公司资金一千零六十九万余元用于个人使用及支出，现仍有四百七十八万余元未归还且无法提供明确的用途和流向。其中一百五十万元被刘某用于购买奔驰轿车。该车入户于刘某名下并被刘某占为己有。该车于 2016 年 6 月 1 日被我局扣押。"

案件经过了一审、二审（上诉、抗诉）、发回重审（被告人上诉、检察院抗诉）、二审法院直接改判四个阶段。最终刘某住多少就被判多少。领到判决书的第二天刘某就走出了看守所的大门。

接受刘某妻子的委托后，笔者第一时间到看守所会见了刘某，从刘某那里了解到：所有的借款和花费都发生在公司设立、开拓招商、在运营期间他作为公司董事长兼法定代表人的正常职务行为上；他本人呕心沥血，筹资开创公司，不存在职务侵占的行为。通过阅卷和多达几十次的会见，笔者彻底理清了案件事实，发现举报人提交的大量会计凭证和证人证言、情况说明存在大量相互矛盾的地方。笔者围绕举报人所在公司财务人员李某提交的 56 笔账目，对 56 笔账目中的每一笔的来龙去脉进行追根溯源，通过对账证、账账、账实的联系比对，发现案件证据存在大量的问题。笔者认为刘某涉嫌职务侵占一案实际上是公司内部的股东与公司之间的债权债务关系案件（有借条及协议为证），牵涉到大股东之间的股权之争（有股东会决议、补充协议可以证明），不应当上升为刑事案件。举报人提供的刘某借款明细有大量不应当写进去的、重复计算的内容，存在财务凭证有假、伪造等情况。笔者依据刑事侦查卷宗中举报人提供的证据给检察机关提出了以下几点法律意见来说明案件实际情况。

第一，不应当列进"刘某借款表"中的几笔：① 证据材料卷第四卷第32页"刘某借款表"的序号1中的2 034 070元。这笔2 034 070元的工商银行进账单及记账凭证在第四卷的第1页、第34页，第三卷的第56页重复出现三次。第四卷第1页、第三卷第56页的工商银行进账单的出票日期是2010年3月15日，用途是"还借款"，而第四卷第34页的记账凭证显示2010年5月13日此笔款已收回，科目为"其他应收款"，借贷平衡，说明此账目已平账。且此笔款没有刘某的借据相印证，怎能算作刘某借款中的第一笔。关于此笔款的银行流水在第六卷第45页。此页流水的日期不全，并只显示刘某的卡上出去了2 034 070元，未显示这笔款是何时从公司账户进入刘某账户的，因此银行流水账需要补齐，以便核对账目往来明细。② 证据材料卷第四卷第32页"刘某借款表"的序号6中的495万元。关于这笔495万元，在第二卷第77页中李某作为当时的会计明确说："2010年7月29日，495万元是当时为了帮银行完成任务以刘某个人的名义存到银行的，随后又回到公司账上了。"关于此笔账目的银行流水在第六卷第45页。此页流水的日期不全，显示2010年7月×日从刘某账户出去495万元，2010年8月6日又从对方账户进来490万元。这一进一出，加上李某的笔录，说明这笔借款是为了帮银行走流水，不能算作刘某的个人借款。③ 证据材料第四卷第32页"刘某借款表"的序号9、10中的160万元。关于这笔160万元，在第二卷第119页中当时的出纳员吴某明确说："2011年4月，刘某通知我和李某准备160万元购买奔驰汽车，后来我和李某按照刘某的要求，用某公司对公账号通过工商银行转给刘某60万元，转给某某商贸公司50万元，转给某某电器公司50万元，之后刘某又退回来10万元"。此处的笔录与第三卷第65—73页的内容相互印证，证明买奔驰车时某公司2011年4月13日将50万元打给某某商贸公司，2011年4月14日将50万元打给某某电器公司。商贸公司和电器公司实际是一个人开的，两家公司之后将100万元拿去买奔驰车。这样操作的原因是帮商贸公司、电器公司走流水。第三卷第70-73页中2011年4月19日、2011年4月20日的退货"收据""退货记账凭证"充分证明某公司实际上并没有购买某某商贸公司、某某电器公司的商品，只是为了帮忙走流水而走程序式地"购买"。第三卷第 65 页 2011 年 4 月 20 日的"记账凭证"就是帮忙走完流水后，会计记录的。会计为了平账，将两笔 50 万写成了一笔，还把摘要写成"刘某借现金办理开工事项"，有故意混淆事实、诬告陷害之嫌。第六卷第 47 页记载，2011 年 4 月×日刘某的卡上确实支出了 60 万元用于购买奔驰车，但是此页流水账的具体日期未显示。具体流水日期应显示完整，否则证据不确实、不充分。

第二，重复列进"刘某借款表"中的一笔。证据材料第四卷第 32 页"刘某借款表"的序号 11 中的 30 000 元与序号 56 中的 30 000 元实际上是同一笔。举报人一方重复列了两次。关于这一笔钱，在第二卷第 18 页下面，办案机关问："2011 年 5 月 16 日公司向你工商银行账户转账 3 万元，紧接着 2011 年 5 月 17 日你给公司写了一张 3 万元的借据。这是怎么回事？"刘某回答："第一天公司给我转账 3 万元。第二天我补了一张借据。这笔钱是公共经费。"关于此笔款的会计凭证在第四卷第 51、52、101 页，与第三卷第 74、119 页重复。

第三，"刘某借款表"中假的、伪造的几笔：① 证据材料卷第四卷第 33 页"刘某借款表"的序号 38 中 2012 年 11 月 5 日的 8 000 元是篡改、伪造的。银行流水中没有此笔的进出显示。第四卷第 22 页的"借据"就是伪造的，且书写签名均是伪造的。第四卷第 83 页的借据和第 22 页的借据是同一笔款项。第 83 页的借据是由刘某自己书写签名的。伪造的那笔借据去掉了借款用途说明及会计、出纳员的签名。这样做的目的等于把单位的借款转化成了刘某的个人借款。举报人在提供证据时忘了把伪造的那一份去掉，造成了真假证据同存一卷的情况。② 证据材料卷第四卷第 33 页"刘某借款表"的序号 23 中 2012 年 6 月 15 的 5 000 元是伪造的，"假借据"在第三卷第 86 页，第四卷第 14、68 页重复出现。此笔借据三次重复出现时的签名都不是本人所签，均是伪造的。

第四，仅有"记账凭证"进出，没有"借据"和银行流水相佐证的几笔。这种情况太多了。这里不一一列举。例如证据材料卷第二卷第 129 页会计吴某所说的公司"内部的小账"，没有票据的账目都记在这部"小账"中，用于冲抵、平账。为了查清本案事实，做到证据确实充分，笔者建议

涉案千万元，终获自由

检察院直接调取这部"小账",以免举报人转移、毁灭此能够反映真实情况的"关键证据",否则我们很可能永远也见不到这个关键、重要的证据。我们将提交《调取证据申请书》。

经过以上和检察机关的书面沟通,检察机关以"部分事实不清、证据不足"为由两次将本案退回公安机关补充侦查,并委托进行审计。经过退补并审计,公安机关又收集了部分证人证言及举报人公司提供的财务凭证。举报人一方将"刘某借款表"做了重大调整。调整后的"刘某借款表"出现在补充侦查卷中。笔者将证据材料卷第三、四卷中的"刘某借款表"与补充侦查卷中新的"刘某借款表"进行比对,结合审计报告中所列的真实完整的原始会计凭证,发现原来卷宗中举报人提供的证据存在大量人为的问题。经过两次退补并审计后的结果更证明了笔者第一次《法律意见书》中提出的问题的正确性。针对审计后仍然存在的问题,笔者给检察机关书面提交了第二份《法律意见书》,内容如下:

一、举报人所在的某公司提供的审计资料(会计账簿、会计凭证)仍然有篡改、伪造、重复计算等情况

《审计报告》第1页第3行:"某公司对其提供的2010年5月至2014年4月会计资料的真实性、合法性、完整性、有效性负责;我们根据该公司提供的上述会计资料进行专项审计。"这说明审计部门对会计资料的真伪不审核,只依据提供的会计资料进行审计。依据真伪不明的资料审计得出的结果不能被直接简单地作为刘某的定罪依据。

1. 凡是没有标注"借款用途"的借据都属于证据不足、事实不清的材料,不能用于计算刘某的借款数额。

(1)在审计卷第96页,2012年11月5日这一张"借据"的借款用途明确标明"用于某某用途"。这一张是真的借据。但是在审计之前,举报人提供给办案机关的这一张借据就是伪造的那张,在二次补充侦查卷第八卷第79页,举报人提供给侦查机关的借据仍是伪造的那张。这张假借据和证据材料卷第三卷第101页的那张假借据都是模仿刘某的字迹伪造的。虽然伪造的借据时间及金额都正确,但是"借款用途说明"一栏是空白的,充分说明举报人有意把公司日常费用转变成刘某个人借款,以使他受到刑事处罚。

(2)证据材料卷第二卷第97、98页是公司财务人员张某2016年5月11日签字确认并提交的两页"刘某借据明细表"。这是某公司有意为举报而精心制作的，其中的第 25 笔，即 2012 年 11 月 5 日这一笔 8 000 元还是按伪造过的假借据列进去的，借据下面还注明了"其中 26 张借据未写明用途，共计 205 000 元"。如果财务人员张某没有撒谎，就说明这是举报人所在公司造假后让其签名确认的。可见此证据是不能被简单采用的。

（3）证据材料卷第三卷第 47、48 页的"刘某借据明细表"有财务人员李某某、张某、李某签名但没有日期，也是举报人所在某公司精心制作的，好让李某某于 2016 年 5 月 21 日签字认可。李某某最初交接工作时提交的原始借据上关于 2012 年 11 月 5 日这一笔 8 000 元是写了借款用途的，但是此表中第 25 笔是按伪造的没有用途的借据被列上去的，由此可见此明细表系某公司伪造后让李某某签名确认的。因此，凡是没有注明用途的借据，如果没有会计凭证及账册摘要记录相佐证，都不能被简单采信，都是不能作为起诉的依据的。

（4）二次补充侦查卷第八卷第 91 页 2012 年 6 月 15 日这一笔 5 000 元的借据系模仿刘某字迹伪造的，既没有列明用途，又没有会计凭证及会计账簿摘要记录相互印证，因此不能被采信，也不应该作为审计资料交给审计部门。

（5）二次补充侦查卷第八卷第 94 页 2012 年 6 月 27 日这一笔 90 000 元的借据系变造的，用途"办公房款"被隐去了。这笔款是公司用款，后来经过了平账，是不能计入"刘某借款明细表"中的。

由以上内容可见，举报人不应该将上述这些不真实的会计资料、凭证作为审计资料交给审计部门，审计的结果是不能被采信的。

二、二次补充侦查卷第八卷第 77、78、89、90 页"刘某借据明细表"系举报人所在公司伪造后让财务人员李某、张某、李某某签字的

此表中的第 25 笔是按伪造后没有用途的借据被列进去的。退补前辩护人提出法律意见书后，在审计时，某公司已提交的真实的那张借据在审计卷第 96 页。证据材料卷第四卷第 83 页的也是真的。伪造者当时忘了将真的抽出来。由此可见，第八卷第 89、90 页"刘某借据明细表"中"其中 26 张借据未写明用途，共计 205 000 元"的说法是不可信的。这 205 000 元是不能被计入刘某借款中的。另外，二次补充侦查卷第八卷第 87 页的"情况说明"是与现存财务证据相矛盾的，也是不真实之词。

三、重复列进"刘某借款表"中的几笔

1. 二次补充侦查卷第九卷第 1 页"刘某借款表"中的第 11、12 号中

的两笔30 000元实际上是同一笔。关于这两笔钱,在第二卷第18页下面,办案机关问:"2011年5月16日公司向你工商银行账户转账3万元,紧接着2011年5月17日你给公司写了一张3万元的借据。这是怎么回事?"刘某回答:"第一天公司给我转账3万元。第二天我补了一张借据。这笔钱是公共经费。"此笔款的会计凭证在二次补充侦查卷第九卷第15页,而在《审计报告》第38页的会计摘要中就没有2011年5月17日这一笔。可见,这是举报人所在公司有意为之的。

2. 二次补充侦查卷第九卷第2页"刘某借款表"中的第53、54号中的两笔10 000元实际上是同一笔。这两笔钱的借据在二次补充侦查卷第九卷第56、57页。关于2013年5月1日这一笔,刘某当时把日期写错了,先写成了5月2日,又改成了5月1日(上面有改的痕迹)。当时会计说日期不能涂改,就替他重新写了一份2013年5月1日的借据。刘某在借款用途上注明"办理广州工商执照注销一事"并签名,但当时并没有将写错的那张收回。结果,举报人所在公司利用他的疏忽,有意重复列出进行诬告。

四、单位财务人员经常拿刘某的银行卡办理单位财务事项的情况属实,因此,只有银行转账记录,没有刘某本人借据的款项不能作为刘某个人借款,只能按事实不清、证据不足来处理

在二次补充侦查卷第八卷第22页当时的办公室主任杨某的询问笔录中,办案人员问:"你在公司期间,刘某有没有把两张银行卡放在公司供公司使用?"杨某回答:"是有这么回事。"办案人员说:"你讲一下这两张银行卡在公司的使用情况。"杨某回答:"当时由于公司正在注册中,还没有注册成立,没办法在银行开对公账户,但是有些前期工作需要钱,所以刘某(当时是法定代表人兼董事长)就拿了两张银行卡给公司使用。我为公司办事时也使用过这两张银行卡,但是我使用的时候每笔支出都有票据。公司财务人员到位之后我就把票据都交给公司财务人员了。"办案人员问:"这两张银行卡主要是用于公司哪方面的消费?"杨某回答:"主要是用于公司日常开支、交往接待以及公司注册方面的消费。"办案人员问:"这两张银行卡有没有几万元甚至几十万元的支出?"杨某回答:"大额支出只是购买家电、支付房租、规划设计等公司正常的支出,每笔也就几万元,在我的印象中没有几十万元的。"

以上杨某的说法是他2009年、2010年、2011年、2012年在公司做办公室主任时的真实情况，和刘某的供述相一致。他以上的说法证明了三点：① 李某、张某等财务人员以前的证言都是不真实的，他们在笔录中所说的公司没有使用过刘某银行卡等说法都是与财务记录相矛盾的。② 转入刘某银行卡的款项中，没有刘某的借据及会计凭证相印证的，都是公司财务用款，不能作为刘某的个人借款（二次补充侦查卷第九卷第 1 页"刘某借款表"中的第 1—8 笔就属于这种情况，不能被简单地作为刘某个人借款），只能按事实不清、证据不足处理。③ 举报人所在公司为了使刘某受到刑事追究，隐匿、篡改、伪造了大量 2010 年、2011 年、2012 年、2013 年、2014 年的相关会计记录凭证。由于这种情况太多了，这里不一一列举。

五、关于办公室原主任杨某在二次补充侦查卷第八卷第 22、23 页的询问笔录中的说法

"有正规票据的都报销了。有些没有票据的，只要回来写个条子，刘某签个字，就可以报销了。""刘某拿票回来，我签完字，然后财务人员才给报销。有些没有票的花费，由他本人写条子，我签字，然后财务人员给报销。"杨某的说法和公司原来的财务人员吴某、刘某本人的说法相互印证。为了查清本案事实，还刘某一个清白，我恳请检察院调取证据材料第二卷第 129 页当时的会计吴某在笔录中所说的公司"内部的小账"。没有票据的都记在这部小账中，用于冲抵、平账。为了查清本案事实，做到证据确实充分，请检察院直接调取。关于调取此"内部的小账"，我于 2016 年 7 月 22 日已提过一次申请，但是检察院没有调取，现在我再次负责任地提一次申请，请检察院依法调取。

六、本案是某公司内部的股东与公司之间的债权债务关系案件，不应当上升为刑事案件

按照证据材料卷第五卷第 175 页的《合作补充协议》的约定、第 194 页第四次股东会决议的约定、第 195 页第五次股东会决议的约定，举报人一方替刘某补缴的注册资金的本金（1 020 万元）和利息由某公司承担，待公司有收入后先行偿还注册资金本金借款。有了这些约定之后刘某才同意让举报人一方以债权转股权进入公司；有了这些约定之后刘某才答应让出董事长及法定代表人的身份给举报人一方，自己只担任总经理；有了这些约定之后刘某才放心地配合原告进行了工商变更登记。没想到举报人一方掌权后，处处排斥刘某，安插亲信进公司，制造矛盾架空刘某，设计通过

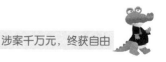

涉案千万元，终获自由

股东会一步步吃掉刘某的股份，到处制造舆论陷刘某于不利之地。综上所述，本案虽然经过两次退回补充侦查，但是事实不清、证据不足。由于刘某已经被超期羁押，请检察院考虑以上的实际情况对刘某变更强制措施，采取取保候审。鉴于刘某是一个民营企业家，采取取保候审更有利于本案的和平解决。

经过两次提交《法律意见书》，检察机关大部分采纳了笔者的意见并委托审计。审计结果为刘某利用职务之便侵占 178 万余元。检察机关以 178 万余元将刘某起诉到法院。

看律师去伪存真　终得见柳暗花明

在一审的庭审过程中，笔者对公诉人的举证逐一进行质证，利用卷宗中的部分证据推翻了卷宗中的另一部分证据，推翻了公诉人的大部分指控。在庭审前笔者还申请了让几个关键的证人出庭接受发问，让做出《审计报告》的鉴定人员出庭接受询问。他们的回答一一印证了笔者在两次《法律意见书》中的观点。最终一审法院部分采纳了笔者的观点，将审计报告中的数额减少了将近一半。一审法院认定刘某职务侵占 92 万余元，判处刘某五年有期徒刑。刘某不服上诉。检察院抗诉。笔者又代理刘某起草了上诉状，内容如下：

请求二审法院依法撤销 M 市某区人民法院的《刑事判决书》，并依法改判刘某无罪。

一审判决书上所罗列的证据全是实际举报人及公司诬告上诉人时提交给办案机关的。判决书有意回避并隐瞒一些能够证明事实真相的关键证据，导致本案事实不清、证据不足。

一审法院据以定罪的 92.861 386 万元这个数额是虚假的、错误的。连一审法院也说不清是把哪几笔账目加在一起得出的 92.861 386 万元这个数字。辩护人的证据、理由如下：

证据材料卷二次补充侦查卷 II 第九卷第 1、2 页"刘某借款表"所列的 55 笔借款最终合计为 178.621 386 万元。其中有 10 笔是没有借据相印证的。审计后的证据材料显示，这 10 笔共计 680 万元整早在 7 年前就都已平过账、核销过，全部是公司公务用钱，因此这 10 笔不能算作刘某个人借款,但是一审法院还是依据这10笔没有借据相印证的、举报人所谓的"借款",最终挤出了92.861 386这个数字对上诉人进行重判。举报人提交的这个"刘某借款表"中所列的第1—8笔、第11笔、第55笔,共计10笔(20万元+60万元+15万元+1万元+35万元+495万元+40万元+10万元+3万元+1万元=680万元),全是没有刘某借据相印证的公司用款,只是从用刘某名字办理的公司财务用卡里进出过,就被举报人有意伪造成刘某的个人借款。

第1—8笔进出刘某银行卡的时间是2010年5月14日至2010年12月8日,刚好发生在公司申请设立期间。当时刘某的卡实际上就是公司的财务用卡,而大量财务原始记账凭证及杨某的笔录充分证明了这一点。在二次补充侦查卷第八卷第22页,办案人员问杨某:"你在公司期间,刘某有没有把两张银行卡放在公司供公司使用?"杨某回答:"是有这么回事。当时由于公司正在注册中,还没有注册成立,没办法在银行开对公账户,但是有些前期工作需要钱,所以刘某就拿了两张银行卡给公司使用。我为公司办事时也使用过这两张银行卡,但是我使用的时候每笔支出都有票据。公司财务人员到位之后我就把票据都交给公司财务人员了。""(这两张银行卡)主要是用于公司日常开支、交往接待以及公司注册方面的消费。""大额支出只是购买家电、支付房租、规划设计等公司正常的支出。"以上杨某的证言充分证明了公司财务人员使用刘某银行卡的事实。但是一审法院在判决书第20页中将杨某的证言断章取义,修改并曲解成"并无大额支出"的结论。杨某的证言中不但没有"并无大额支出"这几个字,而且恰恰证明了有大额支出的事实。光是杨某所说的"公司注册"这一笔就有203.407 0万元。这难道不是大额支出吗?这203.407 0万元公司用款恰恰证明了公司财务人员使用上诉人银行卡的事实,恰恰证明了举报人及李某等证人说公司没有使用过上诉人银行卡是在撒谎,在做假证。

证据材料卷第三卷第54、55页中的两张"刘某借款表"是举报人指使并串通财务人员李某于2016年3月21日提交给办案机关的。表中的55笔账目合计欠款482.103 386万元。第一笔203.407 0万元就是上面杨某所说的"公司注册"花费。举报人在明知这是公司注册验资用钱的情况下居然敢隐瞒真实财务凭证,出具假的《情况说明》将这笔账硬计算到上诉人头上。

证据材料卷第九卷第1、2页这两张"刘某借款表"是举报人指使并串

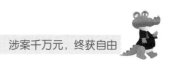

通财务人员李某精心设计并修改后再一次提交给办案机关的。认定上诉人有罪的92.861 386万元就是依据这个表格得出来的。关于这个表格，经过检察院两次退补后，在查明部分事实的基础上，举报人不得不去掉了原来所列的第一笔203.407 0万元等，最终合计欠款178.621 386万元。这是在两次退回补充侦查后举报人硬挤出的数额，比之前举报时提交的表格少了303万余元。

证据材料卷第九卷第1、2页这两张"刘某借款表"中所列的第二笔，即60万元这一笔，是2010年5月17日财务人员用以刘某名字办理的银行卡办理的一笔给李某某的借款。举报人却故意隐瞒真实会计凭证，将这笔款计算在刘某头上。在审计报告卷的第13页，举报人提交给审计机关的"原始会计记账凭证"的摘要一栏明确记录了2010年5月17日60万元这一笔是"李某某借款"，会计科目一栏显示"其他应收款李某某"。借贷平衡的记录显示此60万元在7年前已平过账、核销过。这张客观真实记录60万元去处的原始记账凭证和证据材料卷第九卷第1、2页这两张"刘某借款表"中记到上诉人头上的第二笔是相互印证的。然而一审法院在判决书中只字不提李某某借款的原始记账凭证。这么大一笔款难道不是大额支出吗？一审法院既没有排除合理怀疑，也没有做任何解释，就不负责任地将60万元算在上诉人头上。真实原始记账凭证之所以会在审计报告卷中出现，是因为审计部门工作人员精通财务，举报人在提交相关财务资料时就不得不提供大部分真实的原始记账凭证，使得这一笔60万元的真相水落石出。这一张原始记账凭证的出现同时也证明了以刘某名字办理的银行卡当时确实是公司财务用卡，同时也证明了李某等人所说的没有使用过刘某银行卡是不符合事实的。

举报人所列的第1—8笔、第11笔、第55笔进出过刘某银行卡的10笔账目合计数额是680万元整。一审法院在判决书第19页下面却将这680万元描述成"以银行转账的形式提取本单位钱款共计680.005万元，对其中92.861 386万元拒不说明钱款去向"。这多写的0.005万元恰恰证明了一审法院并不是根据当庭查明的事实来判案的，也在依据举报人的假证据说话，因为以上10笔，无论去掉哪几笔都得不出92.861 386万元这个数字，更何况包含这个数字的10笔账目被大量的原始记账凭证证明是2010年5月到12月公司创办时的各种费用。几年来，这些账目经过多次审计，从来没有被认定为上诉人的借款或用款。举报人为了将上诉人赶出公司,吃掉上诉人的股份,在隐瞒大量真实原始财务记账凭证的情况下,伪造大量假凭证及假证人证言。

一审法院在判决书第20页上说"以出具借条的方式提取85.76万元。该85.76万元应系被告人刘某与某公司的债权债务关系"。这样的认定隐瞒了大量的客观事实证据:①隐瞒了举报人提交给办案机关的借据都是复印件的事实;②隐瞒了审计报告中每一张借据复印件的财务原始记录显示款项都是公司用款,并已报销过、核销过的记账事实;③隐瞒了举报人伪造假借据的事实(同一笔账目的真假借据共存于卷宗中);④隐瞒了重复罗列同一笔账目的事实;⑤隐瞒了为了挤数字虚构添加账目的事实。以上这些说法在10本证据材料卷宗中都能找到依据。其他的借据复印件上诉人不再一一重说。请二审法官关注一审庭审中关于55笔账目的质证意见。

一审法院依据92.861 386万元,对上诉人的量刑也是错误的。依据这个数字,量刑应在五年以下。本案经两次退回补充侦查,历时一年多。移送到法院的证据材料越来越说明用于指控上诉人有罪的数额是虚构的。一审法院认定的92.861 386万元中有60万元是李某某的借款。请二审法院依法予以纠正。

综上所述,指控上诉人侵占92.861 386万元的事实不清、证据不足。十本卷宗中的证据多处存在伪造、变造、重复罗列等情况,且证据之间前后矛盾、自相否定的情况大量存在。一审法院在判决书中忽略了这些客观事实。证据材料显示控告人交给办案机关的"刘某借款表"中所列的55笔借款共计1 786 213.86元,但实际上除了36 000元属于上诉人的合法借款外,1 750 213.86元全是举报人变造、伪造出来的。举报人利用掌控公司财务的有利条件隐匿大量真实的会计资料,变造、伪造大量的假证据对上诉人进行诬告陷害。请二审法院查明事实,依法改判上诉人无罪。

在二审中经过笔者和承办法官的多次沟通,最终案件被发回重审。在重审过程中,笔者与承办法官多次沟通。法官部分采纳了笔者的意见,但是认定刘某侵占70万元。此时刘某已被羁押了将近2年零6个月。最终,刘某住多少就被判多少。在接到判决书的第二天,刘某走出了看守所的大门。刘某不服,又提起上诉。检察院再一次抗诉。在二审过程中,承办法官再一次与笔者充分沟通,考虑到多方面原因,最终改判刘某侵占59万余元。

涉案千万元,终获自由

虽然本案的无罪辩护没有取得成功，但是从最初的1 000多万元到最终的50多万元，涉案数额上的成功辩护使刑期大幅度减少，最终使得刘某住多少就被判多少，很快走出了看守所的大门。本案堪称是职务犯罪辩护中的又一典型成功案例。本案能够成功办理得益于笔者在办案过程中认真审查《审计报告》中所列的每一笔账目、每一张记账凭证，将《审计报告》中所列的每一笔账目所涉的每一张相关的原始记账凭证都进行联系对比。笔者将《审计报告》中所列的凭证和侦查卷宗材料中所列的凭证进行仔细比对，查找它们的区别之处，分析出同一笔账目的记录中，哪一笔是客观真实的记录，哪一笔是经过删减、遮盖、变造、伪造的记录，从而分析出这笔账目原始的记账内容及性质用途以及变造后这笔账目的记账内容及性质用途，找出了对同一笔账目的两种不同记录的矛盾之处，从而找到了案件的突破口，在辩护的时候有力地维护了被告人的合法权益。

笔者通过对大量证据材料进行对比，分析出《审计报告》中所依据的鉴定资料哪一笔是错误的、不真实的，从而利用《审计报告》中真实的部分作为查清案件事实的证据。

作为辩护人，笔者发现《审计报告》中的错误点、矛盾点后，及时形成有利于被告人的辩护思路，很好地运用了《中华人民共和国刑事诉讼法》第一百九十二条第三款的规定：辩护人对鉴定意见有异议，人民法院认为鉴定人有必要出庭的，鉴定人应当出庭作证。经人民法院通知，鉴定人拒不出庭作证的，鉴定意见不得作为定案的依据。笔者申请鉴定人员出庭接受询问，从而推翻了《审计报告》中的部分结论，同时印证了自己的观点。

律师简介

王军丽，河南森合律师事务所合伙人、婚姻家庭部主任，尤其擅长刑事犯罪方面的辩护业务。具有良好的职业道德和敬业精神，严谨好学，认真执着。从事法律工作期间办理过大量刑事案件、婚姻家庭案件，多次受邀到洛阳电视台法制频道进行法律答疑和点评。积累了丰富的业务经验技巧，得到了当事人的认可和高度赞赏。

一起举报人变成犯罪嫌疑人的离奇刑案

——王某虚开增值税专用发票案件

本案的主角之一王某是典型的江南美女，身材高挑，性格外向，处事干练。王某与丈夫共同经营两家公司，分别是某琳公司和某雀公司。某琳公司营业执照经营范围为经营打印机、复印机等设备配件。上海某雀公司系一家贸易公司。

偶遇帅哥

2016年2月初，王某在朋友聚会时认识了本案另一主角朱某鹏。朱某鹏高大挺拔、潇洒俊朗的外表引起了王某的关注。席间，两人推杯换盏，相谈甚欢，大有相见恨晚之意。朱某鹏经营着一家专做包装箱纸的公司——某迪公司。王某的公司也需要包装箱纸，是朱某鹏的目标客户。于是，王某与朱某鹏交换了名片，并加了微信好友。

确立情人关系

第一次见面后，王某和朱某鹏经常通过微信热聊。朱某鹏比王某小2岁，所以朱某鹏就亲热地叫她姐。王某性格比较强势，离过一次婚，育有两个孩子，与现任丈夫经常吵架，感情一般。潇洒英俊、能说会道的朱某鹏的出现犹如王某情感世界里的一颗炸弹。终于有一天，两人中午酒足饭饱后，在王某的办公室突破了界限，发生了性关系。有了这层特殊关系后，王某跟朱某鹏说，你到我公司来，跟着我一起做吧。朱某鹏欣然同意。于是王某经常带朱某鹏一起见客户、跑业务。当时，王某的公司没有多余的办公室，于是王某就安排朱某鹏与财务人员徐某艳在一个办公室。

关系交恶，情人变仇人

浪漫的爱情总是来得快，去得也快。到 2016 年 4 月底，朱某鹏已在王某公司做了一个多月，但王某并未向其发放任何报酬，再加上双方感情已经大大降温，于是朱某鹏便离开了王某的公司。2016 年 4 月初，王某公司的原财务人员徐某艳因公司拖欠其工资离开了公司，并向当地劳动仲裁委员会申请劳动仲裁。2016 年 7 月，王某招聘了新财务人员刘某。刘某在整理财务资料时发现，2016 年 2 月至 4 月某琳公司向某迪公司开具了 38 份增值税专用发票，其中价税合计 498 000 元，税款为 72 358 元，但是账目上没有显示实际交易往来，涉嫌虚开增值税专用发票。刘某赶紧将该情况报告王某。王某回想了一下，某琳公司跟某迪公司确实没有任何业务往来。王某经商多年，深知法律对于虚开增值税专用发票处罚严厉，就赶紧通过微信联系朱某鹏，让他把虚开的增值税专用发票退回。但朱某鹏回复称，其增值税专用发票抵扣的税款是王某应该发放的工资报酬。于是，双方发生了激烈的争吵，甚至相互用言语威胁对方。

报　案

性格强势的王某哪里受过这种侮辱，于是向公安机关报案。很快，公安机关立案侦查，朱某鹏被列为犯罪嫌疑人。2017 年 7 月，朱某鹏迫于公安机关的强大压力，被迫向公安机关自首。朱某鹏对公安机关指控的犯罪事实供认不讳，但他强调，涉案的增值税专用发票都是王某指示其公司财务徐某艳开具的。于是，公安机关找到公司财务徐某艳询问相关情况。徐某艳一口咬定所有发票都是王某同意并指示她开具的。于是，公安机关将王某也列为犯罪嫌疑人。

举报人变为犯罪嫌疑人

很快，公安机关通知王某到案接受调查并说明情况。王某纵有万般不情愿，还是要配合公安机关调查。公安机关深入调查公司账册后，不仅发现某琳公司向朱某鹏的某迪公司虚开增值税专用发票，还发现王某名下的某雀公司涉嫌向公司另一名股东刘总名下的某悦公司虚开增值税专用发票。虽然王某跟公安机关解释说，这是刘总自己找财务徐某艳开具的，因为刘总是公司大股东，对公司有控制权，有权利安排公司人员开票，这事跟她没有关系，但是徐某艳一口咬定所有发票都是王某同意并指示她开具的。所以，王某从最初的举报人变成了犯罪嫌疑人。2018年3月王某因涉嫌虚开增值税专用发票被公安机关刑事拘留，同年4月被检察机关批准逮捕。

律师介入

2018年8月王某案件进入审查起诉阶段。王某家属委托我作为王某的辩护人。接受委托后，我首先会见了王某。看守所里的王某明显消瘦了很多，头发也由以前的飘逸长发变为齐耳短发。王某见到我后，一直喊冤，辩称自己无罪。我首先安抚其情绪，要求她把整个事情的来龙去脉说清楚。经过多次会见，仔细查阅案卷，以及询问其丈夫和公司其他员工，我基本理清了案件的基本事实。因被告人王某始终坚持自己无罪，所以我尊重她的意见，帮她做无罪辩护。在审查起诉阶段，我与承办检察官多次沟通，但承办检察官一听我要做无罪辩护，基本不愿意搭理我。

一审开庭

2018年10月，法院第一次开庭。在庭审中，公诉机关根据一系列证据指控：① 2016年2月至4月，被告人王某在经营某琳公司和某雀公司期间，在与某迪公司无实际业务往来的情况下，虚开给某迪公司增值税专用发票38份，其中价税合计498 000元，涉及税款72 358元。之后某迪公司经营人朱某鹏（已判刑）向税务局非法抵扣上述发票，造成国家同等税款损失。2017年5月，朱某鹏将上述抵扣税款进项转出。② 2014年7月至2016年5月，被告人王某通过自己实际经营的某雀公司、某琳公司以及让供应商公司在无实际业务往来的情况下，虚开给刘总（另案处理）经营的某悦公司增值税专用发票90份，其中价税合计295万元，涉及税款42万元。之后刘总向税务局非法抵扣上述发票，造成国家同等税款损失。2017年11月17日，刘总向税务局补缴上述税款。

公诉机关认为，被告人王某为他人虚开增值税专用发票，所涉税款为492 358元，数额较大，法院应当以虚开增值税专用发票罪追究王某的刑事责任。

律师辩护

我与被告人王某对公诉机关指控的事实及罪名均持有异议，均认为被告人的行为不构成犯罪。理由如下：

1. 公诉机关指控的虚开给某迪公司的38份增值税专用发票系被告人王某所开的事实是错误的。该部分增值税专用发票系朱某鹏自行私开虚开的嫌疑不能被排除。理由如下：

（1）根据某琳公司和某雀公司原财务人员徐某艳2017年7月28日和2018年3月2日的两份笔录，2016年2月到3月，某琳公司和某雀公司的空白发票、财务专用章、税控机等均由朱某鹏个人保管。该段时间恰好是涉案增值税专用发票的开具时间。朱某鹏存在私开涉案增值税专用发票的客观便利条件。

（2）根据朱某鹏本人的供述，在朱某鹏任被告人王某公司的采购经理期间，公司尚欠其垫资货款52 000多元和工资18 000多元，合计约72 000元。该金额与朱某鹏向税务局抵扣的涉案增值税专用发票的税额人民币72 358元相吻合。而被告人王某对上述债务不予认可，双方存在争议。故朱某鹏存在以自行私开涉案增值税专用发票的方式来弥补欠款损失的动机。

（3）证人某琳公司和某雀公司原财务人员徐某艳与被告人王某的公司曾因工资事宜存在劳动争议纠纷，具有利益冲突。故证人徐某艳的"涉案增值税专用发票均为老板王某同意并指示我开具的"证言可信度低。

（4）2016年3月20日证人徐某艳没有考勤记录。公安机关询问后得知她当日休息。但是公诉机关指控的38份增值税专用发票中，有1份发票是当日开具的。另外，2016年4月初，证人徐某艳已经离职，但是公诉机关指控的38份增值税专用发票中，有10份发票是2016年4月29日开具的。上述事实亦印证证人徐某艳的证言证明力低，不足以被采信。

（5）根据被告人王某的供述，2016年7、8月，公司新的财务人员整理票据时发现上述增值税专票问题，故王某立即向税务专管员、派出所反映情况并通过短信、微信向朱某鹏索取发票，但朱某鹏未予理睬。上述短信、微信证据被告人已递交法庭作为在案证据。该项事实反映被告人王某在主观上不存在虚开涉案增值税专用发票的故意。

综上所述，公诉机关指控被告人王某向某迪公司虚开38份增值税专用发票的事实不清，证据不足。该部分增值税专用发票系朱某鹏私开的合理怀疑不能被排除。

2. 公诉机关指控被告人王某向上海某悦公司虚开增值税专用发票90份，涉及税款42万元，存在适用法律错误，不应以虚开增值税专用发票罪追究被告人王某的刑事责任，理由如下：

（1）根据公安机关查明的事实，某宝电器有限公司等五家供应商均与某琳公司和某雀公司有实际业务往来。被告人王某借用上海某悦公司的名义为自己企业开具增值税专用发票的行为虽不符合当时的税收法律规定，但被告人王某并不具有偷逃税收的目的，其行为也未对国家造成税收损失，不具有社会危害性。

2018年12月4日，最高人民法院发布了关于充分发挥审判职能作用保护产权和企业家合法权益典型案例，本批案例共6个。其中首个案例即为"张某强虚开增值税专用发票案"。裁定书表明：张某强为某龙骨厂的经营管理人。由于骨厂为小规模纳税人，无法开具增值税专用发票，因此，张某强以某源公司名义代签合同、代收款并代开具发票。某州市检察院以虚开增值税专用发票罪对张某强提起公诉。某州市人民法院一审认定被告人张某强的行为构成虚开增值税专用发票罪。宣判后，某州市人民法院依法逐级报请最高人民法院核准。最高人民法院经复核认为，被告人张某强以其他单位名义对外签订销售合同，由该单位收取货款、开具增值税专用发票，不具有骗取国家税款的目的，未造成国家税款损失，故其行为不构成虚开增值税专用发票罪；某州市人民法院认定张某强的行为构成虚开增值税专用发票罪属适用法律错误。最终法院改判张某强无罪。最高人民法院发布的这一典型案例对本案有指导意义。

（2）关于某雀公司开具给某悦公司8份发票，共涉及税额102 087元的问题。根据被告人王某的供述，此8份发票实际上是刘总通过财务人员徐某艳直接开具的,而被告人王某并不知情。结合本案刘总系某雀公司和某悦公司控股股东、与公司收入具有利害关系以及财务人员徐某艳与被告人王某之间存在利益冲突的事实,刘总通过财务人员徐某艳直接开具涉案增值税专用发票的合理怀疑无法被排除。

3. 习近平总书记在 2018 年 11 月 1 日民营企业座谈会上强调,对一些民营企业历史上曾经有过的一些不规范行为,要以发展的眼光看问题,按照罪刑法定、疑罪从无的原则处理,让企业家卸下思想包袱,轻装前进。《中共中央 国务院关于完善产权保护制度依法保护产权的意见》(以下简称《产权意见》)亦明确要求"严格遵循法不溯及既往、罪刑法定、在新旧法之间从旧兼从轻等原则,以发展眼光客观看待和依法妥善处理改革开放以来各类企业特别是民营企业经营过程中存在的不规范问题"。

综上所述,辩护人认为被告人王某无罪。

退一步讲,即使法院最终认定被告人王某罪名成立,我也认为被告人王某存在自首情节且系初犯、偶犯。另外,涉案税款已全部补缴完毕,故我请求法院依法从轻或减轻处罚,并适用缓刑。

一审判决

2018 年 12 月 13 日,一审法院作出判决。一审法院认为:

1. 关于某迪公司部分虚开增值税专用发票金额。

根据证人某琳公司和某雀公司原财务人员徐某艳的证言,徐某艳当庭确认以下发票为被告人王某让其开给某迪公司的增值税专用发票:2016 年 2 月 29 日开具的发票号码为 36676191 的发票 1 份;2016 年 3 月 30 日开具的发票号码为 59240222—59240247 的发票共 26 份。证人朱某鹏对上述发票均进行了确认,并证实上述发票均为被告人王某让徐某艳开具给他的。综合全案证据,本院将上述发票金额(共计税额为 43 299 元)确认为被告人王某的虚开金额。公诉机关指控的其他虚开金额,因证据尚不充分,故本院不予确认;被告人王某及其辩护人提出的上述发票均为朱某鹏私开的辩解,因无相关证据予以佐证,故本院不予采纳。

2. 关于某悦公司部分虚开增值税专用发票金额。

根据证人徐某艳的证言,徐某艳当庭确认以下发票为被告人王某让其开给某悦公司的增值税专用发票：2016年1月14日开具的发票号码为36676182的发票1份；2016年1月19日开具的发票号码为36676184的发票1份；2016年3月31日开具的发票号码为59240751—59240758的发票共8份。证人刘总对上述发票均进行了确认，并证实上述发票均为被告人王某让财务人员徐某艳开给他的。综合全案证据，本院将上述发票金额（共计税额为102 087元）确认为被告人王某的虚开金额。另外，根据某宝电器有限公司、某蓝机械设备有限公司、某立机电科技有限公司、某龙日盛机电有限公司、某立机械有限公司提供的证人证言及相关证据材料，上述五家供应商均与某琳公司或某雀公司有实际业务往来，并受被告人王某的要求开票给无实际业务往来的某悦公司。证人刘总亦对上述发票进行了确认，并证实了其与上述供应商无实际业务往来且上述发票均为被告人王某让财务人员徐某艳开给他的。综合全案证据，本院将上述21份发票金额（共计税额为144 738元）确认为被告人王某的虚开金额。公诉机关指控的其他虚开金额，因证据尚不充分，故本院不予确认；被告人王某所做对上述发票的开具不知情的辩解，因与本案查明的事实不符，故本院不予采纳。

综上所述，一审法院认为，被告人王某为非法抵扣税款，为他人虚开增值税专用发票，涉及税款290 124元，其行为已构成虚开增值税专用发票罪，依法应予惩处。判决如下：被告人王某犯虚开增值税专用发票罪，判处有期徒刑一年十个月，并处罚金五万元。

上　诉

一审法院宣判后，在本案上诉期内我再次会见了被告人王某，询问其对一审法院判决的意见。被告人王某表示不服一审法院判决，肯定要上诉，并提出自己的上诉意见。

我随后根据本案的案情，起草了上诉状。上诉理由有以下几点。

1. 一审法院认定某迪公司部分增值税专用发票系上诉人王某虚开的存在认定错误。该部分增值税专用发票系朱某鹏私开的合理怀疑不能被排除。

（1）2016年2月到3月，某琳公司和某雀公司的空白发票、财务专用章、税控机等均由朱某鹏个人保管，而该段时间恰好是涉案增值税专用发票的开具时间。朱某鹏存在私开涉案增值税专用发票的便利条件。此节事实由原公司财务人员徐某艳的证人证言可以证实。

（2）朱某鹏存在以私开涉案增值税专用发票的方式来弥补欠款损失的动机。但这些所谓欠款仅为朱某鹏自行编造的，上诉人王某并不认可。

（3）2016年7、8月，公司新的财务人员整理票据时发现了上述增值税专用发票问题。王某得知后立即向税务专管员、派出所反映情况并通过短信、微信向朱某鹏索回发票，但朱某鹏拒不返还，故上诉人王某向公安机关报案。该事实证明上诉人王某在主观上不存在虚开涉案增值税专用发票的故意。

（4）在本案一审中，辩护人提交的证据2系上诉人王某与朱某鹏的短信记录。该短信记录客观真实地反映了上诉人王某多次通过短信向朱某鹏索要涉案专票，且以虚开增值税专用发票系犯罪行为向朱某鹏陈明利害的事实。但朱某鹏拒不返还，且回复王某："老师今天就我朱某鹏开发票一事打电话给我说，就算我私开你的票，不到50万元，最多判刑两年，缓期两年执行。"该短信客观真实地反映了朱某鹏未经上诉人王某同意私开涉案的某迪公司部分增值税专用发票的事实。

（5）本案中原公司财务人员徐某艳的笔录中说全部发票均由其开具，但2016年3月20日开具的发票以及2016年4月底开具的10份增值税专用发票均非徐某艳开具的。由此可见，徐某艳的证人证言中关于开具发票的相关事实陈述不可信，且徐某艳与上诉人王某公司存在劳动争议纠纷，具有利益冲突，故徐某艳的证词中关于涉案发票均是在上诉人王某指示下开具的证词不足采信。

2. 一审法院认定涉案的某悦公司部分增值税专用发票系上诉人王某虚开的，存在适用法律错误，不应以虚开增值税专用发票罪追究上诉人王某的刑事责任。

（1）根据一审法院认定的事实，某宝电器有限公司等五家供应商均与某琳公司或某雀公司具有实际业务往来。上诉人王某借上海某悦公司的名义开具增值税专用发票给上述五家供应商的行为虽不符合当时的税收法律规定，但上诉人王某并不具有偷逃税收的目的，其行为也未造成国家税收损失，不具有社会危害性，不应被认定为虚开增值税专用发票。最高人民法院的相关指导性案例对此已有明确意见。

（2）关于某琳公司开具给某悦公司8份发票，共涉及税额102 087元。

根据上诉人王某的供述,此 8 份发票实际上是刘总通过财务人员徐某艳直接开具的,而上诉人王某并不知情。本案刘总同时系某琳公司、某悦公司的绝对控股股东、实际控制人及其与两家公司均具有利害关系的事实,财务人员徐某艳与上诉人王某之间存在劳资纠纷、利益冲突的事实,刘总承认通过其个人账户转账给某琳公司供应商以及某琳公司员工发放工资的事实,以及上诉人王某一审提交的电子邮件等证据证实了刘总参与某琳公司实际经营管理特别是实际参与财务管理的事实(该系列事实在一审庭审中已被公诉人确认)。因此涉案的某琳公司开具给某悦公司的 8 份发票是刘总通过财务人员徐某艳直接开具的合理怀疑无法被排除。

3. 即使二审法院最终认定上诉人王某罪名成立,上诉人王某也存在自首情节,且系初犯、偶犯,并已将涉案税款全部补缴完毕,未造成国家税款流失。另外,上诉人王某系 2 个孩子的母亲。两个孩子的年龄分别为 12 周岁和 2 周岁。孩子渴望母爱,需要上诉人王某的抚养。上诉人王某的父母均年迈,身体不好,亦需要王某赡养照顾。上诉人王某的公司在其被关押后已经陷入停业状态。综上所述,辩护人请求二审法院依法从轻或减轻处罚,并适用缓刑。

终审判决

2019 年 4 月,二审法院作出终审判决:驳回上诉,维持原判。

律师简介

牛培山,上海同脉律师事务所专职律师,上海市律师协会税法业务研究委员会委员。毕业于南京大学,具有十年的刑事案件办理经验,擅长办理重特大刑事案件、疑难复杂的刑民交叉案件以及房地产、动拆迁、婚姻继承、涉外仲裁等民商案件,为多家公司提供法律咨询服务(特别是高净值人士刑事合规性审查)。

善心汇：全国传销犯罪第一案
——张某涉嫌组织、领导传销活动终获不起诉

善心汇传销案为中华人民共和国成立以来涉案金额最大的经济犯罪传销活动案件。截至案发，参与善心汇传销活动的人员共598万多人，涉案金额达1 046亿多元。部分善心汇会员和集资参与人曾被煽动，在北京、湖南等地非法聚集，严重扰乱了公共场所秩序。之后，国家领导人做出批示，由中央政法委督办该案，并由公安部统一部署组织侦办。善心汇传销案影响之大，实属罕见。

一场面试，陷入深渊

当事人张某，1981年出生，作为一名具有硕士学历的计算机技术人员，在计算机软件领域已有立身之本。2017年1月上旬，已在善心汇公司工作的老同学方某联系张某，说自己的老板需要一名技术人员，盛情邀请张某与其"并肩作战"，待遇从优。张某在一家大公司已经工作了6年之久，享受的待遇不错，没有必要跳槽，承担换工作的风险，因此拒绝了方某。方某在与老板商量后，提出给张某20万元作为离职补偿，并且一直鼓动张某：公司每天都有好几千万元的流水，今后将在全国建设几个大数据中心，有非常可观的发展前景，很需要张某这样的人才。张某动心了，与方某约了时间去公司看一下。2017年1月中旬，张某到达了善心汇公司，见到了技术部的黄某。黄某给了张某一道SQL语句性能优化的题。张某给出解决方案后就离开了。第二天，黄某告诉方某，系统性能有了明显的提升，张某的能力得到了公司的认可，张某只要把原公司的工作交接完即可前去报道。此刻，张某并未意识到，前面已是深渊。

内鬼事件

过了几天,张某在将原公司工作交接完之后,就前往黄某处报道。双方签订了劳动合同。合同甲方是某电子商务有限公司,而张某的职位是工程师,负责技术方面的工作。2017年2月,张某进入公司,致力系统性能的优化。2月下旬,张某在准备将优化的内容更新到正式的网络运行环境时,发现自己的操作权限被收回了。经过询问,被告知公司的技术人员里有"内鬼","内鬼"通过操控会员系统获取个人私利。张某作为新入职的技术人员,自然属于被怀疑的对象。自此以后,张某的所有操作权限都被收回,只有要对系统进行优化时,才会被授予临时权限。张某为此非常生气,向老同学方某抱怨公司不信任他,并决定不再碰会员系统,远离是非。

弥天骗局,击鼓传花

2017年3月左右,公司行政人员通知张某更换劳动合同。合同甲方为某创新科技有限公司。劳动合同的变更并没有改变张某的工作内容,他也通过这份工作慢慢了解到了这个"庞然大物"——善心汇。

2015年网络传销涌现,善心汇创始人("大老板")在云互助、3M等典型网络传销资金盘中注册会员投资获利,并受到上述网络资金盘操作原理的启发,开始潜心研究新型传销模式。2016年5月28日,善心汇众扶互生大系统1.0版本正式成功上线运营,并于同年9月1日升级为2.0版本。

善心汇众扶互生大系统主要依靠会员登录系统、后台匹配系统、客服系统运行。个人先要在会员登录平台上花费300元购买1颗"善种子"激活账号,才能成为善心汇系统的会员。个人成为会员后,须购买1~5枚善心币(又称排单币,价格100元/枚)排队(即排单)打款,方可参与布施(即打款给其他会员)。会员布施以后自动成为受助人,等待其他会员向自己布施打款,在15~60天之内,就能获得5%~50%的收益。同时注册会员可以推荐发展自己的下线会员,向下线会员销售"善种子"获利,并按照隔代收取下线团队计酬奖(该系统称管理奖)的模式收取其第一、三、五代下线的管理奖获利,而收取标准是第一代下线投资金额的6%、第三代

下线投资金额的 4%、第五代下线投资金额的 2%。会员只可提现下线获利的一半，另一半用于在某爱购商城里消费购物。同时，该系统还开通了企业会员进行传销活动。

善心汇传销组织通过注册大量公司、举办专家研讨会、开展全国大型巡回演唱会、利用网络舆论，宣传其系列公司的行为紧跟国家扶贫政策、响应国家号召，是发展实体经济和互联网经济的创新型文化产业集团，是实行"扶贫济困，均富共生"的慈善组织；打着致力探索构建"新经济生态模式"、推动国家精准扶贫和供给侧结构性改革战略落地的旗号，提高知名度，消除负面影响，稳定持续运营，从而发展更多会员，攫取更多钱财。

2016 年 10 月，在陆某的管理之下，善心汇传销组织进一步壮大。"大老板"将善心汇的技术部和客服部迁至某创新科技有限公司（与张某签订合同的公司），让它们共同为善心汇会员平台提供系统技术升级、运营安全维护、会员信息审核管理等服务。2017 年 3 月至案发时，"大老板"为了规避法律、逃避打击，拖延系统崩盘时间，安排方某、张某等人研发安全性能更强、吸收容纳会员量更多、运行稳定性更好的善心汇大系统 3.0 版本。

张某渐渐发现，善心汇设计的是一个巨大的骗局，因为善心汇系统中需要匹配的资助和受助没有强大的实体支撑。由于没有实体经济产生收益，每个匹配所需的庞大资助会导致资金产生持续亏空，而这个亏空窟窿需要不断地由新的会员来填补。例如，5 个会员每人资助 3 万元，资助后会产生 20% 的收益，此时需要 5×3×120% = 18 万元来填补，相当于 6 个会员每人资助 3 万，也就是说每 5 个会员完成一轮交易后产生的资金窟窿需要 1 个新会员投入资金来填补。如果会员资源枯竭，没有新的会员补充进来，那么巨额的无法兑付债务就会产生。随着会员越来越多，每一轮资助产生的窟窿会越来越大。一旦没有足够的新会员提供新的资助，善心汇就会出现崩盘。善心汇旗下虽然投资了 30 多家公司，但不可能稳定产生每月 20% 以上的利润，因此，善心汇的结局早已注定，击鼓传花的悲剧也早已注定。

鼓声未停，电闪雷鸣

2017 年 5 月，善心汇的会员已经达到 500 多万人，而且保持每天增加四五万个新会员的速度,其规模持续扩张。张某在意识到善心汇模式可能涉嫌违法后,立即提出辞职,并于 2017 年 6 月 1 日完成离职申请审批。离职后的第二天,善心汇"大老板"提出去贵州考察大数据中心场地,同时放松游玩几天,为了安抚张某,也把张某叫上了。2017 年 6 月 4 日,一行 6 人在贵州被湖南省 Y 市公安机关抓捕。

善心汇的技术人员被抓后,善心汇系统瘫痪,所有会员的钱款流动被冻结。2017 年 6 月 5 日至 11 日,被煽动的上千名善心汇会员及投资参与人先后到湖南省委、省政府附近公共场所非法集聚,以拉横幅、静坐、喊口号等方式逼迫政府答应其提出的"释放善心汇公司技术人员、解冻'大老板'及其公司账户、撤销对'大老板'的网上追逃和组织专家对善心汇运行模式进行论证"等要求,公开挑衅法律和国家机关。2017 年 7 月,"大老板"等传销组织成员被全国各地公安机关依法查处。部分传销组织成员仍执迷不悟,通过微信群等联络组织上千名善心汇会员到北京非法集聚,肆意闹事,严重扰乱了社会治安管理秩序和公共场所秩序,在全国造成了重大影响。

两抓两放,终获自由

2017 年 6 月 4 日,张某被 Y 市公安机关抓获后,失去了人身自由。6 月 6 日,张某因涉嫌组织领导传销活动被 J 县公安局拘留。2017 年 6 月 9 日,J 县公安局对张某延长了羁押期限。2017 年 6 月 10 日,J 县公安局认为对张某取保候审不会产生社会危险性,决定对其取保候审。张某重获自由。

取保候审的时光是短暂的。一个多月后,2017 年 7 月 25 日,Y 市公安局对张某解除取保候审,采取监视居住强制措施。张某再次失去了人身自由。在这期间,家属及作为辩护人的我没有张某的任何消息。通过多方打听,依法维权,严正声明,我终于在所有与本案相关的辩护人中第一个见到了自己的当事人张某,第一时间了解到案件的相关情况,并迅速组织材料,提出辩护意见。张某失去人身自由一个半月后终于见到辩护人,仿佛抓到了一根救命稻草,重新燃起了希望。

张某于 2017 年 8 月 24 日被 Y 市人民检察院批准逮捕,羁押在 Y 市看

守所。我直到2017年9月13日才得以成功会见张某,然后不断向办案单位递交取保候审申请书、羁押必要性审查申请书、辩护意见等材料。有一次,我递交的辩护意见及相关材料被办案人员当场传阅,得到办案人员的交口称赞。之后,我数次约见办案人员,当面交流案件辩护意见,取得了良好的辩护效果。2017年11月30日,事情发生重大转机,湖南省S县人民检察院决定对张某取保候审。张某又重获自由。

控辩交锋,精彩纷呈

一、控方观点

2017年1月,犯罪嫌疑人张某经同学方某介绍加入善心汇旗下的子公司某创新科技有限公司,在明知善心汇公司从事传销活动的情况下,为牟取利益,协助黄某维护和优化善心汇数据匹配系统,并担任该公司技术决策委员会成员,系核心技术骨干。张某负责善心汇数据匹配系统的维护和优化工作,具体从事善心汇会员登录系统2.0版本匹配系统的升级改造、Java程序的开发和3.0版本匹配系统的研发,为善心汇自动匹配系统提供技术支撑和程序优化服务,将匹配系统从原来运行7个小时才能完成匹配优化为两三个小时就能完成匹配,为善心汇传销组织的发展壮大起到了重要的技术攻关作用。在善心汇工作期间,张某获取工资及"大老板"单独发的红包共计30多万元。经司法会计鉴定,张某除从善心汇公司获取正常工资收入外,还从"大老板"及善心汇公司取得其他收益25 000元。其行为触犯《中华人民共和国刑法》第二百二十四条之一之规定,涉嫌组织、领导传销活动。

二、辩方观点

第一,即使张某的行为构成犯罪,他也只是偶然涉案且参与度非常低的从犯。张某乃一介理工男,在求学期间所涉专业均为网络技术。进入社会后,张某长期从事网络技术服务,工作性质单一,对复杂的人际交往缺乏清醒的认知。由于对自身行为的违法性认识不够,交友不慎,在同学方某的蛊惑下,张某进入涉案的某创新科技有限公司工作了近3个月时间。其涉嫌犯罪,完全是其法律知识的欠缺、法律意识的淡薄以及对涉案公司的运营未能做出准确的刑事法律上的判断而导致的。

张某在本案中的作用极其微小，参与度非常低，仅仅参与了善心汇系统3.0版中的数据匹配的优化工作，但该版本至案发也未上线运行，没有产生严重的社会危害。张某在发现涉案公司行为可能涉嫌违法后，立即咨询了律师并按照律师的意见，明确提出辞职并停止工作。

第二，张某及其家属均不是善心汇会员，没有在涉案公司参与集资，也没有介绍他人成为善心汇会员，更没有利用会员牟取不法利益。

第三，张某从未组织或参与聚众扰乱公共场所秩序的不法活动。其本人及家属在律师的指引下，对他人多次的纠集聚会保持了高度的警惕，坚决拒绝参与。

第四，张某主动认罪，态度诚恳，其口供一直稳定。张某本是一介书生，为人做事谨小慎微，本次涉案为初犯。其为硕士学历，一直从事技术性工作。张某就学时成绩优异，乐于助人，就业后专注于技术工作，勤奋努力，在案发前从未有过劣迹，是父母、孩子、同事眼中积极向上的正能量人物。

第五，张某家庭情况特殊：父母远在湖北农村，长年多病；妻子长期无业，且经此次打击后精神恍惚，多次无意识地离家出走；孩子9岁无人看管，目前处于无人有效监护状态，在此情形下很容易产生不良倾向；家庭生活开支更是难以为继。对张某从宽处理，是挽救一个家庭的积极作为，既符合法律的规定，也是对宽严相济刑事政策的合理适用。

另外，为了协助办案单位查明事实，结合在案证据，综合考量各种减轻、从轻情节，正确适用法律，辩护人通过国内权威大型的网络大数据平台，查询到国内有8 792宗同种罪名案件已经产生生效裁判文书。该8 792宗案件均存在从宽处理的情形。为此，辩护人从中选取打印了8宗社会影响较大、涉案金额巨大、涉案人数众多的有代表性的已决案件裁判文书提交办案单位，提请承办检察官结合张某作用更小、参与度更浅、社会危险性更低的实际情况，对张某不予起诉。

终获不诉，喜极而泣

2019年1月15日，S县人民检察院作出不起诉决定，认为张某犯罪情节轻微，具有坦白情节，可以免除处罚。依据《中华人民共和国刑事诉讼

法》第一百七十七条第二款的规定，决定对张某不起诉。

2019年1月18日，因当事人张某出行不便，S县人民检察院工作人员一行三人来到我所在的律师事务所，郑重宣读了对曾经被列为第九名犯罪嫌疑人的张某的《不起诉决定书》。在宣读到"被不起诉人如不服本决定，可以自收到本决定书后七日内向本院申诉"时，张某情绪激动，泪洒当场。他猛地站起来，连说了好几遍"我服从决定，没有异议"。张某说："我感谢检察院依法办案。检察院对我作出不起诉决定，拯救了我的家庭，更拯救了我。我以后会认真学习法律，擦亮眼睛，不走弯路。"

筚路蓝缕，天道酬勤

在办案期间，我曾13次北上Y市。在受案初期，因各种原因，我无法顺利会见当事人。当时的案件相关信息十分匮乏。经过努力争取后，我成功会见了当事人。之后，我凭借娴熟专业的刑事案件处理经验，撰写了大量的各类法律文书，精心组织了相关材料，集合装订了数册辩护材料提交案件承办单位参考，并多次与案件承办人进行理性的意见沟通，最终获得了认可。

一、重大、疑难、复杂案件并不可怕

在本案中，参与善心汇传销活动的人员达598万多名，涉案金额达1 046亿多元，涉嫌的罪名有数个，如组织、领导传销活动罪，聚众扰乱公共场所秩序罪，掩饰、隐瞒犯罪所得罪等；全国范围内被逮捕的犯罪嫌疑人达百人，其中被定为主犯的就有31人，当事人张某曾被列为排名第九的主犯。起诉意见书将本案认定为中华人民共和国成立以来经济犯罪第一案、全国传销犯罪第一案。如此重大、疑难、复杂案件的辩护难度可想而知。

尽管案件很复杂，但是我一直秉持着一种观点——所有的刑事案件都能找到辩点。从实体上，我紧扣犯罪构成，以犯罪的本质特征——社会危害性为判断标准，提出尽可能多的无罪或罪轻意见；从程序上，保障当事人的刑事诉讼程序权利，严格审查每份证据的合法性和证明力，及时申请排除非法证据，提出有针对性的辩护意见。对待重大、疑难、复杂案件首先要摆正心态，迎难而上，从律师职业角度切入。对于案件以外的困难和问题，律师应严守法律底线，依法履行辩护职责。

重大、疑难、复杂案件对律师的要求高，同样对办案机关的要求也高。在专业为王的时代，只要律师能沉下心去寻求突破，重大、疑难、复杂案件并不可怕。

二、竭尽全力，必有回应

本案当事人张某两度被羁押，又两次被取保候审。许多人特别是同案其他个别律师都不解，为何在如此大案中，其他涉案人员大多被判处一年六个月至十年不等的有期徒刑，第一被告人甚至被判处十七年有期徒刑，而曾经作为第九主犯的张某却能够得到不起诉的结果。

我将本案拿出来分享讨论，是为了对整个辩护过程做一次回顾，也是为了对十三次北上Y市会见当事人、自书四大袋辩护材料等办案过程做一次总结。

记得在受案初期，由于没收到任何案件信息，我连案件由何单位办理都不知道，只能到当地各个部门询问，最终才得知可能由Y市公安局办理。得知办案单位后，却由于各种原因无法会见当事人，于是我与看守所、公安局等多个机构进行沟通，多次提交申请，要求答复，依法要求会见当事人，最终成为第一个会见当事人的辩护人。

还记得在2017年10月31日，我取得了本案卷宗的刻录光盘。光盘内的文件夹数量显示本案卷宗材料有307卷。为了尽早向检察院提交审查起诉阶段的辩护意见，申请对当事人变更强制措施，我连续熬夜加班，于2017年11月8日提交了审查起诉阶段的辩护材料，并辅以200多页的羁押必要性审查申请书及相关材料，最终于当月30日使当事人被取保候审，重获自由。

在这个案件的辩护过程中我还遇到过一些其他困难和阻碍，但我没有向困难低头，而是迎难而上、依法争取。

每个案件背后都有一个故事，每个故事都是一段人生，而每段人生都联结着一个家庭。司法是理性的，但法律人不是冰冷的。带着感情去办案，深入案件的事实和证据中，依照法律规定严谨细致地工作，不忘法律工作的初衷，将人性融入对法律的理解当中，努力追求每一个案件的尽可能好的结果吧！

律师简介

谭仲萱，广东君言律师事务所权益合伙人、刑事法律专业委员会主任，广东省律师协会经济犯罪刑事法律专业委员会委员，深圳市律师协会刑事诉讼专业委员会副主任委员，广东省刑事辩护律师库（第一批）律师，中共湖南省委党校法律硕士研究生导师，中国人民大学法律实证中心"刑事辩护规范化"课题组负责人，《刑事辩护规范化》一书主要撰写人，首届深圳市公诉人与刑事律师控辩大赛优秀选手。

 # 我们遇到了好法官
——帮助老盐工匡某进行"马拉松"式维权纪实

十几年前的一桩陈年旧案总是萦绕在我的心头,挥之不去。究其原因,一是为弱者维权之艰难而感慨,二是为好法官公正司法的精神所感动。案件的起因:新滩盐场的一名老盐工匡某因为承租一块小盐滩而身陷囹圄,继而惹出九场官司。值得庆幸的是,我们遇到了几位好法官,虽然历尽"马拉松"式维权的艰辛,但最终获得了成功。

承租小盐滩,惹出大麻烦

匡某原系新滩盐场的一位工长,1997年光荣退休。但他总觉得身板硬朗,还想干点事。2002年8月,匡某和新滩盐场签订了一份租赁合同,承租场里的一块劣质小盐滩,租赁期限为1年,租金为1万元。合同约定:承租方匡某自行组织生产,自筹资金,自负盈亏;出租方新滩盐场负责承租方生产的合格原盐的公收、销售。经过2个多月的辛勤劳作,匡某生产出第一批80吨原盐。因初战告捷,他沉浸在成功的喜悦中。但出乎意料的是,经检验,这批原盐质量不合格,因此场方不予公收。从此,这位老盐工的人生厄运开始了。

锒铛入狱,经历三场刑事官司

生产的原盐质量不合格,怎么办?只有想办法提高质量。他决定把这批原盐运到新滩盐场加工厂加工成合格的中粗盐。恰逢加工厂停产维修,他只好运至一桥之隔的头罾盐场粉洗盐车间进行加工,并将加工好的中粗盐运回,临时存放在银宝公司油库空仓库内,并联系场方公收。滨海县盐

务管理局稽查人员发现后，认为他生产、运输私盐，予以查封。匡某不服，与稽查人员顶撞起来。于是，滨海县盐务管理局将案件移送至滨海县公安局。2003年4月1日，匡某因涉嫌非法经营罪被滨海县公安局刑事拘留；2003年5月3日，经滨海县人民检察院批准，滨海县公安局对匡某执行逮捕。

本律师介入后，查阅了大量盐业法律法规资料，深入新滩盐场、头罾盐场调查取证，认为被告人的行为不构成非法经营罪。侦查机关的错误在于"两个扩大"：

1. 国家实行专营管理的是食盐，侦查机关不能将范围扩大到所有的盐产品。被告人匡某生产、加工的都是工业盐，不属于国家实行专营管理的食盐，因此其行为构不成非法经营食盐犯罪。《中华人民共和国刑法》第二百二十五条规定了非法经营专营物品，情节严重的即构成非法经营罪。在本案中，侦查机关认定被告人非法经营食盐，但在事实部分只提到了原盐和中粗盐，而这些盐均属于工业盐。

2. "食盐准运证"和"工业盐承运证"的适用范围均在运销环节，不能扩大到生产加工的转坨环节。侦查机关认定，被告人匡某没有依法办理食盐准运证，属于非法运输食盐。事实上，匡某的运输加工行为只是为了提高质量，变不合格产品为合格产品，属于生产环节上的转坨行为，尚未进入外运外销环节，不需要办理"工业盐承运证"，更无须办理"食盐准运证"。

依法排除"两个扩大"后，被告人罪与非罪的问题也就一目了然了。但是检察机关不接受辩护人的辩护意见，仍然向滨海县人民法院提起公诉。

滨海县人民法院刑事审判庭庭长于浩、审判长朱序萍对该案十分重视，反复研究。法院经审理认为：公诉机关指控被告人匡某生产、加工原盐的主要事实成立，因此予以认定。但关于公诉机关指控被告人匡某的行为构成非法经营罪，法院认为：（1）现有证据不能认定被告人匡某生产、加工的盐是食盐，也不能证明被告人匡某欲将该盐充作食盐销售；（2）被告人匡某对不合格原盐进行加工，是使不合格产品变为合格产品，并不违反合同的规定，也不能被认定为违反国家规定。因此，法院认定：本案证据不足，指控的犯罪不能成立；辩护人所提的辩护意见成立，并予以采纳。最终法院依照《中华人民共和国刑事诉讼法》第一百六十二条第（三）项之规定，判决被告人匡某无罪。

当法官去看守所宣告无罪判决，释放被羁押的被告人匡某时，看守所所长感慨道："我当了几年看守所所长，还没有遇到过直接判决无罪的呢！"

可见，一件正确的无罪判决是多么难得！它既反映了法官精湛的水平和能力，也体现了法官高尚的品质和担当，值得赞誉！

一审法院宣判后，滨海县人民检察院不服，向盐城市中级人民法院提起抗诉；但终究因底气不足，在审理期间，又自行撤回抗诉。

刑事无罪判决生效后，辩护人帮助匡某申请国家赔偿。在与县、市两级公安、检察机关反复抗争之后，匡某才拿到少许"冤狱费"。

在走完了刑事三部曲之后，我们总算松了一口气，自认为大功告成了。可没想到，更大的麻烦还在后头。

处罚连连，再打六场行政官司

匡某被判无罪后，有关执法机关都不服气，继续找碴，由滨海县盐务管理局出面，认定其行为属于行政违法，再三对其进行行政处罚，因此匡某又先后经历了6场"马拉松"式的行政官司，而本律师也随之转换身份，由辩护人变成代理人，继续帮助他维权。

1. 2003年12月27日，滨海县盐务管理局作出〔2003〕第99号行政处罚决定书，没收匡某37.5吨中粗盐和24吨等外原盐，并处罚款人民币7万元。匡某不服，向盐城市盐务管理局申请行政复议。

2. 2004年2月26日，盐城市盐务管理局作出〔2004〕第81号行政复议决定书，维持滨海县盐务管理局行政处罚决定。匡某仍不服，向滨海县人民法院提起行政诉讼。

3. 2004年5月9日，滨海县人民法院作出〔2004〕滨行初字第6号行政判决书，故意回避代理律师关于"实体违法"的代理意见，只认定"程序违法"，判决撤销滨海县盐务管理局〔2003〕第99号行政处罚决定书。

4. 2004年9月11日，滨海县盐务管理局重新作出〔2004〕第65号行政处罚决定书，再次决定没收匡某生产的盐产品，并处罚款人民币7万元。匡某仍然不服，再次向滨海县人民法院提起行政诉讼。

5. 2004年11月26日，滨海县人民法院作出〔2004〕滨行初字第20号

行政判决书,无视代理律师关于"实体违法"的代理意见,判决维持滨海县盐务管理局〔2004〕第65号行政处罚决定书。匡某仍不服,上诉至盐城市中级人民法院。

6. 2005年2月25日,盐城市中级人民法院作出〔2005〕盐行终字第0002号行政判决书,完全采纳代理律师的代理意见,判决:撤销滨海县人民法院〔2004〕滨行初字第20号行政判决书;撤销滨海县盐务管理局〔2004〕第65号行政处罚决定书。

二审一波三折,判决来之不易。更难能可贵的是,丁云秋审判长坚持原则,守护正义,作出了正确的判决。

一路违法,好法官守住底线

老盐工匡某退休后发挥余热和专长,承租一块劣质小盐滩生产原盐,本来是一件利国利民的好事,应该受到支持和保护。但令人万万没有想到的是,他正当的履约行为和合法的生产经营活动,竟然为自己惹出一堆麻烦。在维权的道路上,本律师忠于职守,历尽艰辛,仗义执言,参与了全过程。

习近平主席在谈到冤假错案的时候曾说,做纠错的工作就是为了弥补伤害。根据习近平主席的指示,有关权力部门难道不应该深刻吸取教训,纠正错误,弥补对当事人的伤害,重塑执法公信力吗?

在此,我要特别感谢滨海县人民法院刑事审判庭于浩庭长、朱序萍审判长,居中裁判,公正执法,判决被告人匡某无罪;特别感谢盐城市中级人民法院行政审判庭丁云秋审判长,正气凛然,敢于撤销下级法院的错误判决和行政机关的错误决定,维护弱者的合法权益。他(她)们守住了社会公平正义的最后一道防线,是公民合法权益的守护神!

承办律师

张建,江苏民和众律师事务所律师。曾任滨海县人民检察院检察员、检察委员会委员,滨海县司法局副局长。毕业于华东政法学院法律专业(在职函授)。1988年参加全国律师资格考试,取得律师资格。

退休后从事专业刑事辩护工作。在媒体上郑重承诺：愿为全国各地可能被判处死刑者提供免费法律援助。先后为20多名被告人（包括6起故意杀人案件的被告人）做无罪辩护成功，曾接受中央电视台专题采访。目前仍致力刑事法律援助工作。

恩怨夺命球
——李某过失致人死亡案

客户：律师，强奸犯会被判死刑吗？

律师：会！

客户：那在什么情况下会被判死刑呢？

律师：《中华人民共和国刑法》第二百三十六条规定："以暴力、胁迫或者其他手段强奸妇女的，处三年以上十年以下有期徒刑。奸淫不满十四周岁的幼女的，以强奸论，从重处罚。强奸妇女、奸淫幼女，有下列情形之一的，处十年以上有期徒刑、无期徒刑或者死刑：（一）强奸妇女、奸淫幼女情节恶劣的；（二）强奸妇女、奸淫幼女多人的；（三）在公共场所当众强奸妇女的；（四）二人以上轮奸的；（五）致使被害人重伤、死亡或者造成其他严重后果的。"

不过在司法实践中出于强调减少死刑、慎用死刑、尊重生命的理念，强奸犯被判死刑的例子越来越少了，但是严重的也会被判死刑。

下面的故事源于真实案例。为了保护个人隐私，地名、人名均用了化名。

笔者讲这个故事的目的是从一个法律人的角度告诉人们，遇事需冷静，三思而后行，冲动是魔鬼，后果很严重……

远客来访，王律登场

2008年，我正在东北某市当律师。幸运的是，那几年疑罪从无原则正被大力推进，让我连续办了几起无罪辩护成功案件。由此，慕名而来，要求我给他们的亲戚辩护的人多了起来。有一天，K旗（在内蒙古，旗相当于县）老李通过他人推荐找到了我的律所，让我给他弟弟做刑事辩护，说他弟弟打死了强奸犯,被公安机关抓起来,并定了故意杀人罪。情况紧急!

我接受了委托后了解到,被害人张某就是那个强奸犯,被我的当事人李某打死了……

奸案始发,扑朔迷离

2004年夏日某一天,居住在农村的我的当事人李某去村头农田锄地。到了中午回家来,进了院内看见烟囱有袅袅炊烟升起,干了半天重活、身心疲惫、口干舌燥的李某满心欢喜,以为马上就有热气腾腾的饭吃了。他进入厨房,却不见正在做饭的爱妻。他将农具挂在厨房墙上,推开里屋门进去,一眼就看到东院邻居张某竟然赤裸着下身压在他媳妇身上干那不堪入目的事情。张某一看李某推门进来,慌不择路,拎起裤子跳窗逃跑了。李某毫无思想准备,看见这个场面惊愕了半天。等他缓过神来,只看见衣冠不整的妻子在号啕大哭,而张某却没影了。李某抓着媳妇问这到底咋回事儿!媳妇说:"别人欺负我,你都看见了还问我!"李某让媳妇穿上裤子,俩人一同直奔东院张家而去。这惹事的张某躲起来还没回家。张某媳妇在家,听到李某两口子气冲冲过来提起这乱七八糟的事,就说:"胡扯,你两口子讹人还用这么不要脸的方式!"于是同李某两口子对骂起来。李某两口子看见围观的群众越来越多,而张某还没回家,只能先回家。

回到家,李某继续盘问自己媳妇:"这到底咋回事儿?是奸情被发现了还是真的被强奸?"媳妇说:"别人都骑到你头上来了,你还怀疑我!我死给你看!"说完就往外跑……李某一看媳妇这个架势,虽有疑问,却不得不相信张某欺负媳妇的事实。李某痛恨自己一个大男人没能保护好媳妇。既然事情已这样了,他们就必须让张某付出代价。两口子觉得,这事儿只能先找村治保主任,若治保主任处理不了就经官。

治保主任谭某刚从地里回来,到家还没坐稳,就听见乡邻的吵骂声。好事者来跟他讲完李某家的糗事刚走,李某两口子就急匆匆找来了。听了李某两口子的描述,知道了张某干的坏事后,谭主任问李某:"事情已经这样了,你们想怎样?""想怎样?还我清白!"李某媳妇开始哭诉。

听这两口子的意思,张某首先得承认强奸才行。问题是张某承认就行了?谭主任探不出李某两口子内心深处的想法,不知所措。不过村里发生

恩怨夺命球

的纠纷案件都是由他先经手。现在这件事虽然没那么简单，但也得处理。最后谭主任提议："是不是老张承认了欺负人，再给点儿钱，就能换回你们的面子？"李某说："事到如今，也只能这样了！这家丑不想外扬……"

摸清了李某两口子的底牌，谭主任马上骑摩托车去了张某家。张某看见李某两口子已经回去了，就回了家，正在给老婆诉说被人讹诈的冤屈。谭主任打开天窗说亮话："人家李某两口子在我家呢！你赶紧去给人家道个歉，给人家媳妇赔点儿钱，还人家媳妇清白！"张某媳妇在旁一听，嚷道："啥玩意？坏我家老张名声的事儿我们没追究，他们还恶人先告状了？还让我家老张给他道歉？道什么歉？老张你说说你到底和那小婊子啥关系？"张某忙说："谭哥，我冤啊！我和老李媳妇啥关系也没有啊！他两口子讹人！"

张某两口子这么一说，谭主任就完全不知道该相信哪一方了。他对张某说："老张，我再问你一句，你是无辜的不？"老张当着媳妇的面对灯发誓："我要是撒谎，灯泡就电死我！"张某媳妇说："他们是不是想要钱？觉得我家比他家有钱吧？有钱也不给她……"

事已至此，谭主任只能骑着摩托车回家，给李某两口子一个交代。听了谭主任的反馈，李某两口子当即决定：报警！

报警破案，法办奸犯

李某两口子借了谭主任的摩托车就直接去报了警。刑警队当即做了笔录，然后到村上勘查了现场，控制了张某，提取了检样。没过多久，法医鉴定报告出来了：DNA 就是张某的。于是刑事拘留改为逮捕。之后，张某因违背妇女意志强行与妇女发生性关系，构成强奸罪且拒不认罪，被判处有期徒刑四年。

张某家因为缺了一个主要劳动力，而张某媳妇自己无法经营承包地，只能对外出租，殷实的生活明显不如以前了。张某媳妇还得每月凑了钱去监狱探望一趟，花了不少路费……

刑满回家，刑案诱发

2008 年，张某刑满释放回家了。

张某刑满释放回家对张家来说也是个重大事件。张家人聚在一起，把年猪提前杀了庆贺。

李某两口子听说今天张某刑满回来了，张家院内正放鞭炮消灾庆贺呢！李某两口子听着，心中不是滋味，但也奈何不得。

庆贺张某回家的宴会进行了一中午。张某向亲友表示感谢，也喝了不少酒。等送完最后一拨客人，张某回头看见李某家的房子，气不打一处来。借着酒劲，张某干脆不回屋了，走到李某家大门口插着腰就骂起来："老李两口子，你们给我滚出来。今天大爷回来了，从今往后你们别想过好日子了！你们全家都不得好死……"

张某媳妇正寻思着张某怎么这么久不回来，听见张某的骂声，知道张某解恨去了，于是提了个破盆赶过去，站在张某旁边边敲边骂。这次她巴不得全村老百姓都出来听一听。

李某受不了这欺负，于是冲出去，站在屋门口与张某对骂。李某媳妇看这架势也不甘心被欺负，就出去帮腔，只是一手拉着李某，就怕李某奔过去死斗！

这两家四个人距离不到20米远。一方喊："有本事你出来！整不死你！"另一方喊："有本事你进来！踏入我家院内就让你有去无回！"

村里人好看热闹，正赶上中午休息，听见敲盆打鼓声和吵闹声马上聚集起来。张某一个劲地骂，但就是不走进李某家院内。李某看这张某上门找事却也不敢踏入院内一步，也只能跺脚骂人。双方骂得差不多了，就准备各自回屋。李某转身回屋时看见窗台上有一堆他家儿子捏的泥球，就顺手抓起一颗边骂人边往大门方向扔了出去。这泥球也就山楂那么大，但是只听见大门口"啊"的一声，李某两口子再回头看，骂人的张某倒在地上，两腿在蹬，几秒后就没了动静。张某媳妇在旁赶紧扔了盆扶张某起来，可是张某根本没有任何反应。在旁的群众也围了过来，懂行的人赶紧掐老张人中。李某两口子看见这突发情况，也跑过去扶住张某，唯恐闹出更大意外。只是这张某已停止了呼吸。大家这才知道出了大事！

李某赶紧求在场村民叫来了村医。村医匆忙过来抢救，进行了心脏按压急救，却回天无力。李某又马上打镇上医院电话求救。急救医生过来看后，也只能宣布张某死亡。

恩怨夺命球

小球杀人，奸犯死亡

这一场热闹的骂仗突然变成了突发事件。张某媳妇和孩子哭得死去活来。李某两口子跑到谭主任家要求谭主任赶紧叫刑警队过来。刑警中队队长接到报警，马上就带着警员飞奔过去，抓走了李某两口子。经过审讯得知，原来是李某扔了一颗泥球正巧打中了张某。法医到村勘查现场，真找到了一颗很坚硬的泥球，只是在张某身上没有发现伤口，不知死因。经过解剖，确定那颗泥球不偏不倚打中了张某的太阳穴。两家原就有恩怨，而张某又被李某扔的泥球打死，因此办案单位确定这是一起故意杀人案件。案件进展很快。旗检察院鉴于案情重大，将本案送交市检察院处理。

改变定性，辩定真原

李某的哥哥来找我时正是这个时候！

2008年执行的是1996年开始实施的《中华人民共和国刑事诉讼法》。辩护人在侦查阶段会见犯罪嫌疑人需要办案机关派员在场，在审查起诉阶段会见犯罪嫌疑人需要检察院批准。接受了李某哥哥的委托后，我和助理马上联系办案机关，得知案件已经被移送公诉机关处理，于是我们请市检察院批了会见手续，见到了李某。

我们根据李某的描述了解了基本案情，认为李某的行为被认定为故意杀人罪有所不妥。用一颗小泥球准确无误地打中20多米处张某的太阳穴是李某始料不及的，而且李某边骂边扔就和那来气时跺脚、捶桌子没啥区别，他压根也没希望能打中。打死张某是他万万想不到，也是万万不敢做的事情。他只是碍于面子回击，随手扔了一颗小泥球……

初步了解了案情后，我们就向检察院提出改变级别管辖、改变定性的律师意见。这也算是较早提出了审前辩护意见。那个时候在公诉阶段还没有律师能够阅卷的规定。我们是在没有看到案卷的情况下根据初步了解的情况提出意见的。我们建议公诉人严格阅卷，正确分析，公正处理。公诉机关经过检委会研究，最后采纳了我们的建议，将这个案件定性为过失致人死亡罪。因为过失致人死亡罪最高刑期为七年以下有期徒刑，所以公诉机关同意了我们提出的改变管辖申请，交给下级检察院向 K 旗人民法院起诉。在审判阶段我们又提出了被告人李某投案自首，积极赔偿，没有前科劣迹，积极抢救被害人，不希望死亡结果发生，用一颗小泥球打中太阳穴是概率非常小的意外事件，被害人堵门骂人寻衅惹事有重大过错等从轻理由。旗人民法院最终以过失致人死亡罪判处李某有期徒刑四年。

为了处理这起事件，李某媳妇卖牛卖马，没少折腾。我们几次进村，让谭主任协调处理赔款事宜。张某媳妇一看人死不能复生，也只能听天由命，不想继续结怨，收了李家的赔款，声明同在一村两家都不容易，双方恩怨到此为止。

故事讲完了，我还是想从一个法律人的角度告诉大家，遇事需冷静，三思而后行，冲动是魔鬼，后果很严重……

承办律师

王玉琳，北京尚衡（呼和浩特）律师事务所管委会主任，内蒙古自治区律师协会蒙汉双语工作委员会副主任，高级律师，在读博士，蒙古国特授外籍律师，内蒙古自治区优秀律师，内蒙古自治区政策法规立法性别平等评估专家。从 1989 年开始先后在乡镇司法所、公安派出所从事法律工作。1994 年考取律师资格，1996 年开始律师执业。承办的"女记者红梅案""西安幼儿园喂药案""内蒙古首例人身安全保护令案""全国首例'离婚不离家'人身安全保护令案""包头汽油烧妻案""孙某死刑复核案"等案件多次获得国家级奖项。

恩怨夺命球

本是同根生，琐事酿惨案
——陈某涉嫌故意伤害罪

《孟子·滕文公上》："人之有道也，饱食暖衣，逸居而无教，则近于禽兽。圣人有忧之，使契为司徒，教以人伦：父子有亲，君臣有义，夫妇有别，长幼有叙，朋友有信。"

本案发生在2015年9月12日6时许。被告人陈某丙在上海市浦东新区某某镇大陈家宅×××号。

警方查明：陈某丙的父亲系陈某甲的亲弟弟，也就是说陈某丙系陈某甲的亲侄子。因陈某丙的父母和陈某甲发生争执且陈某甲欲拆掉陈某丙家的棚子，陈某丙为了阻止陈某甲的行为，顺手拿了扁担抢先爬上了房顶，意图逼退正在爬梯子前往房顶实施拆除行为的陈某甲。在陈某甲马上到房顶时，陈某丙手持扁担击打被害人陈某甲的左手手臂及腰部，导致陈某甲从梯子上掉下去，手、腰等部位多处骨折。

事后，陈某甲报警。经鉴定，被害人陈某甲遭外力作用致左尺桡骨骨干骨折，构成轻伤一级；第一腰椎压缩性骨折，构成轻伤（二级）；左手第五掌骨骨折、左上臂软组织挫伤等，分别构成轻微伤。

2015年10月13日，被告人陈某丙被抓获到案，并做如实供述。之后，双方在律师的调解下达成和解协议，陈某丙取得了陈某甲的谅解。最终法院判决陈某丙缓刑。

办案感受

现实中律师的工作更多的是接地气的，需要亲力亲为，与电视剧表现出来的情形完全不同。电视剧里的律师西装笔挺，喝着咖啡，坐在办公室里面运筹帷幄，但实际上，现实中的律师不是在办案，就是在去办案的路上。

律师不是挑起纠纷的人，更多的是在维护当事人的合法权益的基础上有效快速地解决矛盾。

在办案的过程中，我们会遇到很多挫折、很多不认可、很多攻击，但为了能将每一个受委托的案件不论大小都办成精品案例，我们不断地努力前行。

人伦常理是我国从古至今都要遵守的道理。本案的被害人和被告人系叔侄关系。两家比邻而居，既是近亲，又是近邻，理应比其他邻里关系更加亲密、融洽。但恰恰因为这种近距离的居住，两家平时的小矛盾积累下来，最终演变成了不可调和的积怨。

本案是一起近亲间的积怨所引起的暴力性事件。虽然最终被害人拿到了赔偿，但是他们失去的将是无法用金钱衡量的亲情。

本案虽然不是一个很复杂的案子，但是它给我们带来的启迪是很多的。古话说得好："打虎亲兄弟，上阵父子兵。"如果我们连自己至亲的人都无法宽容以待，又如何能关爱其他人呢？如果大众都淡化了亲情，那我们的社会将变成什么样，我们的国家将变成什么样？

当家庭成员之间出现矛盾时，大家应该冷静地处理。即使是争取利益或权利，也要以事实为依据，以法律为准绳，不然你的维权行为可能就会造成违法的后果。就像这起案件中的被告人，年纪轻轻，就要被烙上受过刑事处罚的印记，被害人身体上的伤害会永远记录在其骨头上，而这一家的家族史中也将记录下这场家庭纷争。

在我国，合法权益是受保护的。我们可以通过合法的途径来维护我们的合法权益，但是如果我们罔顾法律，采取极端违法的手段，最终带给我们的就只会是法律的严惩，也就必将导致我们的人生被改写。

家庭矛盾上升为纠纷甚至是暴力性事件的一个基本起因都是鸡毛蒜皮事。所以化解这种事件时，律师应当从法律的角度出发，结合亲情进行辩护，才能有效地帮助委托人。当然，被告人也要有悔罪的态度，因为我们的辩护不仅是为了尽量帮被告人减轻刑罚，也要让被告人通过这次事件认识到自己的错误，认识到自己的不理智行为给自己和别人造成的严重后果。当然，虽然他们犯了错，触犯了法律，但仍然有获得律师帮助的权利。我们作为律师，也会努力为他们提供合理合法的辩护和帮助，因为我们坚信

本是同根生，琐事酿惨案

"人之初，性本善……"。我们不能因为他们一时的错误而否定他们的人生，否定他们的本性。所以，大众认为律师就是帮坏人逃避法律制裁的人的想法是错误的。我们要正确看待一个罪犯，正确看待律师的辩护。要相信我国司法是公正的，因为它不仅帮助被害人讨回公道，还要保证被告人能够得到合法对待，并最终得到合法、合理的审判。

初次交锋

我们接受委托后，了解到双方关系的特殊性，所以决定从亲情入手，协调矛盾。我们第一次见陈某甲的时候，陈某甲带着抗拒的态度将我们让进屋子。可能因为我们是陈某丙的律师，他甚至不给我们倒一杯水。在协调过程中，我们关心其伤势和身体是否痊愈，尽量放缓语气，以避免激化矛盾。但陈某甲的态度十分坚决，一定要让陈某丙进监狱，甚至开出巨额赔偿条件。由于当时陈某甲已经表现出非常不耐烦的态度，为了防止谈判彻底崩盘，我们决定先结束这次协调。

二次交锋

在给了陈某甲三天冷静时间后，我们再次登门拜访。虽然这次陈某甲的态度仍然不善，但最起码没有对我们进行人身攻击，只是对陈某丙的态度仍然强硬。

我们没有马上进入正题，而是先与陈某甲聊起了家常，再循序渐进，进入正题。此时我们感觉陈某甲的态度已经趋于缓和，遂与其提起陈某丙在看守所里的情况，再次对其采取亲情攻势。陈某甲沉默了很久，最终决定谅解陈某丙，但是必须要巨额赔偿。可是我们知道陈某丙的家庭根本无法负担这笔赔偿。为了避免陈某甲情绪反弹，我们决定结束此次协调。

最后的谈判与结果

这次我们不仅要动之以情，还要晓之以理。我们先从亲情方面入手，告知陈某甲"本是同根生，相煎何太急"的道理，再从法律的角度对这起案件的走势进行分析，让其充分了解坚持下去只能两败俱伤。

最终陈某甲权衡利弊后，决定接受和解方案，并出具谅解书。

案件结果

根据《中华人民共和国刑法》第二百三十四条规定，故意伤害他人身体的，处三年以下有期徒刑、拘役或管制。所以，取得受害人的谅解，让法官从轻判决，甚至是判处缓刑，就成了我们工作的重中之重。

我们在接受委托后，多次组织双方调解矛盾，甚至到了庭审当天，仍然没有放弃调解，希望能拿到对方的谅解书。终于，在我们的努力下，被告人取得了被害人的谅解。

在庭审中，我们主要针对亲情、被告人犯罪的偶然性及取得谅解的情况进行辩护。法院最终完全采纳了我们的辩护意见，判处被告人缓刑。

承办律师

魏建平，上海汇鼎律师事务所主任律师，民革徐汇区委法律工作委员会主任，民革徐汇区委祖国统一工作委员会主任，民革上海市委法律服务工作站首席律师，徐汇区政协委员，徐汇区中青年知识分子联谊会理事、副会长，上海市第十、十一届律师代表大会代表，徐汇区律师工作委员会委员。具有扎实的法律功底和丰富的实务经验，参与过近百起刑事案件的辩护，对刑事辩护有独到的研究。开展了数百场法律讲座。所著《辩护智慧——刑事辩护中的情与理》一书获得了公众的广泛好评。

周鹤，上海汇鼎律师事务所律师，民建徐汇区委会员，上海市律师协会社会公益与法律援助业务研究委员会委员，徐汇区律师界妇女联合会第一届执行委员会委员，徐汇区社会组织统战工作联合会会员，上海农民工创意创业导师。对刑事辩护、婚姻家庭纠纷、合同纠纷有比较深入的研究，善于制作各种法律文书，如出具法律意见书及起草、审核与修改合同等。

被告人是自动投案，还是被警察抓捕归案
——重大少数民族集体上访事件是这样被避免的

好心劝架，反被打成八级伤残

本案的被害人高某是 H 省 S 市 Z 县 D 乡 Z 村人。Z 县曾是国家级贫困县，是回族、壮族、苗族、满族等 20 个少数民族的聚居区，其中有多个回族乡、村。D 乡 Z 村就是其中之一。

高某虽然只有小学文化水平，但凭着一股不怕吃苦、为人仗义的自信，在 20 世纪 90 年代初，毅然决定走出家乡，来到 B 市打工，从事建筑工程劳务承包工作。经过多年的辛勤打拼，高某在业内已小有名气。但他致富后不忘家乡父老，常常慷慨解囊，救济那些生活困难的乡亲，多次捐资助学，受到县领导和乡亲们的好评。

正因如此，在 B 市打工的 Z 县老乡们有事就爱找高某商量，老乡之间闹点小矛盾也常请他说和。对于不公正的事，高某一定会仗义执言。2007 年 7 月 27 日晚，高某帮一名老乡干完活后，在 B 市 C 区 H 乡 L 村一超市内同该老乡聊天。突然几个人进来和这位老乡扭打起来。高某急忙上前好言相劝，反被这几个人用铁锹、啤酒瓶围殴。其中有个叫邹某的人，手戴硬物将高某的右眼打瞎，造成高某八级伤残。虽然警方及时立案，但行凶打人者邹某、柳某、江某畏罪潜逃。当听说高某因拉架被人打成重伤，犯罪分子畏罪潜逃时，Z 县 D 乡 Z 村的全体村民都非常气愤，以不同的方式表示慰问，纷纷要求警方尽快破案，将故意伤害他人的犯罪分子尽快缉拿归案。

接受委托,信心满满

俗话说:法网恢恢,疏而不漏。2009年5月4日,潜逃近两年的伤害高某的主要犯罪嫌疑人邹某被Z县警方抓获并移交B市公安局C分局,之后被依法刑事拘留,6月5日被执行逮捕。

2009年8月6日,经朋友介绍,高某找到北京市鑫义律师事务所,希望我能作为他的诉讼代理人,为他讨还公道。我首先仔细阅读了B市公安局C分局的《起诉意见书》,然后向高某了解事情经过,同时制作了《收案笔录》。当时高某特别指出,现在他们老家有人传说:"本来邹某是回家参加儿子的婚礼时被抓获的,但有人帮他弄了个投案自首。"高某的这个说法当时并未引起我过多的注意。

接受委托后,我开始制定代理方案。作为一名律师,特别是刑事辩护律师,当作为被害人的诉讼代理人时,应清楚地知道诉讼权利与义务有哪些。

《最高人民法院关于执行〈中华人民共和国刑事诉讼法〉若干问题的解释》第四十八条:诉讼代理人的责任是根据事实和法律,维护被害人、自诉人或者附带民事诉讼当事人的合法权益。据此,我认为律师作为被害人的诉讼代理人不同于一般的诉讼代理人,具有相对独立的诉讼地位。

1998年12月16日最高人民检察院第九届检察委员会第二十一次会议修订的《人民检察院刑事诉讼规则》(以下称"1998《人民检察院刑事诉讼规则》")第三百二十五条规定:"律师担任诉讼代理人经人民检察院许可,可以查阅、摘抄、复制本案的诉讼文书、技术性鉴定材料。需要收集、调取与本案有关的材料的,参照本规则第三百二十三、第三百二十四条的规定办理。"

1998《人民检察院刑事诉讼规则》第三百二十三条:"辩护律师申请人民检察院向被告人提供的证人,或者有关单位和个人收集、调取证据的,人民检察院认为需要调查取证时,可以收集、调取。"

依据当时的法律、法规之规定,律师作为被害人的诉讼代理人,发挥作用的空间是非常有限的,主要表现在以下几个方面:① 律师在侦查阶段不能直接介入侦查程序中,如不能会见犯罪嫌疑人、不能调查取证等。

被告人是自动投案,还是被警察抓捕归案

② 律师在审查起诉阶段,无权查阅案卷证据材料,因此不能及时全面客观了解案情;律师如何与承办人对接、表达法律意见,相关法律、法规没有具体规定;律师只能申请人民检察院调查证据,没有独立的调查取证权。

根据上述规定,结合高某叙述的案情,当时我认为追究被告人邹某的刑事责任,请求人民法院判决被告人对被害人高某进行民事赔偿的诉求是能够实现的。本案的关键点是被告人邹某是否投案自首。在审查起诉阶段,由于律师作为诉讼代理人不能查阅案卷证据材料,且B市公安局C分局的《起诉意见书》没有被告人邹某自动投案的表述,因此高某所谓的"有人帮他弄了个投案自首"是否属实无法被证实。囿于当时的法律规定,我通过正常渠道也无法核实上述情况。

当时我误以为,本案就是一起普通的刑事伤害案,通过开庭审理,被害人的诉求就能够顺利实现。

一审法院认定自首,被告人获轻判

2009年9月7日B市C区人民检察院指控被告人邹某犯故意伤害罪,向C区人民法院提起公诉。起诉书称:被告人邹某伙同柳某、江某、(均另案处理)于2007年7月27日22时许,在C区H乡L村一超市内,因琐事与高某发生纠纷,后持铁锹、酒瓶对高某实施殴打,至其右眼球萎缩、右眼盲。经人体损害程度鉴定,此为重伤。被告人邹某后到当地公安机关投案。

看到起诉书,我的第一个反应是我最初的判断是正确的,这就是一起普通的故意伤害案件。但是被害人高某当时激烈的情绪反应程度是我万万没有想到的。他不仅情绪激动,而且言之凿凿地说,Z县公安局中有人伪造邹某投案的证据;如果法院采纳检察院的起诉意见,认定邹某投案自首,他将回他们村组织千名村民进京上访。高某如此激烈的情绪反应引起了我的警觉。难道真的有人徇私枉法、伪造邹某投案自首的证据?为此我赶紧到C区人民法院,联系承办人,查阅、复印案件材料。Z县G派出所的《抓捕经过》明确记载:2009年5月4日下午,因涉嫌故意伤害被B市公安局C分局上网刑拘的在逃人员邹某,在其兄邹某华的劝说和陪同下到Z县G派出所投案自首。看到这些,我感觉必须对案情进行重新判断了。如果被害人高某所谓的"有人帮他弄了个投案自首"是真的，那么上述《抓捕经过》就是假的，证明有人在帮助犯罪嫌疑人伪造自动投案的证据；如果当地警方的上述《抓捕经过》是真的，那委托人就是在说谎欺骗律师，他必定另有目的。作为律师，我对此应高度警觉。但当我再次认真观察高某时，看到的依然是淳朴、真诚和右眼被伤残疾后的无奈。于是我追问被害人高某："有人伪造邹某投案的消息你是如何获得的？"他说Z县不大，邹某大白天在某超市被公安干警抓获，好多人看到了。我又反复告诫他，做伪证妨碍诉讼是要负法律责任的。高某说"我愿意写书面保证"，甚至当场发起了"毒誓"。至此，我明白，必须修改原来按部就班的代理方案了。我原来的"这只是一起普通的刑事案件"的判断看来有可能是错误的。被告人邹某是否自动投案是本案的关键，应当依法查清，否则后果不堪设想。

《最高人民法院关于执行〈中华人民共和国刑事诉讼法〉若干问题的解释》第四十九条规定："律师担任诉讼代理人……需要收集、调取与本案有关的材料的，可以参照本解释第四十四条、第四十五条的规定执行。"第四十四条："辩护律师向证人或者其他有关单位和个人收集、调取与本案有关的材料，因证人、有关单位和个人不同意，申请人民法院收集、调取，人民法院认为有必要的，应当同意。"第四十五条："辩护律师直接申请人民法院收集、调取证据，人民法院认为辩护律师不宜或者不能向证人或者其他有关单位和个人收集、调取，并确有必要的，应当同意。"据此，在审判阶段，律师作为诉讼代理人有调查取证的权利。于是我开始调查取证，以证明上述《抓捕经过》是伪造的，尽管做了种种努力，但最后还是以失败告终。无奈之下，我只能向人民法院申请调查取证，同时，向公诉人反映上述情况。

2009年11月10日下午，B市C区人民法院公开开庭审理此案。在庭审中我重点追问被告人自动投案的过程。因被告人系网上通缉的要犯，他只能有两条投案的路径，一是从其他躲藏地直接到派出所投案，二是从躲藏地先回家再到派出所投案。因此，被告人在何时、从何地、乘何种交通工具、有何人陪同到派出所投案，是法庭必须查清的事实。被告人对上述一系列问题的回答前后矛盾，且无法自圆其说。自此我深信：被告人自动投案是假；有人伪造了他的抓捕经过，目的就是要替被告人脱罪，使其获得重罪轻判。我当庭再次正式提出由法院组织，对被告人是否自动投案一

被告人是自动投案，还是被警察抓捕归案

事进行彻底调查。但遗憾的是,我的上述申请没有得到应有的回应。其中一名陪审员与被害人高某当庭发生了激烈的争吵,竟说出:"只要《抓捕经过》有Z县公安的公章,我们就采信!"在激烈的争吵中被告人被带出法庭。其当时略显得意的神态深深刺激了被害人。我隐隐有了一种不祥的预感。

2009年11月13日,B市C区人民法院认定:被告人邹某构成故意伤害罪,本院应予惩处;B市C区人民检察院指控被告人邹某犯故意伤害罪的事实清楚,证据确实、充分,指控的罪名成立;鉴于被告人邹某有自首情节,当庭有认罪、悔罪表现,本院对被告人邹某所犯罪行予以从轻处罚,对被告人邹某之辩护人的相关辩护意见予以采纳,判处被告人邹某有期徒刑四年。

巧取证,检察院果断抗诉

当被害人及其家人看到这样的判决结果时,愤怒之情可想而知。他们认为,不仅Z县警方有人故意帮助被告人伪造投案自首的证据,而且B市C区人民法院的法官故意重罪轻判,这是在"公开欺负我们少数民族"。被害人高某的父亲是当地著名的大阿訇,听说了判决结果,特别是法院认定邹某投案自首后,也非常气愤。他一方面组织村民向各级领导写联名上告信,一方面着手组织一千名回族乡亲准备到北京上访请愿。当我听说上述情况时,感觉事态严重,第一时间向各级领导做了汇报,同时向被害人做好解释工作,告知他要相信人民法院、检察院。经过耐心细致的工作,最后被害人决定让我继续代理他向人民检察院的申诉。多年的刑事辩护经历告诉我,被害人不服一审刑事判决时,向人民检察院申诉是唯一救济渠道,但申诉成功的难度相当大。按当时我了解的情况,如果申诉不成功,判决不能被改正,一次少数民族集体进京上访的事件就在所难免,也可能演变成民族纠纷。在重新梳理了整个代理过程后,我发现问题集中在控方、一审法院没有采纳我对Z县警方《抓捕经过》进行核实调查的申请意见,一审判决书也未涉及此节。我想起了在庭审中被害人与一名陪审员激烈争吵时的情景。陪审员当时所说的那句貌似有理实则荒唐的话语着实能误导当事人,其实质是不仅错解了刑事诉讼的证据规则,而且错误地将民事案件的举证规则用于刑事案件的审理,而这正是导致本案错误判决的根本原因。那如何才能让检方相信、支持我们的申诉主张呢?

法国著名法学家雅克·盖斯旦在《法国民法总论》中指出:司法逻辑的根本目的是进行说服;律师尽力说服法官,而法官要说服自己,然后向当事人解释他的决定,最后还可能要向受理上诉的更高审级的法官说明为何要如此作出决定。陈瑞华先生在其《刑事辩护的艺术》一书中谈到:刑事辩护是一门说服法官的艺术;辩护律师要说服法官,将本方观点塞进法官脑子里,需要一定的经验、技巧和智慧。上述有名的论述告诉我们,律师应将精力集中在给法官或检察官一个合理的理由或正当的理由,以便让他相信你的主张。那什么样的理由才是正当的或合理的理由呢?英国法学家尼尔·麦考密克在其《法律推理与法律理论》中指出:正当理由与真实理由是不同的;正当理由就是有法律根据的理由,在法律上真实的理由。常言道:证据乃诉讼之王。当时我深深地体会到,如果没有相应的证据支持,申诉成功的可能性不大。当然我绝不能指望Z县警方再出具一个与卷宗里《抓捕经过》完全相反的证据。经反复研究,我认为:被害人提供的证据只要能够让控方对Z县警方提供的《抓捕经过》的真实性、合法性、关联性等产生疑问就足够了!众所周知,被害人申诉的时间只有7天。由于时间紧、压力大,总结了在一审开庭审理时向法院申请调查核实《抓捕经过》失败的教训后,我连夜组织有关专家、有经验的律师开会讨论,与被害人一起共同商讨申诉方案。经过认真研究,反复论证,我们制定了详细的调查取证方案,之后让被害人连夜回到Z县开始工作。

2009年11月16日晚,被害人回到北京,不仅带回了多个知情人的谈话录音,还带回了与当地派出所所长、Z县公安局信访科负责人的谈话录音。在上述录音中,派出所所长称:《抓捕经过》上的签名不是他本人签的,2009年5月4日对犯罪嫌疑人邹某的询问笔录也是假的,当地派出所根本没有李某(即在《抓捕经过》上签字的人)这个人。Z县公安局信访科负责人在录音中称:听说此人(指邹某)就是被抓获的。据此我们连夜起草了《抗诉申请书》和《紧急情况反映》。在委托人高某向我们律师事务所书面保证上述录音证据是真实的且是合法取得的后,2009年11月17日,我将上述录音证据材料、《抗诉申请书》和《紧急情况反映》一起交给了C区人民检察院承办人,并亲自将有关情况及有可能发生回民集体上

被告人是自动投案,还是被警察抓捕归案

访的情况汇报给检察院有关领导。B 市 C 区检察院的各级领导收到上述材料后高度重视，第一时间电话联系 H 省有关单位及 Z 县警方，核实录音证据中所涉及的人和事。由于该录音是被害人以吃饭、谈话、信访的名义秘密录制的，当检察院的领导向录音中涉及的有关人电话核实相关事宜时，他们无法否认其真实性或者根本不敢否认。此时，控方已深信，一审法院据以量刑的主要证据存在重大问题。三天后，即 2009 年 11 月 20 日，C 区人民检察院将抗诉请求答复书送达高某处。答复书中称：你于 2009 年 11 月 17 日请求本院对邹某故意伤害一案一审判决提出抗诉。根据《中华人民共和国刑事诉讼法》第一百八十二条的规定，经审查，本院认为一审判决量刑偏轻，决定抗诉。

由于 C 区人民检察院的及时抗诉，一次重大的民族集体上访事件得以避免。D 乡 Z 村恢复了往日的平静。

事情并未到此结束。决定抗诉后，B 市人民检察院、C 区人民检察院与有关部门高度重视该案，立即组织有关人员赶赴 H 省、S 市、Z 县开展调查工作，最终查明了事实真相：被告人邹某不是主动投案，而是被 Z 县警方抓获的。

二审改判，村民拍手称赞

2010 年 3 月 19 日上午，B 市第二中级人民法院刑事审判庭公开开庭审理被告人邹某犯故意伤害罪一案。B 市人民检察院第二分院出庭意见指出：原判认定邹某犯故意伤害罪的事实清楚，证据确实充分。原判在审判程序上存在错误。邹某不具备自首条件，不构成自首。原判对自首情节认定错误，对被告人量刑不当，并向本院提交了下列证据（B 市人民检察院去 H 省 Z 县调查涉案民警的证据材料，略）……

2010 年 5 月 5 日，B 市第二中级人民法院认定：B 市 C 区人民检察院所提一审判决对被告人邹某量刑偏轻的抗诉意见经查成立，本院予以支持。B 市人民检察院第二分院所提原判认定邹某犯故意伤害罪的事实清楚，证据确实充分。邹某不具备自首条件，不构成自首。原判对自首情节认定错误，对被告人量刑明显不当的出庭意见经查成立，本院予以采纳。最后，B 市第二中级人民法院作出终审判决：撤销一审"邹某犯故意伤害罪，判处有期徒刑四年"的判决，改判被告人邹某犯故意伤害罪，判处有期徒刑六年。

被害人及家属看到上述判决书时表示：二审判决是公正的。感谢B市C区人民检察院及时抗诉，感谢B市人民检察院第二分院的辛勤工作。

听到这个消息，Z县D乡Z村的回族同胞纷纷拍手称赞。

律师简介

谢献卿，北京市鑫义律师事务所创始合伙人。专注于刑事辩护和商务合同纠纷的处理。曾在国有大型企业工作。其间在北京科技大学学习企业管理、法律，熟悉国有大型企业管理工作。从事律师执业近二十年，担任多家国有大型企业、高新技术企业法律顾问，结合多年的法律实践经验，以企业法律风险防范及合规经营为切入点，为企业提供了高效优质的法律服务。在近二十年的律师执业中，积累了丰富的诉讼经验，代理了十多起在国内外影响较大的案件。2016年被评选为中国法学会优秀刑事辩护律师。

被告人是自动投案，还是被警察抓捕归案

两小无猜花开早
——许某梁强奸幼女案

《少年维特之烦恼》里有这样一句话:"Whoever is a girl does not want to be love, and whoever is a boy does not want to be royal to his lover?"有人将之翻译为:"哪个少年不钟情,哪个少女不怀春?"在情窦初开的年纪里,或许每个人都会遇上那个让自己心慌意乱的人。本文所要展现给大家的就是一个少男钟情、少女怀春的故事。

晴天霹雳

电话铃声响起。来电的是一个固定电话。许某接听了电话。

"你是许某梁的父亲吗?"电话那头问道。

"是的,我是。你是?"许某问到。

"我这边是 M 县公安局,现通知你以下情况:你家孩子许某梁涉嫌强奸,被我局刑事拘留,于 3 月 11 日晚羁押至 M 县看守所。你过来领一下拘留通知书。"还没等许某细问,那头电话已挂断。

放下手机,许某重重地坐到椅子上,只觉得头嗡嗡作响,不知所措。

他怎么会强奸呢?啥时候的事?有多严重?怎么给他爷爷奶奶说?他上学的事怎么办?他的将来怎么办?……虽然一连串的问题出现在脑海里,但许某还是镇定下来:去领取拘留通知书,问清楚情况才是目前的重点,其他的只能从长计议。

许某向公安机关了解后才知道:朱某某及其家人于 2018 年 3 月 10 日到 M 县公安局刑警大队报案称,2018 年 2 月 7 日晚朱某某与许某梁在某宾馆开房后,许某梁强行与朱某某发生性关系,而 2018 年 3 月 6 日许某梁又强行带朱某某至宾馆,并与其发生性关系;刑警大队于 2018 年 3 月 11 日立案，并将许某梁拘留。

孩子和朱某某之间到底是什么情况？虽然许某不敢确定，但是"知子莫若父"，自己的孩子是什么样的人，他还是心里有底的：孩子一向不坏，不至于在朱某某不同意的情况下，强行与朱某某发生性关系。带着这个疑问，许某找到河南森合律师事务所，咨询了我。

关键疑问

许某是和老父亲一起到我们律师事务所的。在接待二位的过程中，我了解了他们所掌握的所有情况，但还是有很多的信息无法落实，毕竟办案机关在侦查阶段不可能把案件详细情况都告诉嫌疑人的家人，即便是律师也只能了解主要案情。不过，许某无意中提到许某梁刚年满18岁，朱某某尚未年满14周岁。直觉告诉我，这一年龄信息非常关键，或许就是案件的突破口。我产生了一些疑问：是因为朱某某尚未年满14周岁，办案机关从法律上推定许某梁涉嫌强奸犯罪，还是许某梁的确实施了暴力、胁迫或者其他手段，违背朱某某的意愿，强行与之发生性关系？

如果事实是前者，则存在例外情形，那么许某梁是否符合例外情形？如果事实是后者，则许某梁涉嫌强奸犯罪无疑。

坐在办公室里是猜不出结果的。为了解开这个疑问，也为了营救身陷囹圄的许某梁，许某与森合律师事务所签了委托书，于是我和我的助手何志永正式介入许某梁涉嫌强奸一案。

情窦初开

在接收委托之后，我们及时向办案机关递交了委托手续，并到M县看守所会见了一脸无辜的许某梁。经过交流，基本掌握了案件发生的过程。

事情要从2018年1月说起。许某梁经朋友介绍，加了朱某某的QQ。两人一直通过QQ联系。朱某某告诉许某梁其已经16周岁，读小学时留过两级，所以现在才上初一。大家开玩笑问她："你都16岁了？"朱某某一本正经地说："咋，不像吗？"玩笑过后，谁也没有在意。1月18日，许某梁放寒假回家，经常联系朋友们一起玩耍，其中也有朱某某。

两小无猜花开早

2月7日许某梁与好朋友韩某某、周某某一同玩耍时，偶遇朱某某同其好友卢某某准备去做指甲。大家聊了几句就分开了。之后，许某梁约朱某某及其朋友一起去爱心宾馆999房间玩耍，许某梁的其他三个朋友也在房间内，五人便在999房间内一起打游戏。后来韩某某、卢某某与周某某离开了。房间内只剩下许某梁和朱某某。两个人聊了半个小时左右，许某梁便对朱某某说："我想要。"（暗指想要发生性关系）一开始朱某某不同意。许某梁便抱着朱某某，将其按在床上，用嘴亲她的嘴，用手摸她的胸部。朱某某说："下次给你。"许某梁说："哪还有下次，我这会忍不住了。"朱某某还是不同意。许某梁便对她说"我一定会对你好"之类的甜言蜜语，朱某某就不抵抗了。紧接着许某梁把自己的衣服脱掉，朱某某也把自己的衣服脱掉。两个人就这样发生了性关系。当天晚上许某梁并未看到床上有血迹，第二天早上起床发现有血迹，才知道朱某某是第一次与人发生性关系。

2月8日晚上许某梁坐火车去了G市。二人一直通过QQ联系。

3月6日许某梁从G市回到M县，让韩某某通过手机约朱某某去KTV。朱某某说："我不去。"韩某某说："你要是不来，我们就到你们学校门口堵你。"朱某某称自己害怕，便到了KTV门口，给韩某某发消息说自己到了。许某梁和韩某某便从网吧出来见到了朱某某。随后朱某某想回学校上课，许某梁说"那我送你回学校吧"，然后二人就走路去学校。半路上，许某梁改变方向，带朱某某往爱心宾馆方向走去，朱某某也没有反对，便逃课和许某梁一起又去了爱心宾馆999房间。这次到了房间以后，双方便脱了自己身上的衣服，发生了性关系。晚上7点多，双方出来吃了饭，9点多又回到宾馆发生了两次性关系。

3月7日中午，许某梁和朱某某一起去网吧上网。到下午6点左右，朱某某的母亲找到二人所在的网吧，在网吧内对朱某某动手，并对许某梁说朱某某才13岁。这时许某梁才知道原来朱某某并不是16岁。朱某某走的时候拿走了许某梁的手机。

后来许某梁打电话去，想要回手机，但接电话的是朱某某的母亲。她告诉许某梁："你想要手机就来我家拿。"3月10日，许某梁叫上好友严某某一同前往朱某某家。刚到朱某某家，严某某就被朱某某父亲撵出门外。朱某某的父亲抓住许某梁就扇耳光、用拳头打，并让其跪在地上。大约十几分钟之后，警察就到了，将许某梁带到M县公安局。就这样，许某梁被公安机关以涉嫌强奸犯罪为由采取了刑事拘留措施。

核心凸显

我们在会见过程中，了解了事情发生的基本过程。出于周延考虑，我继续问了几个问题：

问："你们是什么关系？"

答："我和她在谈朋友。她同意做我女朋友。"

问："你知道她几岁吗？"

答："她说她16岁了。她QQ资料上显示她是属蛇的，16岁了。我们一起玩的几个朋友都知道。"

问："你知道她生日是什么时间吗？"

答："我记不清了，但是她和我QQ聊天的时候提到过。我和她主要是通过手机QQ聊天联系的。"

问："3月6日晚，你们7点多出来吃饭，她是否喝酒了？"

答："她没有喝酒。"

问："在你们发生关系的过程中，你有没有使用暴力殴打、威胁她？"

答："没有。她是自愿的。我没有强迫她。"

在确定以上情况后，前述关键疑问已经解开，即公安机关以涉嫌强奸追究许某梁的责任，是以司法解释规定推定的，即"行为人明知是不满十四周岁的幼女而与其发生性关系，不论幼女是否愿意，均应按照刑法第二百三十六条第二款的规定，以强奸罪定罪处罚"。也就是说，许某梁和朱某某发生性关系并非是基于暴力、胁迫或者其他非法手段而实施的，是二人自愿的行为。公安机关之所以按照强奸罪追究许某梁的刑事责任，是因为朱某某未满十四周岁。那么朱某某到底多大？许某梁是否在认识到朱某某未满十四周岁的情况下，依然与朱某某发生性关系呢？这两个问题的答案将对案件的最终结果产生重要影响。

调查取证

我们已经明确了本案的关键所在，但是由于尚在侦查阶段，我们无法

两小无猜花开早

阅卷，不能够看到朱某某及其家人是如何陈述朱某某的年龄的，也不知道朱某某对二人发生性关系的过程是如何陈述的，更不知道是否有相反证据证明许某梁的供述是虚假的。我们能够做的就是查清楚司法解释的规定，尽可能核实许某梁所称的相关细节，以便进一步做出判断。

《最高人民法院、最高人民检察院、公安部、司法部关于依法惩治性侵害未成年人犯罪的意见》第19条规定："知道或者应当知道对方是不满十四周岁的幼女，而实施奸淫等性侵害行为的，应当认定行为人'明知'对方是幼女。对于不满十二周岁的被害人实施奸淫等性侵害行为的，应当认定行为人'明知'对方是幼女。对于已满十二周岁不满十四周岁的被害人，从其身体发育状况、言谈举止、衣着特征、生活作息规律等观察可能是幼女，而实施奸淫等性侵害行为的，应当认定行为人'明知'对方是幼女。"

如果朱某某未满12周岁，则许某梁的行为一定会被认定为构成强奸罪。只有朱某某的年龄在已满12周岁但不满14周岁的情况下，许某梁才有机会被认定为不明知、不够罪。由于现在无法知道朱某某的准确年龄，我们只能做出推断，即朱某某已经读初中一年级，那么按照朱某某年满6周岁读小学一年级，再加上朱某某说自己留过两级，朱某某应当已经年满12周岁。在这种情况下，我们需要把许某梁提到的显示朱某某16周岁的证据材料收集到。按照许某梁的描述，我们至少可以从以下三个方面进行调查取证：一是查证朱某某的QQ资料是否真如许某梁所说，二是查证朱某某是否对许某梁的朋友们提到过自己已满16周岁，三是查证许某梁的手机QQ聊天记录。

关于第一个方面，我们回到办公室，用自己的QQ号登录后，按照许某梁提供的朱某某的QQ号进行搜索，发现朱某某的资料信息的确如许某梁所说："属蛇，16岁，5月27日（公历），双子座，Q龄7年。"根据这些信息，简单推算一下即可知晓朱某某生于2001年5月27日，QQ号是2010年左右申请的。那么在本案事发时，朱某某的确已经年满14周岁了。可是她的家人为什么还要说她尚未满14周岁呢？这其中存在什么隐情？当然，我们迅速对朱某某的QQ资料截屏，并提交侦查机关。

关于第二个方面，我们需要向许某梁的朋友们调查取证。在办理刑事案件中调取证人证言是十分危险的事情。思前想后，我们决定给许某提供建议，由许某去找许某梁的朋友，让那些知情人自己出具证明，并附身证复印件。我们把材料整理好之后,向侦查机关提出调查取证申请,把许某梁的朋友们提供的证词当作证据线索,让侦查机关去调查核实。即便这些人的证词当中存在一些问题,我们也依然安全,因为我们提供的是证据线索,不是证据,况且,这些人的证明材料中都明确写着自己对材料真实性承担责任。

关于第三个方面,本来我们是可以比较快地解决这个问题的,但是中间出了一点意外。许某梁和朱某某是通过手机 QQ 聊天的,那么我们只要拿到许某梁的手机,就可以查证他们的聊天记录了。但是许某从公安机关拿回许某梁的手机后,由于疏忽,丢失了。朱某某的手机我们是拿不到的。因此,我们只好申请调查取证,即申请侦查机关向朱某某调取手机聊天记录或者向腾讯公司调取二人的手机聊天记录。

在我们看来,经过以上三个方面的努力,证明许某梁的行为不构成强奸罪的证据或者证据线索都已经提交侦查机关了。在没有得到朱某某准确年龄信息的情况下,我们只能提出变更强制措施申请。申请是提交了,但是我们和许某梁及其家人并未如愿。许某梁依然被羁押着,且已经近 2 个月了。许某梁的家人十分着急,我们也着急。

佯攻试探

此时我们认为能做的工作就是向检察院监所科提出羁押必要性审查申请。最高人民检察院于 2016 年 1 月发布了《人民检察院办理羁押必要性审查案件规定(试行)》,主要是解决已经被逮捕的犯罪嫌疑人、被告人的救济问题。该规定指出,被逮捕的犯罪嫌疑人、被告人可向检察机关申请进行羁押必要性审查。检察机关审查后,认为不需要羁押的,将建议办案机关予以释放或者变更强制措施。这对于犯罪嫌疑人、被告人是一个利好的政策。对于本案,我们认为许某梁的行为不构成犯罪是高概率的事件。如果检察机关进行羁押必要性审查后认为不需要羁押,就意味着许某梁的行为不构成犯罪。即便不成功,我们也可以试探一下监所科的态度。于是,我们就依据该规定第十七条第二项的规定,认为本案的案件事实或者情节发生变化,许某梁可能被判决无罪,向 M 县检察院监所科提交了羁押必要性申请书。

两小无猜花开早

一位检察官接收了我们提交的申请材料。几天后,该检察官通知我们去检察院。到了之后,他把材料退给我们,说现在他们不能对这个案件做羁押必要性审查。还说,由于我们提出的是无罪的意见,如果监所科进行审查,同意律师的意见,就意味着监所科替代公诉科(当时的名称)对案件实体问题做了认定,而这不合适。我们也很无奈,只好拿回羁押必要性审查申请材料。

第一次试探就得到这样一个结果。然而我认为,该检察官的做法本身表明他对许某梁的行为构成强奸罪产生了重大疑问,但其不想自己作出决定,因为其一旦作出许某梁的行为应当构成犯罪、羁押必要性审查申请理由不成立的决定,而案件的确存在重大疑问,如果许某梁将来被判无罪,其就将面临不小的责任。所以,即便案件没有明显的进展,也坚定了我对许某梁无罪的判断。

重大漏洞

2018年5月22日,案件终于到了审查起诉阶段。我们第一时间从M县检察院案管中心拷贝了卷宗材料,也在第一时间详细看了卷宗材料。

经过阅卷,我们对各种证据材料进行了程序的和实体的分析。各种材料提取程序基本没有问题,只是我们提出的调取二人手机QQ聊天记录、调查取证的事并未落实,而实体上出现了非常明显的事关结局的漏洞!

首先,关于朱某某的年龄问题,朱某某等说了谎。不起眼的Q龄起到了关键作用。关于QQ号所显示的信息,朱某某及其家人没有陈述真实情况。相应笔录显示,朱某某并不承认该QQ号系其自己申请的,而是其小姨在上大学期间申请的。其小姨称自己在2005年读大学期间申请了几个QQ号,其中一个给了朱某某的母亲。朱某某的母亲的陈述对此予以确认。但三人所述并非实情,实为说谎!

如前所称,我们查到该QQ号的资料显示该QQ号有7年Q龄。这意味着该QQ号自申请之日至我们查询之日不超过8年时间。如果该QQ号系朱某某的小姨于2005年申请的,那么截至2018年,Q龄应当达到13年左右。Q龄是腾讯系统计算的时间,个人无法改动。基于这一基本判断,我们得出了朱某某及其母亲和小姨等均未如实陈述的结论。那么她们为什么要这样说？目的是什么？具有正常判断能力的一般人都能够明白，如此说就是为了掩饰朱某某的年龄问题。

其次，关键证据没有被调取，即朱某某的生活习惯、言谈举止、身体形态等事关许某梁是否认识到朱某某未满14周岁的证据材料没有被调取。卷宗材料显示，二人发生性关系时，朱某某已经13周岁10个月，即尚差2个月满14周岁。朱某某的年龄意味着许某梁存在"不明知"的可能。

根据最高人民法院有关法官的观点，由于已满十二周岁但不满十四周岁的幼女，其身心发育特点与已满十四周岁的未成年少女是比较接近的，行为人可能存在"不明知"的情形。《最高人民法院、最高人民检察院、公安部、司法部关于依法惩治性侵未成年人犯罪的意见》第十九条第三款规定："对于已满十二周岁不满十四周岁的被害人，从其身体发育状况、言谈举止、衣着特征、生活作息规律等观察可能是幼女，而实施奸淫等性侵害行为的，应当认定行为人'明知'对方是幼女。"该规定明示了能够认定行为人"明知"的判断因素。而对该规定做反向理解，就可以得出如下结论：若行为人从各方面谨慎观察，能够合理地认为被害人不是未满十四周岁的幼女，则应被认定为不明知被害人是未满十四周岁的幼女。在本案中，许某梁和朱某某是在谈恋爱的过程中发生性关系的，要确定许某梁是否明知朱某某是未满十四周岁的幼女，以下三个方面的问题必须查清楚：① 朱某某身体发育状况、言谈举止、衣着、生活作息规律等特征是否确实接近成年人？② 是否确有证据或者合理依据证明许某梁根本不可能知道被害人是幼女？③ 许某梁是否已经足够谨慎行事，但仍然对幼女年龄产生了误认，且即使其他正常人处在行为人的场合，也难以避免这种错误判断？

侦查人员已经查清楚朱某某和许某梁发生性关系是自愿的，那么能不能认定许某梁的行为构成强奸罪，就要看许某梁是否对朱某某未满14周岁这一事实是明知的。这是应当查清楚的，但侦查人员没有查，就比较反常了。作为辩护人，我不可能放过这些细节而不追究！

正面强攻

面对前述证据链条的重大漏洞，我们没有理由视而不见。我们启动了三个方面的工作。一是书写详细的许某梁的行为不构成强奸犯罪的法律意见。

两小无猜花开早

二是书写调取证据申请书,强调卷宗应当有朱某某体型、言谈、作息等方面的证据材料,也应当有双方之间的QQ聊天记录。三是申请羁押必要性审查。虽然前一次的羁押必要性审查申请材料被退回来了,但这一次申请羁押必要性审查的基础更扎实了,因为我们的一些意见是有证据材料支撑的。

前两项工作比较顺利,但是第三项工作遇到了巨大阻力。在又一次提交羁押必要性审查申请材料的时候,M县检察院监所科的工作人员就不再直接见我们了,让我们交到案管中心。我们到案管中心提交材料时,工作人员称,他们代收材料之后只能在这里等候监所科的工作人员来取;如果监所科的工作人员不来取走,材料就会一直放在案管中心。结果是,监所科的工作人员一直没去取材料。无奈,我们向M市检察院的监所科进行了投诉。监所科的相关人员说要先向领导汇报,让我们等答复。但我们终究没有等到答复。也就是说,提交的羁押必要性审查申请材料,M县检察院监所科始终没有取走,羁押必要性审查也就始终没有启动!

正面强攻的结果,从不同角度看,有忧有喜:忧的是羁押必要性审查没有能够启动;喜的是公诉人员在看到我们提交的法律意见书和调取证据申请书后,安排将案件退回侦查机关补充侦查。到此,我们也能够松一口气了,毕竟退回补充侦查的决定本身表明我们提出的意见起到了重要作用,也表明支撑定罪方面的证据存在重大问题。

曙光已现

2018年8月3日,经过一个月的补充侦查,案件再次回到M县检察院公诉部门。补充侦查卷显示,侦查人员调取了宾馆前台工作人员的证词,恢复了朱某某手机上的QQ聊天记录,调查了认识朱某某的几个男生的证词。我们仔细查阅相关内容后,感觉侦查人员非常客观地调取了证词和QQ聊天记录,而这些证词和QQ聊天记录更进一步坚定了我们对许某梁的行为不构成强奸罪的信心。

从宾馆前台工作人员的证词看,朱某某身高在1.6米到1.65米之间,体态中等。

从认识朱某某的几个男生的证词看,几个男生都提到朱某某和他们一起玩时,说过她16岁了。并且几个男生还说在3月6日晚上吃饭的过程中，朱某某没有喝酒。

从QQ聊天记录内容看，朱某某的语言非常的成人化。最重要的是在许某梁问其生日的时候，朱某某回复了"123"三个数字，并且在1和2之间还打了空格。这似乎表明朱某某的生日是1月23日。若该生日信息是真的，朱某某QQ登记资料中显示的5月27日（公历）生日就是虚假的。若朱某某的生日真的为1月23日，那么该日期是公历还是农历？二人发生性关系时，朱某某是否已经年满14周岁？

恰恰是这几个方面的新的证据材料，进一步强化了许某梁对朱某某年龄不明知的事实。我们就趁热打铁，针对补充侦查材料，组织了补充意见，进一步强调许某梁的行为应当不构成强奸罪的意见。

经过等待，公诉部门再次作出退回补充侦查的决定。从我的职业经验来看，曙光已现。因为能够想到的可能证明许某梁不明知朱某某年龄问题的证据都已经被调取了，本案已经没有可补充的证据了。

拨云见日

很快，2018年10月15日，侦查机关第二次补充侦查完毕，将案卷材料再次递交公诉部门。

的确如我们当初所想，补充侦查卷中基本没有什么实质性的证据材料。我当然十分肯定许某梁无罪。于是，我们依照补充材料显示情况，组织不宜移送起诉法律意见书，并提交公诉部门。

等待的感觉总是让人煎熬。八个多月过去了，许某及其家人不止一次地询问案情进展情况，我们也不止一次地耐心解答和安慰他们。总的来说，大家都没有消极等待，而是在积极的应对中等待，因为我们和许某及其家人都明白，如果不努力和坚持，一切都无从谈起！

2018年11月30日，这是个值得纪念的日子。因为这天下午下班的时候，我接到了M县检察院公诉部门的电话。对方让我通知许某梁的父亲许某立即到看守所等候接人！确认了"事实不清、证据不足，不起诉"等信息后，我立即通知了许某。许某半信半疑地问我："是不是真的?!"我给了他肯定的答复。在电话那头，许某有些激动……我也替他们高兴，毕竟所有的压力、压抑、痛苦、煎熬都过去了。明天将是崭新的一天！

两小无猜花开早

结　语

案件结束了，但日子并没有结束。后来，许某特意为我和何志永律师送了锦旗。锦旗上写着："法通国脉千秋稳，律顺民心九域兴。"能得到当事人的认可和感谢，成就感油然而生！

回顾这个案件时，当事人或许会认为他们请了个好律师，且好律师起到了好作用，但是我从来都不这么认为。这不是妄自菲薄，而是有自知之明。律师在刑事案件中的确会起到作用，甚至是巨大的作用，但从来都不是起决定性作用。具体到许某梁的案件中，律师、许某梁本人及其家人坚持了8个多月，这是值得赞许的，可是没有侦查人员客观的调查取证，没有检察人员的良心和严格执法，我们又怎么可能得到圆满的结果呢？！所以，我认为，每一起得到圆满结果的刑事案件背后都有一群认真负责的司法工作人员。同时，我也相信，时代在发展，法治在进步，所以，只要我们共同努力，终会到达理想的法治王国。

承办律师

孙瑞红，河南森合律师事务所合伙人、主任兼刑事部主任，洛阳律师协会刑委会副秘书长，洛阳师范学院法学与社会学院法学讲师，洛阳律师协会维权委员会委员，洛阳市法学会刑法学研究会理事，2017年度洛阳市法学会优秀法学研究工作者，2017年度洛阳优秀律师，2018年度洛阳优秀律师。具有深厚的理论功底，结合上百起案件实践，在职务犯罪、人身权利犯罪、财产权利犯罪等方面积累了丰富的刑事辩护经验。

执业理念：专业至上、专业制胜！

情人，无情
——莫某某涉嫌强奸不被起诉案

引　言

错误的时间，错误的地点，无情的情人，愚蠢的谎言……这一切汇集在一起，给了"被害人"一个说谎的机会。

谁是受害者，谁是加害者？谁从中得利？谁背负责难？

戏剧化的情节，在现实生活中真实上演。根本不存在的强奸，却有"被害人"出现，而且有着其丈夫的高调支持。

情节令人难以置信，但确实发生了……

情　人

莫某某是"90 后"，五官周正、白白净净，有着一米八二的高挑身材，穿着新潮得体。虽然女儿已经 3 周岁了，但他看起来就像一个 20 岁出头的大男孩。妻子家境殷实，与莫某某同龄，是一名小学教师，身材、相貌、品行都没得说。夫妻俩堪称一对郎才女貌的神仙伴侣。

莫某某的父母是普通的煤矿退休职工，没什么积蓄，好在莫某某的二姐、二姐夫办了一家公司，时不时地接济父母和弟弟，还帮莫某某置办婚房、操持婚礼。莫某某是家里唯一的男孩，自幼备受父母、姐姐的宠爱，毕业后到二姐的公司工作，多得姐姐、姐夫的关照。其婚后生活谈不上多富裕，但够安逸。

俗话说，家家有本难念的经。在外人看来近乎完美的幸福生活也难免有裂缝。妻子优裕的家境、比自己高的学历、令人羡慕的稳定工作，让自尊心极强的莫某某感到一丝自卑。他时不时也会因为妻子无意的调侃等一

些鸡毛蒜皮的家庭琐事和妻子争得面红耳赤、打打冷战。

2015年,在一次婚宴上,邻座美女赵某某的活泼开朗、善解人意让莫某某怦然心动。即便得知她已是有夫之妇,年长自己3岁,且独自经营一家公司,从各方面看他们都不可能有什么结果,莫某某也难忍深入交往的冲动。宴后望着美女驾着豪车绝尘而去,莫某某感到一阵失落,觉得与赵某某恐怕无缘再见面了。

然而,莫某某意外地接到了赵某某的电话。双方简单寒暄了几句,互加微信后便挂断了电话。之后双方的联系日益频繁,聊天的话题也逐渐超出了普通朋友聊天内容应有的界限。终于在赵某某邀请莫某某等人一起旅游的一天晚上,双方发生了不该发生的事情。

偷食到禁果的莫某某感到分外甜蜜,编出各种理由欺骗妻子和家人,即使荒废工作也要和赵某某黏在一起。赵某某更是经常要求幽会,在莫某某找她借钱时,从不拒绝。

长时间的冷漠和欺骗导致莫某某的夫妻感情日渐恶化。一年之后,在一场剧烈的争吵之后,二人的婚姻宣告解体。摆脱了婚姻束缚的莫某某眼中只有赵某某,觉得她是那么完美无瑕、令人倾心。但他无视了一个难以改变的事实,赵某某是有夫之妇,除了与他两情相悦外,从未有突破情人关系再进一步的表示。而且,事实上,赵某某远非莫某某想象的那么单纯、完美。

无　情

2017年10月18日凌晨2时20分,"丁零零、丁零零……",某派出所报警电话声急促地响起。一名女士报警称:就在派出所隔壁的宾馆306房间,其被一名男子强奸。

民警火速赶到现场,在306房间将该男子抓获。经初步调查得知:事发时间是2017年10月17日22时许;事发后女子电话通知闺蜜和家人;亲友及时赶到,将性侵男子控制,经再三犹豫最终决定报警。男子被抓获时,面部和胸部有女子反抗时抓挠的痕迹。女子颈部和面部也有暴力伤痕,且内裤被损毁。经DNA鉴定,女子体内擦拭物与男子血液的基因型相同,还有多名证人作证。警方当日即刑事立案,并将该男子刑事拘留。

这名男子就是莫某某，而报警告他强奸的正是其眼中的西施——赵某某。在案件侦查过程中，赵某某还多次到办案单位，要求早日破案、严惩莫某某。

昨日的情人为何转眼如此无情？

真　相？

刘彦成、韩友鑫律师是在案发后的第五天接受莫某某二姐的委托的。当天即会见了莫某某。

莫某某称：他根本没有强奸赵某某；这是赵某某等人设的一个局，他们的目的就是要回赵某某丈夫贾某赔给莫某某二姐夫的12万元。

莫某某做了以下陈述：

2016年年底发展成情人关系以来，他和赵某某经常发生性关系，双方都是出于自愿，从未有过强行发生性关系的经历。纸终究包不住火。上个月末的一天，莫某某驾驶二姐夫的车遇到了赵某某。莫某某将赵某某的车别住并停到路边后，赵某某乘莫某某的车离去。第二天贾某在保养车辆时，无意间查看行车记录仪，发现自己媳妇和一个陌生男子的亲密行为，不禁怒火万丈。

贾某通过个人关系查询到车主电话，在电话里就破口大骂。

车主莫某某的二姐夫莫名其妙地被大骂一通，遂以牙还牙也把对方骂了个狗血喷头。

贾某怒不可遏，吼道："你敢不敢告诉我你在哪？我弄死你！"

莫某某的二姐夫心想"我又没做什么亏心事，还怕你不成"，就将所在位置告诉了贾某。

不到一个小时，贾某就找上门来，不由分说，用刀将莫某某的二姐夫捅伤。后经中间人说和，贾某才知道赵某某的相好是莫某某。最终贾某赔偿了12万元将事情平息。

从伤人事发时到给清赔偿款的2017年10月15日，赵某某一直和莫某某在一起。一方面，因为奸情败露，且贾某也非善类，曾因故意伤害、寻衅滋事两次被判刑，赵某某怕受到人身伤害；另一方面，赵某某想通过莫某某说服其二姐夫不要钱或者少要点钱，以便缓和与贾某的关系。

莫某某经不住赵某某游说,就向二姐、二姐夫求情。但平时就对莫某某颇有微词的二姐夫,这次无端替他挨了两刀,哪还会给他面子。二姐也一反常态,斥责莫某某不务正业、招来横祸,现在还有脸替对方说情。莫某某自知理亏,在几次求情被斥责拒绝后,便无颜也无力再干预此事。

2017年10月16日,赵某某离开莫某某回到县城家中,第二天又返回市区联系莫某某。当晚赵某某在宾馆主动与莫某某发生性关系后不久,贾某、赵某某弟弟赵某、闺蜜郭某等人即到现场,对莫某某进行殴打,并意图敲诈勒索16万元。在长达4小时的恐吓未果后,赵某某在自己的颈部和面部、莫某某的胸部和面部制造伤痕,然后报警。

莫某某的陈述基本上合乎常理,但莫某某当天曾大量饮酒。事前情人关系、伤人赔偿等情形不能使强奸的可能性被排除,也不能使莫某某为自保,出于趋利避害的本能而编造事实的可能性被排除。事实上,莫某某很难提供赵某某主动发生性关系或者发生性关系不违背赵某某意愿的有力证据。

阴云密布

刘彦成、韩友鑫律师在之后的多次会见中,通过密切观察莫某某的言行举止,结合其陈述合情合理且多次陈述前后完全一致,初步认定在当时的情况下莫某某没有强行发生性关系的动机和必要性,虽有性行为但不构成强奸罪。同时也非常清楚强奸罪的无罪辩护的难度非常大,因为强奸案发生的场所比较私密,现场也没有其他人员,所以难以取得有力证据证明发生性关系不违背妇女意志。虽然刑法不要求犯罪嫌疑人(被告人)自证无罪,但面对发生性行为的事实和女方的指控,犯罪嫌疑人(被告人)很难全身而退,且从疑罪从无原则尚未全面、严格适用和强奸罪99.64%以上高定罪率的司法实践来看,强奸罪案件一旦进入审判环节,无罪的可能性微乎其微。从了解到的情况来看,本案的结果更是不容乐观,因此辩护人必须力争不批捕、不起诉。

刘彦成、韩友鑫律师次日即和办案民警见面沟通,并提交了书面法律意见,主要从案发前情人关系、误伤他人致巨额赔偿、赵某某在深夜主动和莫某某进入宾馆房间、亲友在短时间内到达现场、双方当事人伤痕位置与形状不合常理、控制莫某某后四小时才报警等几个方面阐述无罪意见，并要求查明可能存在敲诈勒索的事实。之后又向检察院提交了莫某某的行为不构成犯罪暨不予批捕法律意见书。

对辩护不利的是，在侦查阶段辩护人不能查阅案卷，无法了解案件细节和在案证据情况，仅能依据当事人及其亲属提供的信息等有限的材料进行辩护。

法律意见被提交后犹如石沉大海。得不到任何回复，本在刘彦成、韩友鑫律师的意料之中。

随着羁押时间一天天过去，莫某某的情绪发生了很大的转变。刚被抓时，莫某某认为公安机关肯定会听取自己的辩解，过几天就会放人；在辩护律师介入后，更加觉得不日就能离开看守所，询问律师最多的一个问题是"我什么时候能出去"。两个月后，莫某某意识到事情根本不像他想象的那么简单，感觉到办案人员更倾向于相信女方的控诉。并且，同号房关押的犯罪嫌疑人向他一再灌输"进来就别想好好出去，肯定要判你有罪"的经验。莫某某觉得无罪释放的希望日渐渺茫，询问律师最多的一个问题变成了"我的这个情况，要被判刑多长时间"。从莫某某的眼神中可以明显感觉到，他对无罪释放不再抱太大的希望。

刘彦成、韩友鑫律师在鼓励莫某某要坚信司法的公正、事实不容篡改的同时，交给莫某某两项任务：① 把案发经过重复回忆，不能遗漏每一个细节，以便之后核对案卷证据勾勒出的事实和自己的陈述是否一致。② 既然没有犯罪就务必坚定无罪的信心，相信法律的公正。

拨云见日

转眼三个月过去了，案件被移送检察院审查起诉。

刘彦成、韩友鑫律师认真查阅了案卷材料。从大量零零散散的口供、证言中，可以粗略判断出事发后仅几分钟贾某、赵某、郭某就进入了现场。这进一步印证了莫某某供述的真实性。赵某某、贾某家在县城，距离案发宾馆70多公里。事发后仅几分钟贾某、赵某、郭某就进入现场，将二人捉奸在床，这是不符合常理的。这可能是预谋设计好的圈套。刘彦成、韩友鑫律师认为这也是最有可能说服检察官本案不是强奸案而是勒索报复案的

重要突破口。首先，要厘清现有相关证据，并用客观证据来验证贾某等人是在很短的时间内到达现场的事实；其次，要确定贾某等在很短时间内到达现场有没有其他合理的理由，比如是不是一个巧合，或者是不是贾某为了捉奸暗地里跟踪赵某某，等等；再次，要确定这些合理理由有没有证据支持。如果贾某等没有合理理由或理由没有证据支撑，那么预谋勒索报复的合理怀疑就不能被排除，根据疑罪从无的原则，检察院就不能认定莫某某的行政构成犯罪。

在案卷中，赵某某、贾某、赵某、郭某陈述的事实是：出轨事发后赵某某决意不再和莫某某来往，2017年10月17日因为要账找到莫某某。被强奸后赵某某通知闺蜜郭某，郭某再通知贾某。碰巧赵某当晚找市区的一个朋友喝酒，并邀贾某驾车同行。他们刚到市区便接到郭某电话，被告知赵某某遭强奸。贾某便驾车找到郭某，载郭某、赵某赶赴事发宾馆，将莫某某控制。考虑到事情由公安机关处理会影响声誉，他们犹豫再三才选择报警。

这个故事看似真实，但刘彦成、韩友鑫律师还是看出其虚假的蛛丝马迹。按照贾某等人陈述的行车轨迹，从接到郭某电话到到达事发宾馆，至少需要三十分钟。赵某某说"我给郭某发信息说莫某某强奸我了，随后没几分钟郭某就到房间了"，而郭某说"我进去时看到赵某某正在穿裤子"，"赵某某一边穿衣服一边给我开的门"。也就是说，在赵某某穿衣服的几分钟内，贾某等人就已到达现场。三十几分钟与几分钟差距悬殊。除去不同个体对时间敏感程度的差异，这仍然是一个难以做出合理解释的矛盾。但卷中并没有证明赵某某通知郭某、郭某通知贾某、贾某等人到达宾馆等的具体时间的客观证据。

为了用客观证据有力凸显这个矛盾，刘彦成、韩友鑫律师按照贾某等人所说的时间、行车轨迹做了两次模拟测试。测试结果是从接到郭某电话到到达事发宾馆需要三十四分钟。

刘彦成、韩友鑫将《模拟测试报告》《关于赵某某、贾某等述称事实不真实的法律意见书》一并提交检察官，并多次建议、敦促调取贾某等人之间的电话及微信聊天记录、贾某的车辆行车轨迹信息、案发宾馆监控视频等证据，以还原、印证案件客观事实。

检察官采纳了辩护意见，将案件两次退回公安机关补充侦查，并将辩护人的建议列入《补充侦查提纲》。公安机关调取了贾某等人的通话记录，确定了赵某某通知郭某、郭某通知贾某、贾某与郭某会合的具体时间；根据电信基站数据确定了通话时机主的具体地理位置；调取了贾某所驾驶的车辆的行车轨迹，确定了到达各关键地点的时间；调取了宾馆监控视频，确定了贾某等人到达宾馆的具体时间以及事发前后各当事人的表现；询问了莫某某二姐夫等证人，核实了贾某伤人、赔偿的事实……

随着侦查工作的不断深入，大量证据使事实脉络逐渐清晰：

1. 赵某某承认案发前与莫某某确有情人关系。
2. 贾某发现妻子出轨后，误伤他人导致巨额赔偿。
3. 在奸情败露、贾某伤人后至案发前的十几天里，赵某某和莫某某在市区多家宾馆、酒店住宿逗留，而不是决意不再来往。
4. 贾某、赵某在接到郭某电话前四小时就已在莫某某、赵某某入住的宾馆附近徘徊，而不是刚到市区就接到郭某电话。
5. 赵某在市区的朋友当天曾接到赵某的一个电话说要来喝酒，但之后再未联系。赵某是故意打此电话的，为无端到市区制造借口。
6. 赵某某和莫某某、郭某吃完晚餐后回到宾馆；赵某某、莫某某进入宾馆，郭某则离开。
7. 赵某某打开房门后，莫某某跟随赵某某进入房间。
8. 郭某离开后即与贾某联系、会合，而非贾某接到电话后再找到郭某。
9. 随即赵某某通知郭某"被强奸"；贾某则驾车急赴宾馆。
10. 五分钟后郭某、贾某、赵某到达宾馆，先后进入房间，并非贾某等人大费周折才到达宾馆。
11. 贾某等人频繁进出房间，在楼道内谈笑、聊天，神情自若。这不是知道赵某某遭遇性侵后的正常表现。
12. 四小时后警察到达现场，将莫某某带走。

铁的事实彻底击碎了贾某等人精心编织的谎言。在后来的调查中，贾某等人不仅不能对之前的陈述自圆其说，而且各人陈述相互之间、个人前后陈述之间漏洞百出。

针对赵某某"违背自己意愿"的指控，辩护人同样提出了大量的疑问：

赵某某既然说被丈夫发现出轨后决心不再和莫某某来往，为何还在奸情败露、贾某伤人后至案发前的十几天里和莫某某在市区多家宾馆、酒店

情人，无情

住宿逗留？

赵某某既然说案发当天回市区找莫某某是为了索要欠款，为什么见面后的十几个小时里只字未提要账之事？

赵某某既然说怕莫某某对其图谋不轨，为什么要在下午的时候和莫某某独处宾馆房间，还是"躺在床上"（赵某某自述）？为什么要在晚上主动打开房门进入宾馆房间？

赵某某既然说在门口附近莫某某就表现出性侵意图，为什么她没有选择离开房间，反而进到室内？

赵某某既然说莫某某对其施暴，为什么她没有伤痕也拒不验伤，反倒是莫某某伤痕累累？

赵某某既然说怕被人知道被强奸从而影响声誉，为什么第一时间通知闺蜜？

赵某某既然认为自己被性侵，为什么不在事后尽快离开房间或者到隔壁派出所寻求庇护、报警，而是等待贾某等人到来？

赵某某既然要控告莫某某，为什么不在第一时间报警而是四小时后才拨打110？

…………

赵某某指控莫某某犯罪的关键证据土崩瓦解。

刘彦成、韩友鑫律师在每次阅取新的证据后，都会及时和检察官沟通，提交书面辩护意见，终于揭开了真相的神秘面纱。

检察官明确表示：对莫某某不予起诉。

2018年6月23日，莫某某在被羁押8个多月后走出看守所，重获久违的自由！

后　记

合上厚厚的案卷，两位辩护律师回顾本案历程时感慨良多。一方面，对自己在辩护过程中，尽职尽责履行了辩护人的职责，而且通过自己的不懈努力澄清了事实，使得无罪之人不受追究，感到无比的欣慰；另一方面，慨叹当事人不懂得珍惜，为了一时之欢抛家舍业，终致妻离子散、身陷囹圄后才后悔莫及。

这无疑也是一记警钟。在现实中，事前存在不正当男女关系，后来反目成仇或是出于奸情败露或索要钱财未果等原因，女方控告男方强奸的案例并不鲜见。此时男方想要全身而退基本不可能，在女方有所准备或预谋的情况下，更是难上加难。摊上这种事，轻则花钱免灾，重则身陷囹圄、家破人亡。所以，每个人都要洁身自好，远离不正当男女关系。

此外，每个人都要坚信司法的公正。司法机关认定的案件事实与客观事实可能不尽相符，这是人对事物认知的客观规律所决定的，这也就可能导致错案。但客观事实是不会改变的。如果你暂时蒙冤，就一定要坚信司法公正，不懈坚持行使法律赋予的各项诉讼权利（特别是委托专业的律师），协助司法机关进一步还原客观事实，这样方能最终得到公正的裁决。

特别声明：文中所载案例系刘彦成、韩友鑫律师办理的真实案例，为保护当事人隐私，文中姓名均为化名。

律师简介

刘彦成，河北盛仓律师事务所创始合伙人、刑事业务部主任，中国民主建国会会员，河北省律师协会职务犯罪辩护与代理专业委员会委员，邯郸市律师协会刑事专业委员会副主任，邯郸市人民检察院人民监督员，邯郸仲裁委员会仲裁员。擅长商事犯罪研究及辩护，成功办理了大量经济犯罪与职务犯罪案件，所办案件曾入选"2017年度十大无罪辩护经典案例"，被中国法学会案例法学研究会、中国政法大学刑事辩护研究中心共同授予"2017年度刑事辩护杰出成就奖"。

韩友鑫，河北盛仓律师事务所专职律师，2017年9月1日加入刘彦成刑辩团队，承办的案件曾入选"2017年度十大无罪辩护经典案例"，被中国法学会案例法学研究会、中国政法大学刑事辩护研究中心共同授予"2017年度刑事辩护杰出成就奖"；还办理了大量不起诉以及免予、减轻处罚刑事案件。

以子之矛，攻子之盾
——翁某涉嫌强奸一案获缓刑

《韩非子·难一》："楚人有鬻盾与矛者，誉之曰：'吾盾之坚，物莫能陷也。'又誉其矛曰：'吾矛之利，于物无不陷也。'或曰：'以子之矛，陷子之盾，何如？'其人弗能应也。"

这是一个我们打小便知道的典故，其中的道理浅显易懂。在生活中我们以此来质疑对方的观点，往往能达到意想不到的效果。特别是在刑事辩护的过程中，有经验的律师有时并不会冒风险去收集支持己方的其他证据，而是喜欢在控方的证据里寻找矛盾点，以"以子之矛，攻子之盾"的策略，破坏控方的证据体系，最后往往能让辩护起死回生。

低要求的委托，看似无任何辩护空间的传统案件

2016年6月的某一天，我接到了一个在佛山工作的朋友的电话，称受朋友之托，想委托我为其友的亲人处理一宗强奸案件。据说此案件已登报，且相关文章亦已在网络上大量传播。朋友的言语中多有避讳之处，似有羞涩难言之意。听其陈述后，我并未急于分析案件，而是约其面谈。

次日，朋友带着案件嫌疑人翁某的弟弟依约来到了律师事务所。嫌疑人的弟弟对案件并不知情，亦是通过网络传播的报道获知的。

据当地媒体报道，翁某十几天前通过微信摇一摇的功能，添加了女子某A作为好友。之后双方经常聊天，并开始有暧昧的感觉。在案发前一天晚上8点多，翁某约某A见面吃夜宵。某A应允，并在微信上与翁某约定见面的地点。双方一直玩至次日凌晨2时许。翁某在送某A回家的过程中将其强奸了。

我大概了解了案件后，就问嫌疑人家属对委托有什么要求。嫌疑人家

属说，由于本案被媒体报道了且强奸属于传统重罪，社会影响较大，因此家人不敢期盼轻判，只是希望我能会见嫌疑人并为其出庭辩护。

面对委托人的低要求委托，我的内心十分矛盾。委托人的合理要求，我是理解的，这也是我们律师的动力所在。但当委托人一点要求都没有，甚至连争取轻判的基本要求都没有，认为这个案件已无任何辩护空间时，我忽然产生了一种想拒绝接受委托的奇怪感觉，因为律师的价值被低估了。

初见嫌疑人，对案情一头雾水

接受委托后，我次日便安排时间前往佛山某区看守所会见嫌疑人翁某，希望能从会见中找到一些辩护的空间。

翁某有二十八九岁的样子，未婚，少语，见到我时，低着头，神态困惑，不知所措地搓着双手。可能是因为受传统观念影响，这个罪名对其产生了巨大的精神折磨。

因为案件的特殊性，我没有像处理其他案件一样，直接进入主题，而是采取拉家常式的聊天方式展开第一次会见。经过十多分钟的接触，翁某开始就案件事实向我断断续续地陈述，但可能因为这是我们初次接触，其对案情闪烁其词，对案件陈述似是而非，对一些关键性问题不做正面回答。当我问到其对案件的看法时，其说在做第一、二次笔录时没有认罪，做第三、四次笔录时认了罪，做第五、六次笔录时又没有认罪，既不想认罪，又担心不认罪会加重处罚。总之，在这次会见中我只是了解了案件的大概过程，对关键性细节仍是一头雾水。

第二次会见，事情经过基本查清

在首次会见后不久，我为了全面了解案情，重新会见了翁某。这次翁某对我已完全信任。一到会见室，他就主动向我描述案件的关键性细节，主动要求我为他分析案情。据其所述，案发前其在佛山顺德某企业工作，十多天前通过微信摇一摇的功能添加了某A为好友。后来两人便聊得火热，言语中多有暧昧。在案发前一天的晚上8点多，翁某约某A一起吃夜宵。某A答应了，并通过微信向翁某发送了她当时的位置，让翁某开车去接她。

以子之矛，攻子之盾

晚上9时许，翁某搭乘同乡朋友的车到了约定地点，顺利接到了某A，之后驱车到了离某A居住处约1.5公里远的一处夜宵档吃夜宵。翁某将某A介绍给了同桌吃夜宵的朋友，并与某A并排坐在一起。其间，大家点了砂锅粥、零食、啤酒之类的夜宵。在吃喝期间，翁某与某A举止亲密。朋友们都以为他们是情侣。席间，被害人某A喝了一些酒。翁某等人至次日凌晨2时许才散去。翁某表示步行送某A回去。某A同意了。在步行的过程中，翁某先是与某A拉手，随后有攀肩、揽腰、摸胸的行为。他做出上述行为时，某A刚开始虽有轻微的回避动作，但并没有言语上的拒绝及行为上的抗拒。两人走到半道时，某A说要休息一下。两人便至路边草坪上坐下。此时翁某开始亲吻某A的嘴巴，又吻她的颈部与胸部。后来翁某想将某A的内裤脱下，但某A对他说了两句"不要这样"。此时翁某无法控制自己的情绪，还是将某A的内裤脱了下来，同时将自己的裤子脱至半膝，然后将某A压到路边的木棉树干上，将阴茎插入某A阴道内抽插。在抽动几分钟后，翁某感觉某A好像很难受，并发出"呜呜"的声音。他想可能某A不愿意，正在哭，就停止了抽插，在没有射精的情况下停止了性行为。翁某停止后，担心某A会报警，便将某A的手机拿走，一个人逃回了住地，将某A留在了原地。过了两天，翁某在住处被公安抓获。

在听翁某描述的过程中，我脑海里不停地闪现着强奸案件中"半推半就"这个术语，希望能从这个角度找到突破口。

石沉大海的法律意见，半点浪花都没有

经过了两次会见，我认为本案可以从以下几方面进行辩护。一是双方在微信交流中已有暧昧的语气，且女方晚上应约外出，其内心确有男女恋爱的意思；二是双方在约会期间举止亲密，且女方没有回避，是愿意进一步交往的表现；三是在回来的路上，女方愿意翁某陪伴，且其间双方有许多暧昧的动作，包括亲吻、搂抱、摸胸及下体，而女方都没有做出明显的抗拒，之后双方还至路边草地休息，这些都明显属于性交前的游戏。为此，我认为本案应属于"半推半就"的情形，翁某不应被追究刑事责任。

在这种思路下，我先后向侦查机关、检察机关提交了相关的法律意见。在向侦查机关提交法律意见时，接收的民警明确说："黄律师，这种案件是

传统重罪。你怎么提法律意见都没用的。"同样，向检察院提交的材料也如石沉大海。

初次阅卷，有所发现

在阅卷前，作为辩护人，我对本案已知的事实做了初步分析，想要取得比较好的效果，必须要找到在性交前女方"半推半就"的证据，或女方报案时意思表示不真实的证据。故在阅卷时，我十分细致地对卷宗中所有的材料包括侦查文书、言词证据等进行了比对，除比对客观事实细节外，还对每一份证据、文书的形成时间、地点、签字等进行比对。经过认真阅卷，我发现了以下几个问题：一是本案的报案人并不是被害人，而是一个路人。路人发现被害人当时在路边哭泣，便上前询问，听其说被抢劫后，便为其报了警。以上事实有报案人的笔录佐证。二是当晚被害人至派出所办理报案手续时，在笔录中并没有提到被强奸的事实，只是描述了被一路过的陌生男子抢劫的事实。三是当晚所作的《立案登记表》中所记录的报案案由为抢劫，并没有与强奸相关的案情描述。四是被害人首次提到被强奸是在次日下午所做的第二份笔录中。该份笔录的形成时间距报案已整整过了十多个小时。

通过阅卷，我发现性行为发生时，女方并无明显的拒绝行为与语言，且在翁某离开后，并没有主动报案，在路人询问时反而以被抢劫作为借口，最后在立案登记及询问时也没有提到被强奸，而是在报案结束十多个小时后才有被强奸的意思表示。根据常理，越接近案件发生时间的意思表示越接近当时的心理状态；距案件发生时间越长，意思表示越与当时的心理状态有偏差，甚至受其他因素的影响，当事人会产生相反的表述。因此，通过对上述问题及矛盾点的分析，我认为当时女方的反应应当属于"半推半就"。有了上述矛盾点作为支点，根据翁某最终对案件的态度，我为翁某制定了相应的辩护方案。

引而不发，静待机会

虽然我在阅卷中发现了上述问题或矛盾点，但是由于担心侦查人员发

现证据问题后，会以更正或补正的方式变更相关材料，或者撤回部分有问题的证据及手续，对翁某不利，我经过评估与推演后，决定不就上述问题或矛盾点向公诉机关提出法律意见，而是让这个案件"带病"进入审判阶段，待时机成熟再将问题提出。

以子之矛，攻子之盾

为了核实有问题或矛盾的证据是否发生了变化，我在审判阶段重新到法院对全案案件材料进行了阅卷，并对相关证据认真进行了比对，发现办案机关除增加一些程序上的手续证明外，并没有对存在问题或矛盾的证据进行更改或补正。

开庭前，我对翁某进行了庭前会见，但其对是否认罪仍犹疑不决。由于嫌疑人对案件态度的不确定性，我为开庭准备了认罪与不认罪两种方案。

第一次庭审很快进行了。我在庭审前发现，审理案件的合议庭成员、出庭的公诉人等全是女性。我当时感觉有点不妙，因为这种强奸案件由女性处理，辩方要想取得突破会十分困难。

的确，因为嫌疑人在庭审时只是承认发生性行为的事实，对于是否认罪，态度摇摆，控方便展开攻势，希望能通过思想压力让嫌疑人认罪，速战速决。庭审刚开始时，气氛极为紧张，嫌疑人基本不敢抬头，也不敢说话。

在质证阶段，为了使本案证据体系中存在的相关问题或矛盾点产生更大的影响，及方便对各个证据进行比对，我要求待控方举证完毕后统一进行质证。我的这一要求得到了法庭的允许。控方的举证很快结束。为了引起法庭对辩方质证意见的重视，我在统一质证时，有意结合强奸案件中有关"半推半就"的理论与观点进行质证。很快，相关证据存在的问题及矛盾点成功引起了法庭的注意。而控方由于一直都没有注意到上述问题，面对自己提供的无可更改的相关证据，只能以"待跟侦查人员核实后，再对上述问题进行回应"结束这一轮的控辩质证。

在第二次庭审开始前，翁某家的亲属主动与被害人达成了谅解协议。翁某的家属给了某A一定的经济补偿，而翁某在权衡各方利弊因素后，自愿表示认罪，以便争取获得较轻的量刑。

最后，翁某因犯强奸罪被判处有期徒刑三年，缓期五年执行。

律师简介

黄宗永，广东法制盛邦（东莞）律师事务所专职律师。执业十余年，长期坚持研究刑事辩护实务，主攻刑事辩护，至今已办理过刑事案件二百余宗，具有丰富的刑辩经验，注重细节研究。近年在粤办理了多宗获不起诉、撤回起诉或缓刑等辩护结果的案件，深受当事人好评。

以子之矛，攻子之盾

从无期徒刑到无罪并获国家赔偿的艰辛
——阳某某涉嫌强奸一案

2011年11月30日是普普通通的一天。中午养鸡场场长请客吃饭，下午全员休息之后放假。16时左右，阳某某借门卫老刘的自行车替父亲去村里购物。买回酒菜后，阳某某便离开，自行吃饭去了。

过了两三天，员工们陆陆续续离开养鸡场返乡，在接送他们的车上，都在议论养鸡场所在村里有个小女孩被强奸了。自此，一场罪与非罪的刑事诉讼拉开了序幕……

案件历程

阳某某在被采取强制措施前，和其他养鸡场员工一样，回了老家，但是接下来的经历曲折而复杂：

2011年12月7日，阳某某被刑事拘留，之后从老家被带回了案发地所在的县看守所。

2011年12月21日，阳某某被批准逮捕。

之后，县人民检察院将案件移送市人民检察院，市人民检察院将案件退回县人民检察院，县人民检察院向县人民法院提起公诉。

2012年11月13日，市人民检察院向中级人民法院提起公诉。

2013年4月17日，市中级人民法院一审判决阳某某犯强奸罪，判处无期徒刑，剥夺政治权利终身。阳某某以一审法院认定其犯强奸罪的证据不足为由提起上诉。

2013年9月22日，省高级人民法院二审撤销了一审判决并将案件发回重审。

2014年10月23日，市中级人民法院经重审，判决阳某某无罪，不承担民事赔偿责任；市人民检察院提出抗诉。

2016年12月29日，省高级人民法院裁定驳回抗诉，维持原判。

2017年11月3日，市中级人民法院为阳某某提出国家赔偿申请，决定赔偿阳某某人身自由权赔偿金及精神损害抚慰金。

案件疑点

被害人在案发时年仅7岁，对实施强奸者只有"从没见过，1.7米左右，瘦，骑一辆自行车"的描述，还记得时间为2011年11月30日17时左右，但上述描述是经其父之口说出的。经过数日的排查，外乡人阳某某被列为犯罪嫌疑人。

在侦查人员在场的情况下，辩护人第一次会见了阳某某。阳某某说其在侦查过程中的两次供述是不属实的，2011年11月30日下午其在睡觉，没有实施任何犯罪行为。在其未见到所谓的"鉴定结果"的情况下，侦查人员有诱导其做出不真实供述的嫌疑——"讯问人说DNA与我的相符"。

同时，在阳某某被批准逮捕前，辩护人又将上述情况分别向该县公安局、人民检察院进行了书面反映，但这两个机构均未提讯犯罪嫌疑人，这违反了最高人民检察院、公安部发布的《关于审查逮捕阶段讯问犯罪嫌疑人的规定》（2010年10月1日起实施）等的要求。

辩护人在数次会见后，将上述疑点整理成书面申诉材料递交相关部门，但未得到任何反馈信息。出现上述情形也在辩护人意料之内，毕竟涉案行为的性质及后果非常恶劣，且阳某某已做了有罪供述。但据阳某某陈述，其因为遭到刑讯逼供，才做了有罪供述。

非法证据排除

经过多次不厌其烦地沟通，在一审法院开庭审理前，辩护人书面申请进行非法证据排除，得到了合议庭的同意。

辩护人要求排除的非法证据有：阳某某的有罪供述笔录5份；阳某某对案发现场的辨认笔录1份；被害人对阳某某的辨认笔录1份；阳某某自绘的现场方位示意图1份。

1. 阳某某的有罪供述笔录 5 份：

2011 年 12 月 7 日 6：10—9：51，在阳某某家附近某刑警队。

2011 年 12 月 7 日 19：15—21：39，在案件发生地刑警队。

2011 年 12 月 8 日 8：57—9：09，在案件发生地刑警队。

2011 年 12 月 9 日 8：45—9：17，在县看守所。

2011 年 12 月 21 日 15：03—15：27，在县看守所。

根据庭审中办案人员及证人的陈述，阳某某在侦查阶段的有罪供述是被逼供、诱供的结果，具体表现如下：

（1）侦查人员对阳某某的第一次讯问是于 2011 年 12 月 6 日下午 3 时至 6 时许在阳某某家附近某派出所（公安部一级规范化派出所）办案区讯问室（有同步录音录像监控设施）进行的。阳某某做的是无罪供述，并有其做无罪供述的签字的笔录形成，但侦查人员说笔录没有了。（出庭证人证实）

（2）侦查人员于 2011 年 12 月 6 日 8 时至 7 日 3 时许在阳某某家附近某刑警队（有同步录音录像监控设施）干警宿舍及餐厅内对阳某某进行的讯问，有逼供、诱供、一人讯问、证人参与讯问，以及不让阳某某吃饭、喝水、睡觉，让其喝酒的情形存在，且当时侦查人员并没有记录讯问内容。所谓的"第一次"讯问笔录是后来在警车里补的。（出庭证人证实）

（3）所谓的"第二次"讯问笔录（打印）是侦查人员在"第一次"讯问笔录的基础上，继续逼供、诱供、恐吓、威胁阳某某后非法制作形成的。（有同步录像印证）

（4）所谓的"第三、四、五次"讯问笔录均是提前制作好的，侦查人员仅是让阳某某签字而已。（无同步录音录像）

2. 阳某某对案发现场的辨认笔录 1 份。

据阳某某陈述，2011 年 12 月 7 日中午 3 时许，其在饮酒后（侦查人员怂恿的）由侦查人员带领去案发现场，而不是其带侦查人员去的。同时，在辨认现场之前，包括被害人父母在内的多人已在现场等候了！并且侦查人员在确认现场之后才进行录像。（有录音录像印证）

3. 被害人对阳某某的辨认笔录 1 份。

据阳某某陈述，被害人对其的指认并不具有唯一性。被害人在前两次指认中都没有指认阳某某，第三次才指认到他。最重要的是在现场辨认前，被害人的父母见过阳某某。被害人的父母抱着被害人后,被害人最后才指认阳某某。这存在着明显的不确定性和诱导受害人的迹象。(有录音录像印证)

4. 阳某某自绘的现场方位示意图1份。

据阳某某陈述,现场方位示意图是在2011年12月6日8时至7日3时非法讯问(逼供、诱供)后,根据侦查人员和参与讯问证人的描述,于7日上午制作的。(出庭证人证实)

另外,阳某某是在2011年12月8日19时才被送押至县看守所的,而不是在2011年12月7日19时。7日至8日其都在案发地的刑警队。(讯问笔录已印证)

总之,侦查人员对于阳某某开始的无罪供述未制作笔录或未提交;侦查过程中存在一人讯问、证人参与讯问的情形,且无任何保密措施;进行现场辨认时,现场根本不是由阳某某辨认出的,而是侦查人员带阳某某去的,且多人早已在现场等候;辨认犯罪嫌疑人时,侦查人员让已见到过阳某某的被害人父母抱着被害人指认,且被害人第三次才指认到阳某某。

上述事实充分说明了以上证据的非法性、虚假性和无效性。因此,控方没有依照《中华人民共和国刑事诉讼法》第四十三条的规定全面客观地收集固定证据。

上述证据,依照《关于办理刑事案件排除非法证据若干问题的规定》,经质辩,应属非法取得。其合法性、真实性和有效性均存在不同程度的缺陷或瑕疵。因此,上述证据依法不应作为定案的根据。

虽然辩护人一一详述了本案非法证据的相关内容,但是合议庭仅对阳某某是否受到刑讯逼供进行了调查,而控方申请了证人及当时的侦查人员出庭作证。证人证明第一次对阳某某进行讯问时,其部分时间在场,部分时间在隔壁房间内,没有看到或听到刑讯逼供的声音;侦查人员称没有对阳某某采取刑讯逼供等措施,提供了第二次讯问时所做的同步录像,提供了阳某某家附近某刑警队关于无刑讯逼供、指供、诱供的说明,提供了阳某某入所体检表,证明其入所时无外伤。

根据控方证据,合议庭在庭审中作出了不将阳某某的供述作为非法证据排除的决定。

辩护人的努力再次失败!

艰难的正义寻求之路

一审法院于 2013 年 4 月 17 日判决阳某某犯强奸罪,判处无期徒刑,剥夺政治权利终身。

面对瑕疵证据、非法证据,以及证据不足的事实,不仅阳某某及其家人无法接受该判决,辩护人也无法接受这样的结果。在阳某某上诉后,辩护人与其他律所的律师组成了辩护团队,共同应对接下来的重重困难。

2013 年 9 月 22 日,省高级人民法院二审撤销了一审判决并将案件发回重审。案件出现转机。

在重审过程中,辩护团队将上述全部辩护意见一一详述。

关于非法证据依旧没有被排除,法院认为,在案证据不足以认定侦查人员对阳某某使用了非法取证方法。

关于辩护人所提在阳某某作案时间上,本案诸多证人之间的陈述存在矛盾的意见,法院经查,认为关于阳某某在案发当天下午是否出过养鸡场这一情节,各证人证言之间存在矛盾,不能排除合理怀疑。

关于在现场勘验检查中提取的血迹、毛发等,经鉴定,血迹为被害人所留,毛发与被害人及阳某某无关,被害人的阴道擦拭物、鞋子上的可疑斑迹、自行车把上的可疑斑迹均未获得 STR 分型,所提取的阳某某灰色内裤上的附着物未获得被害人的 STR 分型。法院认为,全案收集的生物样本、痕迹经过检验鉴定,均无指向性明确、能够作出排他性认定的客观证据。

法院结合控方提交的同步视听资料,认为:被害人辨认犯罪嫌疑人的过程中存在被诱导的情形,因此被害人的辨认结果不能作为定案证据使用;阳某某到案之初并未承认犯罪,在侦查阶段共做了五次有罪供述,在侦查阶段后期则始终否认作案;阳某某第二次有罪供述的同步讯问录像内容不完整;阳某某的有罪供述在被害人所穿内裤颜色这一细节上前后矛盾;阳某某未佩戴眼镜的情况有证人证实,与被害人的陈述存在矛盾;阳某某供述的在作案前曾到村中超市、在被害人体内射精、在返回养鸡场途中用卫生纸擦手上的血等情节并无其他证据印证;至于阳某某所绘制的现场图,因图上无其本人所做文字注释,无法与现场勘验检查所制现场方位平面图进行比对,故该图不具有证明力。故法院认定公诉机关指控阳某某犯强奸罪的事实不清、证据不足,指控罪名不成立。

之后,公诉机关提起抗诉,但二审法院予以驳回,并维持重审判决。阳某某申请了国家赔偿。市中级人民法院依法作出国家赔偿决定,并予以支付赔偿金。

阳某某自被拘至收到国家赔偿,历经六年之久!

正义从来不会缺席!

承办律师

赵子民,中共山东众星为民律师事务所支部书记,山东众星为民律师事务所专职律师。曾任山东律师协会农村和城镇化建设业委会委员;现任山东律师协会行政法业委会委员,聊城律师协会第四届理事会理事,聊城律师协会行政法业委会副主任、副秘书长,聊城律师协会惩戒工委会、宣教工委会委员,临清市监察委第一届特约监察员。

一桩强奸亲属案件引发的思考

——杨某涉嫌强奸案

引　言

人们都说"烟花三月，最美江南"。4月的X区，处处花红柳绿，生机勃勃。善良敦厚的被告人杨某与妻子王某靠着自己勤劳朴实的双手，供养着一双未成年儿女及王某的父母。一家老小过着日出而作、日落而息的幸福美满的生活。

可是，就在2018年4月中旬的一天，这平静、祥和的生活被打破了……

灾难的开始

30岁出头的杨某虽说皮肤有点黝黑，但五官还算周正。妻子王某比自己小4岁，身材、相貌、品行都没得说，与杨某一起白手起家，经营一家商住两用的器械安装小店。夫妻俩经常被朋友们羡慕并说成"郎才女貌"。王某的父母年纪都大了，是普通的农民，一直跟随小女儿王某一起生活，平时帮杨某和王某带带孩子、做做饭。

王某的姐姐一直在农村老家生活。姐姐年轻时与同村的一个男人谈恋爱，怀孕后本打算结婚，但后来因感情不和，两人分开了。之后姐姐坚持生下了孩子，给孩子取名小婷（即本案被害人，王某的外甥女），并把小婷交给奶奶抚养，就外出打工去了。后来姐姐又认识了一个男人，并结了婚，就想着把多年不见、被学校开除的小婷也接上，一家人去投靠在南方的妹妹王某，毕竟王某所在的城市经济发达，找工作容易些。

2018年4月中旬的一天，小婷跟随母亲及自己的继父来到小姨王某的家。因为刚来还没有找好租住的房子，所以他们暂时只能在王某家，也就是商住两用的器械安装小店借住。小店总共有3层楼。一楼是店面和厨房。杨某的岳父岳母住在一楼。二楼是放置器械材料的仓库。三楼有一间卧室和一间客厅。杨某和妻子王某在卧室的南面休息，小婷和杨某的一双儿女在卧室的北面休息，王某的姐姐和姐夫则在客厅临时打地铺。没过几天，姐姐、姐夫就在外面找好了出租房，从王某家搬了出去，但是小婷说还想在小姨家和弟弟（5周岁）、妹妹（8周岁）多玩几天再走。王某和王某的姐姐、姐夫就同意了。

没过几天，小婷回了妈妈租的房子，告诉妈妈自己被小姨父杨某强暴了。家里人问杨某，杨某就跪在地上哭着承认了。王某的姐姐说："小婷，如果咱们去报案说被强奸，你小姨父是要坐牢的，今后你的弟弟妹妹就要你小姨一个人养活了，那可怎么办？如果你小姨父能改邪归正，你能不能原谅他？"小婷点头同意了。碍于面子和面对亲情，王某一家对杨某犯强奸罪采取了宽容的态度，保持了沉默。同时，王某自愿补偿了小婷5万元人民币。之后双方仍旧正常往来，并且杨某和王某对小婷比之前还要好，一心想着弥补给小婷造成的伤害。

灾难的加重

2018年7月23日，小婷去X区公安局报案，称其被继父多次性侵，要求追究继父的法律责任，但是对小姨父杨某表示愿意谅解，并不要求追究杨某的法律责任。小婷的继父和杨某分别于当天和次日被X区公安局带走。

是的，你没有看错，小婷的确针对杨某性侵自己报了案，但她只是因为不满继父多次性侵自己，顺带说出了小姨父也性侵了自己。

关键线索

5年之前，我刚转正做律师时，代理过杨某的儿子追要交通事故损害赔偿的案件，取得了不错的效果。出于对我的信任，杨某的妻子王某联系了我，到我们北京市盈科（苏州）律师事务所进行咨询。

王某是和姐姐一起到我们律师事务所的。在接待她们的过程中,我了解了她们目前所掌握的所有情况,但是这些都是有限的、片段式的信息,毕竟在侦查阶段公安机关不可能把案件详细情况都告诉嫌疑人的家属,即使是律师也只能了解主要案情。但是在与王某的交谈中,我得知被害人小婷的年龄还未满 14 周岁。律师的第一直觉告诉我,这一年龄信息非常重要且关键,或许就是整个案件的转折点,因为农村经常出现家长为了让孩子能够早点上学就虚报孩子年龄的情况。如果小婷在案发时已年满 14 周岁,而嫌疑人在没有违背小婷意愿的情况下与之发生性关系,或者嫌疑人的生殖器并未进入小婷的生殖器内,那嫌疑人的行为是不是就不构成强奸罪了?如果是强制猥亵妇女罪,加上有被害人的谅解与主动赔偿,量刑就很有可能是三年以下有期徒刑。即便强奸真实存在,依据我国刑法规定,量刑也只是三年以下有期徒刑。反之,如果小婷的年龄在案发时未满 14 周岁,且强奸事实存在,量刑就会是三年以上十年以下有期徒刑;若强奸事实不存在,那嫌疑人的行为就构成强制猥亵儿童罪,司法机关从重处罚最高判五年。

我问王某的姐姐:"户口本上的出生日期是不是小婷的真实出生日期?"

她回答:"我也记不得了,因为我带她带得很少。她和我一直都不怎么亲近,所以我真的记不得她真实的出生日期了,而且当时报户口的时候我也不在,是小婷的奶奶报的。之后我都是按照户口本上的日期来记小婷生日的。"

为了解开这个疑问,王某与她的姐姐和我们事务所签订了委托代理协议。由于杨某和小婷的继父分属两个不同的案件,所以我代理了杨某涉嫌强奸一案,我的同事宋建平律师代理了小婷的继父涉嫌强奸一案。本文只讲述杨某涉嫌强奸一案。

首次会见

接受委托之后,我及时向公安机关递交了委托手续,并到 X 区看守所会见了杨某。经过交流,基本了解了案件发生的过程。

事情要接着从王某的姐姐、姐夫搬离王某的住处,而小婷说还要继续在小姨王某家玩几天说起。2018 年 4 月下旬的一天,早上王某和平常一样起床、洗漱、骑电动车送自己的女儿去上学。杨某也起床洗了澡，但王某说："你起这么早干吗？今天上午又不安装器械，下午才装，多睡会吧。"面对妻子的关心，杨某感觉很幸福，就又躺回了床上。此时，杨某5岁的儿子还在床上睡觉。杨某看见外甥女小婷已经醒了，在床上玩手机，自己也就开始摆弄起了手机。这时，一楼的岳母从楼下上来到卧室叫小婷起来去吃饭。小婷却说不想吃，想玩手机。杨某说："她不想吃就不吃吧。让她玩一会吧。"随后，岳母就下楼了。房间内只剩下被告人杨某、被害人小婷以及还在卧室北面床上酣睡的杨某5岁的儿子。杨某让小婷到他的床上和他一起看手机。然后小婷就顺势躺在了杨某怀里，和他一起看手机。杨某用自己的手摸了小婷的手，因为当时心里想要占小婷的便宜，就接着问小婷："需不需要？要不要我满足你？"小婷当时没有说话，只是直接把手搭在杨某的胸部摸了几下。在杨某抚摸小婷的乳房及用手指进入小婷的下体前，杨某问了小婷是否同意。但是小婷也不说话，只是用手紧紧抱住杨某的后背。杨某认为小婷同意了，就开始抚摸小婷的乳房，并用手指进入小婷的下体。后来杨某压着小婷时忘记有没有进入小婷的身体了，因为他当时听到楼下有脚步声，害怕自己的这种行为被人发现后自己会坐牢，就立刻从小婷的身上下来了。整个过程只有几分钟，然后被害人就去洗澡了。

后来小婷给她的母亲和继父讲了这件事情。杨某的妻子王某和杨某的岳父岳母出面，哀求小婷和小婷的母亲，让其不要报警。小婷的母亲也就是王某的姐姐，也心疼妹妹还要照顾两个不满10岁的孩子，所以就答应私了。王某自愿拿出5万元人民币补偿小婷。2018年7月23日，杨某外出到无锡去安装器械，直到7月24日早上6点左右才回到家中。得知X区公安局民警在找自己后，猜想应该是强奸小婷的事情被公安知道了，所以就洗了澡，换了一套干净的衣服，与两个小孩和岳母告别。岳母想骑三轮车载着杨某去派出所自首，杨某也同意了。刚坐上三轮车前进了几米，杨某就被几个便衣抓住，并带到了X区公安局。就这样，杨某被公安机关以涉嫌强奸罪为由采取了刑事拘留措施。

继续追问

在会见中，我为了搞清楚杨某是否知道小婷的年龄，以及在发生性关

一桩强奸亲属案件引发的思考

系的过程中，杨某的生殖器是否进入了小婷的身体，小婷是否自愿等问题，又继续问了杨某几个问题：

问："你知道小婷的年龄吗？"

答："不知道具体多少岁，但知道她未成年。因为前年她被学校开除过，当时是读六年级。"

问："你知道她的生日是哪天吗？"

答："我不知道。"

问："发生性关系时，被害人有没有不同意或不情愿的举动？"

答："没有，她挺配合的，也没有喊。因为我们在三楼，她的姥姥也就是我的岳母就在一楼。她要是喊的话，岳母肯定能听到。"

问："在发生性关系的过程中，你有没有使用暴力殴打或威胁被害人？"

答："没有。她挺配合的。"

问："在发生性关系的过程中，你们俩的生殖器有无实质性接触？"

答："因为时间很短，就一两分钟，我只记得我的手指进去了。至于生殖器有没有进去我真的记不得了。"

问："在警方抓捕时，你是自己去派出所的？"

答："不是。我回到家后，岳母告诉我警察找我。我想警察找我肯定就是因为那件事情，于是我洗澡、换衣服，因为里面（看守所）肯定不好洗澡，然后抱抱两个孩子，就坐岳母的三轮车去派出所了，刚走几米就被抓了。"

根据上面的问答情况及杨某反映的公安机关讯问的问题，我可以推断出，公安机关以涉嫌强奸为由追究杨某的刑事责任的依据就是《最高人民法院关于行为人不明知是不满十四周岁的幼女双方自愿发生性关系是否构成强奸罪问题的批复》中提到的"行为人明知是不满十四周岁的幼女而与其发生性关系，不论幼女是否自愿，均应依照刑法第二百三十六条第二款的规定，以强奸罪定罪处罚"。也就是说，只要杨某明知小婷未满十四周岁，他的行为就构成了强奸罪，否则就是强制猥亵罪。那么，问题来了：被害人的年龄到底多大？是否存在被害人已满14周岁的可能呢？杨某的生殖器是否进入了被害人身体？被害人是否自愿发生性关系？杨某是否存在自首行为？

由于本案没有以往强奸案件中的直接证据——被告人的DNA，又没有其他的直接证人,所以这几个问题对最终定罪量刑尤其重要。

寻找答案

很快案件就到了检察院公诉阶段。我第一时间去 X 区检察院递交了本案的委托手续,很快就拿到了案件的全部卷宗。在详细阅读了案卷之后,发现本案存在以下疑点:

认定被害人在案发时年龄不满 14 周岁的证据只有被害人的户口本和身份证。

案卷中一张 2018 年 8 月 10 日(距离案发日只有 3 个半月的时间)的《DR 检查报告单》记载被害人的骨龄相当于 15 岁左右。那么,案发时被害人完全有可能已经超过了 14 周岁。

被害人说自己在被性侵时,想反抗,想大声叫,但是又想尝试,就半推半就。如果她当时就大声喊叫,一楼的外公外婆很快就能听到并上来阻止,可是她没有。或者她可以用力推、挠、抓来制止杨某,但是杨某身上甚至连轻微的挠抓痕迹都没有。这很难说明被害人是不自愿的。

杨某说自己的生殖器进入了被害人身体的口供只有一次,后面几次他都说记不清楚了。

杨某明明是在去自首的路上被抓的,但是公安部门出具的《抓获经过》却没有提及杨某自首的情况。

所以,根据最高人民检察院于 2016 年 1 月 22 日发布的《人民检察院办理羁押必要性审查案件规定(试行)》,针对以上疑问,我马上撰写了审查起诉阶段的《羁押必要性审查律师意见》,并递交到了 X 区检察院。

后来,X 区检察院又进行了补充侦查,派人到被害人的老家去调取了《学籍档案》《村委会证明》,并取得了被害人的同学、老师的证人证言;同时,也要求当时抓捕杨某的民警出具了详细的抓捕经过。当然作为辩护人,我仍然不认可这些证据。首先,《学籍档案》《村委会证明》以及被害人的同学、老师的证人证言,都是在被害人户口本产生后才出现的,充其量也就是间接证明或传来证据。检察院为何没有提供被害人的出生证明或者接生人员的接生证词呢?为何辩护人申请要求对被害人做骨龄鉴定,检察院不予准许呢?本案已经有了杨某岳母的证词,并且三轮车也是往派出

一桩强奸亲属案件引发的思考

所的方向前进的，难道不能说明杨某是去自首吗？杨某要是出逃的话，还会洗澡、换衣服，然后坐三轮车出逃吗？

案件审理结果

案件终于等到了开庭。由于本案的特殊性，即发生在亲属之间，被害人不满十四周岁，且辩护人对此有异议，因此法官提前与控辩双方沟通了庭审意见。最终，法院对被告人杨某犯强奸罪予以认定，判处有期徒刑三年六个月。对此结果，杨某的妻子及岳父岳母都非常满意。我也比较满意，因为达到了预期的目的。

结　　语

虽然案件结束了，我在法律上为当事人争取到了他满意的刑期，但抛开法律不谈，只从本案的案件事实来看，这样的悲剧根本就不应该发生，它对被告人杨某、被害人小婷，以及这个大家庭的任何一个人，都造成了不可磨灭的伤害。为此，我认为：一方面，国家应当加强未成年人的性教育以及普法教育，以案释法，增强广大妇女、儿童的自我保护意识；另一方面，国家要加大对强奸罪的处罚力度。法律不仅仅是惩治犯罪，更重要的是预防犯罪。如果每个人都深知律法森严，我相信社会主义法治的春天就一定会来到！

特别声明：文中所载案件系方园律师办理的真实案例。为保护当事人隐私，文中姓名均为化名。

承办律师

方园，北京市盈科（苏州）律师事务所合伙人律师，扬子鳄刑辩发起人，扬子鳄刑辩联盟秘书长，盈科长三角刑辩中心副主任，苏州大学王健法学院实践导师，苏州大学文正学院"律师实务课程"授课导师。

此罪？ 彼罪？ 真无罪？
——孔某猥亵儿童案

本案和丹麦电影《狩猎》有着大致相同的剧情。电影的剧情在不温不火的叙事和冷静理智的镜头之中酝酿了近乎绝望的压抑、狂躁与寒冷，就像北欧的冬天一样寒冷。其实，每个案件都是一部电影，只是案件的走向不是由导演决定的，也不是法官能够决定的。

本案经历了一审判决有罪，二审发回重审，三次开庭后法院改判无罪，检察院抗诉，二审维持无罪判决，历时 985 天。我作为孔某的辩护律师全程参与其中，坚持了近 3 年时间。诚然，本案当事人孔某是幸运的，在被关押 870 天后被无罪释放。而作为本案的辩护人，我也是幸运的，该案被中国法学会案例法学研究会、中国政法大学刑事辩护研究中心评为"2017年度十大无罪辩护经典案例"，我也被中国法学会案例法学研究会、中国政法大学刑事辩护研究中心授予"2017 年度刑事辩护杰出成就奖"。

男幼师陷入猥亵四岁女童案

孔某刚满 18 周岁，进入邯郸市某幼儿园任体育老师。孔某性格开朗，工作积极，受到幼儿园师生及家长一致好评。幼儿园还决定对其予以奖励。但一场突如其来的变故瞬间改变了他的人生轨迹……

2015 年 6 月 12 日，幼儿园一名 4 岁小女孩的家长到公安局报案，称自己的女儿昨天被幼儿园男幼师孔某猥亵，出现下体红肿。

就在同一天，小女孩的家长带领多人拉条幅将幼儿园围堵，同时该市一些论坛及微信朋友圈内盛传"幼儿园男老师猥亵 4 岁女童，致该女童下体红肿。家长已报警"，并配有幼儿园和孔某的照片。许多网友对此义愤填膺，留言称"禽兽老师丧尽天良""必须还孩子一个公道"。随即，电视台对此事件也做了相关报道。该幼儿园被迫关门停业。

这起案件被定性为特大恶性案件。媒体将此案件作为反面教材进行了报道,以此呼吁社会关注儿童被性侵问题,在社会上引起强烈反响。伴随着铺天盖地的严惩罪犯的报道,孔某在所谓的案发第二天就被公安机关刑事拘留,并很快被检察院批准逮捕。虽然结局还未得知,但众多媒体和老百姓似乎已经看到了法律的威严和正义。

一切似乎理所当然,然而事实是否果真如此?

压力与责任

2015 年 6 月 23 日早晨,和以往一样,我一大早就兴冲冲地赶到了律师事务所。

从业以来,我期待每一个工作日的到来。每一天都是新鲜的,每一天都可能会有新任务出现,而新的任务又会带来新的视野和新的体验。

这天,孔某的父亲拿着孔某涉嫌猥亵儿童罪的刑事拘留通知书找到我,想请律师为孔某辩护。

强奸案、猥亵案不好办,这是业内人士的共识。因为强奸案件除了少数能提取到物证,比如精液、精斑以外,往往只有被害人的陈述和被告人的供述作为证据。在通常情况下,被告人要么不承认与被害人发生过性行为,要么就说女方是自愿的。而在司法实践中,只要被害人指认发生性行为违背她的意志,被告人的辩解就很难被采信。猥亵案更难办,因为猥亵案一般都提取不到被告人任何遗留物(如精液、精斑等),尤其是本案。受害人只有 4 岁,再加上媒体的造势、百姓的呼声、猥亵儿童案的复杂性,过早地为这一案件涂上了沉重的色彩。

尽管有压力,但看到孔某父亲期待的目光,我还是选择了为孔某辩护。因为,作为律师,我明白,即使是十恶不赦的罪犯,仍然具有作为人的一些基本权利,而获得辩护就是他们的基本权利之一。

首次会见

孔某被刑事拘留时刚满 18 周岁。我第一次在看守所见到孔某时,他只穿了一件很薄的坎肩，赤裸着双臂，双手被手铐束缚得很紧，一脸稚气。

孔某在我对面的铁凳子上坐定之后，开始与我交谈："虽然我是幼儿园唯一的一名男老师，但是我绝对没有对小女孩实施过任何伤害。我对警察也是这么说的。我说的都是实话。请你一定要帮帮我。"孔某哭着对我说。

我说："小孔，你先控制一下情绪。如果事情不是你做的，我相信法律也不会冤枉你。请你按时间顺序讲一下本案的具体细节。"

"2015年6月11日晚上，小女孩的家长给我们学校的李某静老师打过电话。小女孩一开始说是班里的小男生弄的。家长说第二天要去学校查看监控。"孔某的情绪有些不平。

我暗自思量：案发当晚，即2015年6月11日晚上，小女孩的家长已经发现小女孩下体受伤，并且还给幼儿园李某静老师打过电话，说第二天要去学校查看监控，那么这个接到小女孩家长电话的李某静老师将是这个案子重要的证人。小女孩家长在电话里到底跟李某静老师说了些什么呢？案子还在侦查阶段，所以我无法阅卷。案件事实到底是什么，我不得而知。

消失的监控

幼儿园的监控按要求是全覆盖的。监控录像将是本案至关重要的证据。

我和助手来到幼儿园。幼儿园园长是个中年妇女，看起来很干练。我们向她表明来意之后，她说："孔老师是被冤枉的。小女孩的家长就是想讹钱。小女孩的家长曾在其所谓的案发当天晚上打电话给李某静老师，说第二天要来看学校监控。第二天早上李某静老师等人提前看了监控，没有看见孔老师打孩子，就看见孔老师抱着小女孩在教室转了一圈，也没有走出教室。李某妍老师给我汇报说'要不咱把监控删了吧，别让小女孩家长看见从而引起误会'，所以我就叫人把监控删除了。"园长说。

当园长说到这，我颇为震惊："你不怕公安机关指控你毁灭证据吗？"

"刘律师，有这么严重吗？我们学校好几个老师都看过监控。孔老师确实没有对小女孩实施过伤害行为。"园长说。

后来，幼儿园园长因涉嫌毁灭证据罪被公安机关采取强制措施，而看过被删录像的几个老师也相继被公安机关带走调查。我隐约感觉到如果再对证人调查就很可能会遭遇执业风险，故中止了对证人的调查取证工作。

案发两年之后，公安机关再次对两位关键证人进行了调查取证，而两位证人的证言和两年前的证言出现了巨大反差。这让我不禁后背发凉。幸好当时我没有对这几位证人做调查笔录，不然，《中华人民共和国刑法》（以下简称《刑法》）第三百零六条的罪名可能就要加在我身上了。

《刑法》第三百零六条规定："在刑事诉讼中，辩护人、诉讼代理人毁灭、伪造证据，帮助当事人毁灭、伪造证据，威胁、引诱证人违背事实改变证言或者作伪证的，处三年以下有期徒刑或者拘役；情节严重的，处三年以上七年以下有期徒刑。"这条规定成了悬在律师头上的一把随时可能落下的利剑，是许多律师"谈刑色变"的原因。

为了规避执业风险，我把主要工作放在调取客观证据上，察看了公安机关指控孔某对小女孩实施猥亵的幼儿园舞蹈房。舞蹈房内装有监控。虽然幼儿园的相关监控数据被删除，但依据现在的科技手段不是没有恢复的可能性。于是，我再次去看守所会见孔某。孔某根本不知道监控被幼儿园毁坏了。我问孔某是否同意要求对被删除的监控数据做恢复。如果孔某真的在幼儿园舞蹈房内对小女孩实施猥亵，他应该就不会同意对已被删除的监控数据做恢复，因为万一监控数据被恢复了，那不是自证其罪吗？如果孔某真的没有对小女孩实施猥亵行为，他就肯定会同意做监控数据恢复。当我问到他这个问题时，他斩钉截铁地说："刘律师，你一定要让公安机关对监控数据进行恢复。这样才能证明我的清白……"

对案件材料进行研究及在看守所会见过孔某后，我确立了本案的工作重点及辩护思路。虽然世有千案，案案不同，但所有的案件都有要害之处。这个要害就是辩点。它或在证据的衔接点处，或在定案的物证之中，或在证言的矛盾处，或在对法条的理解上……找到辩点就意味着找到了案件的最佳解决途径，从而能使案件柳暗花明。

办案三部曲

（一）从被害人陈述入手

本案能够证明孔某犯罪的证据只有被害人小女孩王某的陈述。没有其他任何证据可以证明孔某实施了犯罪行为。然而被害人王某的陈述这唯一的证据也不具有真实性。

1. 关于被害人王某的年龄。被害人王某在陈述其遭遇时刚4周岁。基于其幼小的年龄，其认知、表达会影响其陈述的真实性。因此，我们在看被害人的陈述内容时，应该根据其年龄、智力发育程度、所做证言的时间、所做证言的稳定性、所做证言能否与其他证据相互印证且没有矛盾等因素来综合认定其真实性。

2. 在王某的第一次询问笔录里，王某说孔某摸她屁股的时间是在午饭前，地点是在舞蹈房，且班里同学胡某（比王某大一岁）看见了。但在胡某的询问笔录里，胡某说孔某是在午休之后去的舞蹈房，并没说看见孔某摸王某的屁股。幼儿园申老师在询问笔录里陈述：6月11日上午孩子没有出过教室，被害人王某上午根本没有去过舞蹈房。从时空角度分析，以上事实更加印证了被害人王某的陈述不具有真实性。

更为重要的是，我通过查看同步录音录像发现在公安机关询问被害人王某的整个过程中，王某的父母均在提示或诱导王某如何回答公安机关提出的问题。比如：在公安机关对王某进行第一次询问时，公安民警问王某来公安局干啥时，王某没有回答，王某的父亲便提示王某说来报案；公安机关问王某报什么案时，王某同样没有回答，王某的父亲便提示王某说屁股疼；公安民警问王某小便的地方为什么疼时，在王某没有回答之前，其父亲便提示说"是不是有人摸你屁股"……王某的父亲还多次诱导王某，例如："你快说，说了我给你一百元钱……"

在被害人王某父母王某某、张某的询问笔录里我发现王某的父母是这样说的："当我们发现孩子下体红肿后，问孩子怎么回事，孩子就是一直不说。我们问'是不是哪个老师摸你了'，但孩子还是不说话。我们又问孩子：'是不是老师不让说。你要是说了，他就会打你？'孩子说：'是。'"被害人王某一开始并没有直接说自己的伤是怎样造成的，后面的回答是在父母的步步紧逼下做出的。鉴于被害人年龄太小，且被害人的父母在向孩子发问时存在逼问和严重诱导，故被害人的陈述不具有真实性。

3. 公安机关在询问被害人王某时没有女工作人员在场，存在程序违法问题。依据《中华人民共和国刑事诉讼法》第二百七十条规定，对于未成年人刑事案件，询问未成年被害人、证人应当有女工作人员在场。我察看了本案同步录音录像后，发现公安机关在询问被害人王某时，现场没有女工作人员。这直接违反了上述规定。

此罪？彼罪？真无罪？

（二）从证人证言入手

1. 关键证人李某妍老师。

2015 年 6 月 13 日李某妍在公安机关的询问笔录中称："听李某静老师说，她班上的学生王某（被害人）的妈妈昨天晚上 10 点左右给她打电话说，发现王某小便的地方红肿，就问孩子怎么回事。孩子刚开始说是胡某弄的，后来说是班里其他小男生弄的。"

2. 关键证人李某静老师。

李某静在公安机关的询问笔录中称："2015 年 6 月 11 日晚上王某（被害人）的妈妈给我打电话，说王某的下体红肿。她问王某怎么回事，王某刚开始说是胡某弄的，后来说是班里的其他小朋友弄的。"

根据李某妍、李某静的证言，被害人王某一开始并没有说其下体损伤是孔某弄的，而是说是班里的同学胡某弄的，故我们不能排除王某的伤是由其他人造成的。

（三）从本案唯一的客观证据——被损坏的监控入手

1. 通过卷宗材料得知，在该录像被损坏前只有李某妍、李某静、张某怿三人看过监控内容。三人在观看录像时均未看到孔某对受害人王某实施过猥亵行为。

李某静的询问笔录、张某怿的询问笔录、李某妍 2015 年 12 月 29 日的询问笔录均称看到的监控录像为 2015 年 6 月 11 日上午孔某只是在教室抱了抱王某，并没有看见孔某将王某抱出教室及实施猥亵行为。

2. 删除和损坏监控录像的人员不是孔某。删除和损坏录像的动机不是看到孔某实施了猥亵行为而毁灭证据，而是害怕引起家长的误会。有以下卷宗笔录予以证明：

幼儿园园长在公安机关的询问笔录中称："李某妍说没有看见孔老师打王某，就看见孔老师抱着王某在教室里转了一圈。李某妍说：'要不咱把监控删了吧，别让王某家长看见而引起误会。'"

李某妍在 2015 年 12 月 29 日公安机关的询问笔录中称："因看到孔老师有抱孩子的动作，我怕家长看到这段录像后产生误会，就赶紧给园长打电话，让她决定怎么处理这件事。因时间短，我没有看其他录像。"

3. 孔某在得知公安机关委托的数据恢复机构无法恢复被损坏的录像时，提出要求寻找第三方专业机构恢复被损坏的录像，但没有被司法机关准许。

一审宣判

一审开庭结束后,法院迟迟不下判决。我有一种不好的预感,并终于在孔某被整整关押一年后,收到了一审判决书:经本院审判委员会讨论决定,孔某犯猥亵儿童罪,判处三年有期徒刑。

收到一审判决书的那天晚上,我整夜没有睡着,在我的个人微信公众号上写了一篇文章——《眼泪为谁而流——办理某猥亵女童一案有感》:

做律师多年,我最喜欢的还是刑事辩护。在最初办理刑事案件的时候,经常会有非常矛盾的心情。作为法律人,我痛恨犯罪。犯罪行为得不到制裁,最终也会对我和亲人的生活构成潜在的威胁。对于律师而言,法律不能只是挣钱的工具。我希望在办案过程中实现自己的法律理想,让有罪的人得到惩罚,让受害者得到抚慰,让正义得到伸张。然而,作为被告人的辩护律师,面对侦查机关搜集的证据,我总是想方设法寻找其中的漏洞,寻找其他的可能性,为被告人开脱罪责,难免会有一些分裂和抗拒的心理。

事实一旦发生,就永远无法还原到当初的样子。作为法律人,只能根据证据反映出来的情况,去探求真相、接近真相,对事实做出判断。如果证据出现缺失,或者证据的取得不合法,那么,我们只能遵循法定的程序规则,做出对被告人有利的处理。律师在代理案件的过程中,不能掺杂个人的感情色彩。也许在某个案件中,真凶逃脱了制裁,但是,我们守护的是法律的程序正义,避免了更多无辜的人受冤枉。这就是法律的价值、刑事辩护的意义所在。

本案被告人的父亲几次对我说:"律师,如果我的孩子真的犯了罪,我们绝对不会包庇他。哪怕孩子被判死刑,我们也认了!但是,如果他没有犯罪,我们一定会坚持到底,为他讨回公道!"结合案卷材料及被告人始终未承认犯罪,我们没有退路,只能选择无罪辩护。被告人刚刚成年,不能有任何犯罪污点。对于一个尚未结婚,甚至没有谈过恋爱的男孩来说,这个莫须有的"猥亵儿童罪"将是他一生的阴影,会严重影响到他今后的恋爱、婚姻和工作。在看守所、监狱中,强奸犯、猥亵女童犯是最为人所不齿的。他们在看守所、监狱里的地位最卑贱,受尽同监犯人的歧视和欺凌。这是一个孩子无法承受的。

此罪?彼罪?真无罪?

本案的证据、程序存在诸多问题。从侦查到审查起诉，再到两次退查、两次补侦，最后到法院判决，本案已历时整整一年的时间，而被告人在看守所也待了整整一年。按照昨天收到的一审判决，被告人还要服刑两年。

接下来被告人的家属一定会义无反顾地选择上诉、申诉……

我相信，法律最终会还他清白。同时坚信，玩火者必自焚。

写上述文章算是一次情感的宣泄吧！之前，许多有名的律师在做讲座时谈道：律师办案应该是用心不用情，即心在案里，情在案外；面对社会阴暗面，律师首先要保护好自己的身心健康，不能让情跟着当事人走。但是，我觉得在办理刑事案件时律师不仅需要很强的专业技能和职业素养，也应该有同情心，否则就只是机器而已。没有了激情和信仰，同样是可怕的。

提起上诉

孔某收到一审判决书后坚决选择上诉。孔某及其家属表示愿意继续委托我办理该案。但是，孔某的父母都是农民，而且为了孔某的案件，孔某的父亲已经一年多没有外出打工，因此他们的生活很拮据，无力支付二审律师费。面对孔某父亲无助又充满期待的眼神，我当即向孔某的父亲表示在以后的诉讼程序中我将免费为孔某辩护。

二审法院没有开庭。我提交了书面辩护词，并三次约见二审法官。很幸运的是我遇到了一个很负责任的二审法官。不久，二审法院以事实不清、证据不足为由撤销一审判决，将案件发回重审。虽然二审法院没有直接改判宣告孔某无罪，但发回重审已经为孔某赢得了一次宝贵的机会。

三次开庭

案件被发回重审后，原一审法院另行组成合议庭开庭审理。

在第一次开庭时，我着重提到以上两个关键证人即李某妍、李某静的证言，终于引起了审判长的重视。审判长宣告休庭，开庭时间另行通知。

时隔43天后法院第二次开庭。公诉机关出具了新的证据，即所谓的情况说明。情况说明这样写道："经公安机关侦查，未联系上证人李某妍、李某静。"我对该意见进行了充分质证。审判长再次宣告休庭。

第三次开庭时,距第二次开庭已60天。这次公诉机关终于拿出了新证据,即关键证人李某妍、李某静的最新询问笔录。李某妍、李某静现在的询问笔录和以前的询问笔录完全是不同的版本。证人新的询问笔录对孔某非常不利。审判长究竟会采信那个版本呢?

其实,经过前两次休庭,我意识到,公安机关肯定要找这两位关键证人,为此我也做了充分的准备。我对公诉机关新出示的证据(证人李某妍、李某静最新的询问笔录)是这样质证的:

2015年6月13日李某妍在公安机关的询问笔录里称:"听李某静老师说,她班上的学生王某(被害人)的妈妈昨天晚上10点左右给她打电话说,发现王某小便的地方红肿,就问孩子怎么回事。孩子刚开始说是胡某弄的,后来说是班里其他小男生弄的。"

2016年1月5日李某静在公安机关的询问笔录里称:"2015年6月11日晚上王某(被害人)的妈妈给我打电话,说王某的下体红肿。她问王某怎么回事,王某刚开始说是胡某弄的,后来说是班里的其他小朋友弄的。"

根据李某妍、李某静的证言,被害人王某一开始并没有说其下体损伤是孔某弄的,而是说是班里的同学胡某弄的,故不能排除王某的伤是由其他人造成的。

关于李某静在第二次休庭后(即2017年7月23日)所做的询问笔录(新证据),辩护人对该证据的真实性有异议。该笔录和李某静于2016年1月5日所做的笔录不一致。我们应该采信其2016年1月5日的笔录。李某静在2016年1月5日的笔录中提到王某妈妈给她说,王某开始是胡某弄的,后来说是班里其他小朋友弄的。并且其2016年1月5日的笔录和证人李某妍在2015年6月13日的笔录也能够相互印证。

按照正常人的记忆规律,该案发生在2015年6月11日,那么证人证言离案发时间越近越真实,因为时间久了证人不可避免会遗忘某些事实。本案关于李某静的笔录应以其2016年1月5日所做的笔录为准,而距案发两年之久的2017年7月23日的笔录不能被采信。

关于李某妍在第二次休庭后(2017年8月15日)所做的询问笔录,辩护人同样对该证据的真实性有异议。该笔录与其在2015年6月13日所做的笔录不一致。我们应该采信其2015年6月13日的笔录,因为李某妍

此罪?彼罪?真无罪?

2015年6月13日的笔录与李某静在2016年1月5日的笔录能够相互印证。同样，本案发生在2015年6月11日，那么按照正常人的记忆规律，李某妍2015年6月13日所做的笔录更具真实性，而其2017年8月15日的笔录距离案发时间已经两年多，遗忘两年前的某个细节也符合常理。因此，证人李某妍的笔录应该以其在2015年6月13日所做的笔录为准，而2017年8月15日的笔录不能被采信。

针对以上两个证人前后不一的证言，我向法庭提出：对于证人的证言，我们应当从多个方面进行审查，综合判断后予以认定。要考虑证人做证时的年龄、认知、记忆和表达能力，生理和心理状态是否影响做证；还要考虑证言之间以及证言与其他证据之间能否相互印证、有无矛盾等。当证人证言前后不一致时，我们应先仔细分析证人分别是在什么情况下做出证言的，是否受到外界的压力和其他因素的影响，证人改变原先证言的理由是否充分、客观，证言与其他证据是否相互冲突，等等，然后才能做出采信哪一份证言的判断。

我又提出：即使证人李某妍、李某静的最后一次询问笔录内容是真实的，也只可能排除胡某或其他小朋友对王某实施触摸下体行为的可能性。在本案的证据中，除了王某的陈述外，没有一项证据能够证明孔某实施了犯罪行为。

辩论结束后，孔某做了最后陈述。审判长宣布休庭，择期宣判。

本案的开庭审理到这里就结束了。每次开庭，无论对被告人还是对被告人的家属都是一种巨大的折磨。当警车押着孔某离开法院驶向看守所时，孔某的父母跟着警车奔跑，边跑边呼喊着孔某的名字，一直跑到实在跟不上，看着警车消失在路的尽头，才绝望地停下脚步。他们一个跪在地上，一个仰天哭喊，发出撕心裂肺的呼喊声……那一幕幕场景让我刻骨铭心。

一起猥亵女童案让整个家庭陷入命运的漩涡，也给刚刚步入社会的被告人的前途蒙上了阴影。我们都在期待，期待着一个公正的判决。

在2017年10月的最后一天，在孔某被关押871天后，法院依法宣判，被告人孔某无罪。

以下为案件时间流程图：

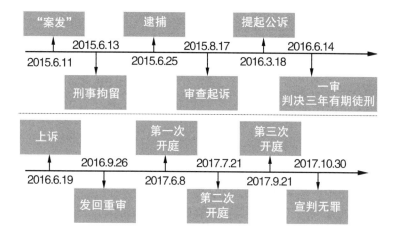

律师简介

刘彦成，河北盛仓律师事务所创始合伙人、刑事业务部主任，中国民主建国会会员，河北省律师协会职务犯罪辩护与代理专业委员会委员，邯郸市律师协会刑事专业委员会副主任，邯郸市人民检察院人民监督员，邯郸仲裁委员会仲裁员。擅长商事犯罪研究及辩护，成功办理了大量经济犯罪与职务犯罪案件，所办案件曾入选"2017年度十大无罪辩护经典案例"，被中国法学会案例法学研究会、中国政法大学刑事辩护研究中心共同授予"2017年度刑事辩护杰出成就奖"。

主要业务领域：职务犯罪辩护、经济犯罪辩护、刑民交叉综合法律服务、刑事合规风控体系的建立和完善、交易相对方的刑事合规调查、政府部门调查、检查和问问的应对等。

网吧少年智斗绑匪
——扎某绑架罪案

客户：律师，绑架罪严重吗？

律师：非常严重，《中华人民共和国刑法》第二百三十九条规定：以勒索财物为目的绑架他人的，或者绑架他人作为人质的，处十年以上有期徒刑或者无期徒刑，并处罚金或者没收财产；致使被绑架人死亡或者杀害被绑架人的，处死刑，并处没收财产……

客户：那就是说绑架犯可能会被判死刑喽！

律师：对！

下面我给大家讲一个"老鼠捉猫式绑架"故事。

我讲这个故事的目的是告诉大家，培养一个聪明的孩子多么重要！聪明的孩子有抵御顽敌的能力。我们应该把孩子培养成"机灵鬼"，要让他们有能力斗"鬼神"，有能力保护自己。蒙古族谚语说："蛮力举百斤，智者擎万吨！"儿童御敌的故事多少能给小朋友们一些提醒：别看小孩小，如果小孩足智多谋，即使是一群绑匪也不是他的对手！

故事发生在2011年。当时我正在筹备在呼和浩特开律师事务所分所，奔波于通辽和呼和浩特之间。就在这时，一个朋友家的孩子出事了，朋友让我赶紧回通辽接案。嫌疑人家人说不知道咋回事儿，平常很老实的孩子被警方带走了……

刑案无小事，我必然也很重视，于是赶紧接受委托介入，抓紧和办案单位联系，到看守所会见了在押当事人，了解了案情。从侦查阶段到起诉和审判阶段，司法人员对我们的态度都很好，时不时地还会"扑哧"一笑，因为这个案子的绑匪太逗了……

美好打工,无功而返

案发前一年,我的当事人扎某本来和他爸爸在村里务农,可是看见左邻右舍的伙伴们都往城里走,回来时都很神气,就觉得在城里到处有挣钱的机会,城里的老板个个都很有钱。于是,扎某坐不住了,心想:别人家孩子都能闯世界,凭啥我就要在村里面朝黄土背朝天呢!我也想出去打工挣钱,就算不挣钱也能长见识嘛!

父母一看这老实孩子受邻家孩子感染了,拗不过,就同意了。

扎某到了城里,因为文化程度低,找不到好工作,最后只能从劳务市场去了建筑工地。虽然这建筑工程建的是高楼大厦,但是抬土抹泥那些活计和村里盖房子、打棚圈的活计没多大差别,于是他就在工程师、监理员的吆喝下干了起来……

过了半年多,工程收工了,但老板拖欠工资,劳动监察大队介入了也解决不好。扎某没挣到多少钱就回村了。好在他认识了几个外地朋友,这一年也算没白混。

第二年,也就是2011年,开春后各个工地又陆续开始招工。工头们竞相来电话让他去工地干活,还给了好些承诺。因为有头一年被蒙骗的经验,扎某就不想再被骗了。心想,还是在家和爸爸务农吧,如果苞米涨价,一年也有不少收入呢!

交友不慎,结识狐朋

因为怕被拖欠工资,白白干活,扎某就没去工地打工,但仍和去年在工地上认识的朋友们经常保持联系,偶尔进城也会找他们叙叙旧。

有一天扎某进城办事,就顺道找工友们吃炭烧火锅。喝了点二锅头后,大家就七嘴八舌地谈起了发财致富的话题,觉得干活太累,投资又没钱……突然有人提议:绑架吧,这个来钱快。只干一单就洗手不干了。到那时,哥几个有钱了,不打工了,回乡可以娶媳妇了,也可以有自己的营生了。

绑架这个事儿非同小可,可是一想到绑架一个有钱人就能发财,他们

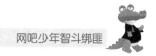

就顾不得那么多了。

一场恶性犯罪就这样酝酿成功了！

酒壮尿人胆，民工变绑匪

五个人当中的一个人提议，去外地绑架，以防被发现。那么去哪儿好？他们都没去过几个大地方，也就打工干活时换过几个工地。

这时，一个辽宁的工友关某提议："去吉林吧！这里是内蒙古，我老家是辽宁。我们就去邻近的吉林干一单。谁也不认识我们，怀疑不到我们头上。"大家听了，都表示同意。

他们开着其中一个工友的旧夏利车从通辽到了邻近的吉林省四平市。这时已经到了晚上。他们在路边抻面店（就是拉面店。东北人把拉面叫作抻面）吃了一碗抻面就在城区开始搜罗目标。

他们开着破旧的夏利车在城区窜来窜去却没有目标。最后其中有个人提议："去网吧找吧！那儿小孩多。现在小孩都是家里的'小皇帝''小公主'。如果孩子被绑架了，家人肯定会着急，不心疼赎金。"

大约晚上9点多，他们就到了一个学校附近的网吧门口，待在车里往外寻找目标。先出来的是一个小学生，瘦瘦的，穿着校服。有人提议绑架他，但有人说，这孩子这么瘦，估计伙食不好，也就是家里穷，绑架他之后可能也要不到多少钱。

到了晚上10点多，网吧里又走出来一个胖墩墩的小孩。这个胖孩子长得圆溜溜的，穿着校服，背个书包，也就十一二岁。他走到离夏利车不远的停车位，准备打开一辆山地自行车的车锁。山地自行车可不便宜。看样子他的家庭条件确实好。有人提议就绑架这胖孩子。于是其中四个人推开车门，冲出去抓住这小孩就往车里拽。胖孩子很快就被几个大人推进了车。

网吧里玩游戏的人谁也没有发现门口发生了刑事案件，路上也无行人。一起绑架案就这样在昏暗的路灯下以极快的速度发生了。拉着人质的旧夏利车趁着夜色黑暗立马向郊外驶去……

小哥反计，将计就计

由于上车后连踢带打，不断挣扎着喊"救命"，胖孩子用尽了力气，已经无法反抗了。到了郊外，扎某等人马上讨论赎金的事情。他们威胁胖孩子别喊，还说："赶紧把家里大人电话说出来。我们只要钱。如果你再喊，那只能把你打死，让你永远闭嘴。"这时胖孩子已经无反抗之力，只能乖乖配合。

听到扎某等人嘀咕着赎金要十万元，胖孩子立马接话茬："叔叔，你们别要十万元。""你家给不起十万元？""叔叔们，十万元我家给不起。我爸我妈是摆小摊的，没钱。不过我有办法让你们挣更多的钱！""哟呵，口气好大！""我学习不好，经常逃课，天天在网吧玩。学校快要开除我了！你们以后就带着我一起干吧！反正我早就不想上学了。但是我和你们一起干，你们要给我分钱才行。我可以告诉你们我们学校哪个同学家里有钱呢！""那我们现在已经把你绑架了咋整？不能把你放了再去绑架你同学吧？""这次不能白干。你们把我绑架了，这次就给我分钱。我告诉你们我妈妈的电话。你们别要十万元，你们就要六十万元。这样我爸妈有可能和你们讲价讲到五十万元，那你们就能得五十万元呢！""啥玩意儿？你家不是没钱吗？你刚说的，不是十万元都出不起吗？""我家确实没钱，可是我姑姑家有钱。我姑父是开发商。我姑姑姑父没有男孩儿，特别心疼我。要是知道我出事了，我姑姑肯定很着急。我爸妈就会跟姑姑借钱，借个五十万元没问题。"

扎某等人一听，觉得这小学生说的在理。他们成年在工地摸爬滚打，确实知道开发商有钱，就是不愿给农民工工资。既然绑架了开发商的亲戚，能多要点赎金就多要点！

商量好赎金事宜后，扎某等人抓紧找了一个公共电话按胖孩子提供的电话号码打了过去。是孩子妈妈接的电话。扎某等人对她说："你家小宝贝已经在我们手上。你们赶紧拿钱赎人。少于六十万元不干。如果你敢报警，我们就撕票，让你孩子没命……"然后让胖孩子在旁边对着电话机喊"妈妈，赶紧救我"等。

电话那头，胖孩子的妈妈焦急地说："你们千万不要伤害我儿子。我不

会报警。你们把卡号告诉我,我先给你们打两千块钱过去。你们让我儿子吃好喝好,不要让他受委屈。给我两天时间,我需要张罗钱。"

关某早就准备好了用捡到的身份证办的卡,就将卡号告诉了胖孩子的妈妈。过了一会儿去取款机上查,发现胖孩子的妈妈还真打过来两千块钱。扎某等人去加了油,买了些面包、饼干、火腿肠,和胖孩儿一起美滋滋地吃了一顿。他们填饱了肚子,却不敢进城,怕遇上巡逻民警,只能在夏利车内挤一晚上。车内空间小,人挤得很难受。到了第二天中午有人就提议,既然要等两天时间,那还不如回去等着。扎某等人都不想在车里遭罪,就拿布条蒙住胖孩子的眼睛,往通辽方向开去。

车开到通辽时已经是次日的晚上了。扎某等人到了通辽才发现,没地儿去啊!最后,他们在一所大学附近找了一个带电脑的小旅馆。

这种带电脑的旅馆一般接待附近逃学的学生,二十四小时营业提供网络游戏,且入住登记不规范。扎某等人挟着胖孩子开了一间房。他们在车里挤了两天一宿,浑身不舒服,留下两个人看孩子,另外三个就去洗浴中心洗澡了。反正卡上还有1 000多元,而且很快还会有几十万元到账,这帮人情不自禁地高兴起来……

留下来看孩子的其中一位就是我的当事人扎某。他竟然进屋就睡觉了。另一个同伙开了电脑玩网络游戏,一边玩一边看孩子。这孩子被蒙住眼赶了几百里路,取下布条才知道到了旅馆。胖孩子一看,这绑匪虽然会玩,但玩技很烂,于是时不时地指导一下。玩了一会儿,胖孩子俨然成了绑匪的指导老师。这时,胖孩子提出想单独玩一会儿。绑匪本来就觉得很累,玩游戏又玩不过胖孩子,没了兴趣就把电脑推给胖孩子,自己到旁边抽烟去了。

远程求救,神兵天降

胖孩子边玩游戏边用QQ呼叫妈妈上网。孩子妈妈正愁得团团转,突然听到电脑上传来视频申请的声音。被绑架的孩子竟然能线上交流!胖孩子打字告诉他妈妈:绑匪开车走了好久;他现在不知道到了什么地方;绑匪共五个人,有东北口音,开了一辆旧夏利车,没有打人,对他挺好,还给他买好吃的;现在就剩两个人在看守,其他的洗澡去了。胖孩子边汇报边将摄像头掉过头。胖孩子妈妈清楚地看见一个绑匪在抽烟,另一个绑匪在睡觉……胖孩子自由自在地和远在四平的妈妈视频聊天。通过视频,胖孩子妈妈基本掌握了情况,就是不知道孩子在哪儿上网。因为她报了警,警方已在他们家布控了设备,等待绑匪再打电话要赎金。警方立即查看对方电脑ID,马上知道了胖孩子所在的位置是在通辽某处,于是与通辽警方展开协作。通辽警方迅速到了小旅馆。听见有人敲门,吸烟的绑匪以为去洗澡的同伙回来了,一开门看见的是荷枪实弹的特警,还没来得及反应就被擒住了。熟睡的扎某也被叫醒带走。警察带走了两个嫌疑人,留了人手在屋里,还在屋外安排了便衣。由于突击神速,旅馆里来往住客都不知道发生了抓人并解救人质的大事件。过了几个小时,另外三个绑匪嘻嘻哈哈地回到房间,就被蹲守的警察一网打尽了。

现在开庭,为匪辩护

这起案件进入司法流程后,各家都请了律师为当了绑匪的亲友辩护。

绑架了人质,还要了一部分钱,构成犯罪是毋庸置疑的。基于此,律师们都是做有罪从轻辩护。常规的策略就是说被告人是从犯,没有前科,系偶犯、初犯,认罪态度好,没有伤害被害人,积极赔偿,坦白从宽……

上述观点我基本同意,但是如果这样做的话,那么我的当事人起码要被判十年以上有期徒刑了。

我要为我的当事人提供有效辩护,就不能泛泛了事。我注意到了几个细节:增加赎金金额是人质自己的主意,不是几位被告人的想法。在增加赎金金额这个问题上这几位被告人是听从了人质的安排,即配合了这个胖孩子。因为他们真的误以为胖孩子即被害人成了他们的"同伙",所以他们很善待被害人。在某种程度上他们和被害人构成了依附、配合和听从关系,而被害人成了"导演"。这起案件事实上更像绑匪和被害人合起来骗被害人的父母,因为被害人始终都没说出"是为了自救才想出了这个自保的妙计"。

总之,这些细节被提出来后,因确实客观存在,也就得到了法庭的酌情考虑。虽然通过律师的有效辩护,几名被告人得到了从宽处理,尤其是我的当事人扎某的量刑是最低的,但是牢狱之灾也会浪费他们不少青春年华。

网吧少年智斗绑匪

友情提示

这个案子结案后,我还是会时不时想起那个胖孩子。他的勇敢和聪明不仅帮自己化险为夷,还占据了上风和主动,帮助警方将绑匪一网打尽。

每次想起他,我都不禁感叹:蛮力举百斤,智者擎万吨!聪明的孩子就是不一样。

承办律师

王玉琳,北京尚衡(呼和浩特)律师事务所管委会主任,内蒙古自治区律师协会蒙汉双语工作委员会副主任,高级律师,在读博士,蒙古国特授外籍律师,内蒙古自治区优秀律师,内蒙古自治区政策法规立法性别平等评估专家。从1989年开始先后在乡镇司法所、公安派出所从事法律工作。1994年考取律师资格,1996年开始律师执业。承办的"女记者红梅案""西安幼儿园喂药案""内蒙古首例人身安全保护令案""全国首例'离婚不离家'人身安全保护令案""包头汽油烧妻案""孙某死刑复核案"等案件多次获得国家级奖项。

催要合法债务不成，反成非法侵入住宅
——为了讨债贸然入室

被告人吴某某是 A 公司的销售业务人员。A 公司与 B 公司有长期的业务合作关系。A 公司向 B 公司提供产品，B 公司则向 A 公司支付货款。由于经营不善，B 公司拖欠 A 公司货款 30 多万元。2016 年 A 公司对拖欠货款进行集中清理，要求每一笔拖欠货款所对应的具体业务经办人员落实催讨工作。若货款未被讨回，则业务人员将承担部分损失。B 公司法定代表人陈某某因对外欠款太多无力清偿，干脆回避躲债。吴某某始终无法联系到陈某某，讨债之路似乎陷入了绝境。

一边是公司不断施加的催债压力，另一边是苦苦追寻不到的陈某某。无奈之下，吴某某心想，只能通过寻找陈某某的住址，进而通过守株待兔的方式向陈某某催讨货款了。在这种想法的支配下，吴某某先后 3 次非法进入陈某某家中。2016 年 7 月的某一天，吴某某、刘某某采用冒充房主陈某某请锁匠开锁的方式，侵入陈某某的家中，于次日离开时，拿走陈某某家中的红酒若干瓶以及电子产品等。2016 年 8 月的某一天，吴某某、刘某某等 6 人为向陈某某催讨债务，再次采用上述相同的方式，侵入陈某某家中。2016 年 8 月的某一天，为向陈某某催讨债务，吴某某第三次冒充房主陈某某以请锁匠开锁、撬锁的方式侵入陈某某的家中。

非法入室既成事实

吴某某先后多次冒充房主以请锁匠开锁、撬锁的方式侵入陈某某家中的行为显然违背了住宅内成员的意愿，严重侵害了住宅内成员的住宅安宁和自由权。虽然吴某某非法侵入陈某某家中的目的是为了索要合法债务，但这并不能成为侵入他人住宅的合法理由。吴某某的行为明显超出了法律的许可范围,严重侵犯了公民的合法权益。

在吴某某第三次侵入陈某某家中时,陈某某的家属报了案。吴某某被带回派出所,并被刑事拘留,后被逮捕。

涉嫌盗窃,何去何从

吴某某第一次侵入陈某某家中,于次日离开时,出于以物抵债的心理,偷偷拿走了陈某某家中的红酒若干瓶以及电子产品等。该行为显然侵犯了房屋主人对于上述物品的所有权,属于盗窃行为。然而一般盗窃罪的成立标准涉及数额问题,故侦查机关对吴某某涉嫌盗窃的酒类和电子产品的价格进行了认定。经价格认证中心认定,酒类产品金额不够盗窃罪的入罪金额。而电子产品存在故障,且维修的费用已经超过其价格认定基准日的市场价值,故价格认证中心认为已无价格认定的必要性。同时案发之后,上述物品均已被追回并归还原主人。所以,检察机关最后只以非法侵入住宅罪对吴某某提起了公诉。

轻罪辩护,从何处入手

辩护人作为常年专注于刑事辩护领域的资深律师,在了解清楚案件的来龙去脉以后,明白了做无罪辩护的可能性为零。但吴某某非法入室的行为背后有着众多推手,其个人主观恶性其实并不大。在此种情况下从何处着手做好轻罪辩护成了辩护人关注的重点。辩护人反反复复研究案件相关材料,寻找有利证据,不放过任何一个细节,最终形成了如下辩护思路。

首先,虽然吴某某三次侵入陈某某家中,但辩护人认为应充分考量当时案件背后的因素和场景。第一,吴某某是为了催讨合法的货款而苦苦追寻陈某某,而陈某某始终采取各种方法回避躲债。吴某某迫于公司不断施加的催债压力才出此下策,找到陈某某所在的住址进而侵入住宅追讨货款。其非法入室的根本动机是催要合法的货款。第二,吴某某并非是真正意义上的债权人,吴某某所在的 A 公司才是真正的债权人。吴某某作为员工为公司提供劳动和服务,故其催要货款的行为其实也是履行职务行为。如果货款最终被追回，最大的受益者是 A 公司及公司老板周某某。第三，吴某某去陈某某家中催要货款以及通过请锁匠开锁的方式进入陈某某家中之前曾事先向其老板周某某汇报。此行为得到了周某某的同意，或至少是默许。吴某某非法入室行为背后的真正推手是周某某。

其次，吴某某三次侵入陈某某住宅的情形都不一样，因此，辩护人认为应该分别进行刑法上的评价。对于第一次侵入，根据吴某某和刘某某的笔录，可以确定的事实是，锁匠开锁的 150 元费用是刘某某支付的，提议睡一晚等陈某某回来是刘某某提议的，拿点东西冲抵货款的想法也是刘某某提出的。在这次侵入行动中刘某某的作用大于吴某某的作用。对于第二次侵入，根据吴某某、刘某某和周某某的笔录，当天侵入陈某某住宅的有 6 个人，除了上述 3 人外，还有沈某某、冯某和周某某（员工）。但公诉机关未对周某某、沈某某、冯某、周某某（员工）提起诉讼，故根据公平原则，公诉机关也不应该对吴某某和刘某某这一次的侵入行为提起诉讼。对于第三次侵入，根据吴某某和锁匠刘某的笔录，吴某某这次去陈某某家催要货款，让锁匠过来开锁，以及由于锁匠开锁失败进而让锁匠撬锁等，都是通过电话向周某某请示汇报，并经过周某某同意和默许的，故周某某在这次侵入行动中的作用大于吴某某的作用。

成功着陆，判处拘役

在庭审时，辩护人围绕已有的轻罪辩护思路展开辩护，既摆事实又讲证据。在辩护人的不懈努力之下，法院最终认定吴某某和刘某某的行为构成非法侵入住宅罪，并对辩护人建议对吴某某从轻处罚的意见予以采纳，判决吴某某犯非法侵入住宅罪，拘役 6 个月。吴某某之前已经被羁押 4 个月左右，再过 2 个月左右就可以恢复自由了。得知最终判决结果的那一刻，辩护人多天以来一直悬着的心总算放下了。吴某某及其家属对判决结果也都比较满意。

但正所谓进无止境，辩护人对于本案还有一些遗憾，因为还有其他嫌疑人未被起诉判刑，特别是吴某某所在公司的老板周某某。周某某也亲自参与了第二次侵入陈某某住宅的行动，且有证据证实其是吴某某侵入陈某某住宅的幕后指使。然而，周某某在笔录中极力否认。按照常理，虽然陈某某的 B 公司拖欠周某某的 A 公司的货款对业务经办人员吴某某有一定的影响,但这种影响只是 A 公司内部让吴某某承担拖欠货款的一部分而已,而周某某才是欠款最直接、影响最大的利害关系人,故周某某说不知情无论从经验上还是从逻辑上讲都是不符合常理以及矛盾的。

最后辩护人也要告诫各位读者,维权之路有很多,切勿因为一时冲动采取过激行为或极端方式。如果不理智的行为触犯了法律,就必然会受到法律的制裁。吴某某为催讨合法债务而非法侵入他人室内,最终搭进了自己的人身自由,可以说是得不偿失的。

律师简介

李明,上海星图律师事务所主任律师,专注于刑事辩护领域,办案细致认真,认为律师就是要善于寻找控方证据体系中的漏洞和瑕疵,从而进行进攻型辩护。

既是原告又是被告，究竟是谁侮辱了谁
——杨玉良涉嫌侮辱罪终获无罪

2018年8月16日上午，河北省D县人民法院开庭审理了两起自诉指控侮辱罪刑事案件。离奇的是其中一起案件中的自诉人同时也是另一起案件的被告人。那么，这两个案件之间到底存在什么联系？究竟是谁侮辱了谁？有关行为是否构成犯罪呢？

事情还得从两年前说起。

祸从天降

在D县，刘振华（化名）算得上一个人物。改革开放后，他靠经营日用百货起家，挣得了第一桶金。2011年开始涉足房地产，经过几年打拼，拥有了多家公司，且注重诚信、乐善好施，在业内乃至D县及周边县区广有美誉。随着年龄渐长，刘振华逐渐将生意交给爱子刘浩（化名）打理，每天早起到公司转一转，只是在重大事项上帮刘浩参谋一下，更多地帮爱人照看孙子、孙女。让刘振华万万没想到的是，祸事悄然降临。

2016年4月26日阳光明媚，春风和煦。然而，伴随着一声尖叫，这一天也变了味道。早上8时许，刘振华像往常一样准备去公司转一转，刚到单元门口未及抬步下台阶，一个装有深褐色物体的白色塑料袋突然从天而降，砸向刘振华的头部。塑料袋随即崩裂，里面的物体四溅。顿时臭气熏天。刘振华的头上、脸上、身上都是秽物。现场一片狼藉，也引来邻居、路人围观。

面对突如其来的侵害，刘振华质问袭击他的中年男子："你是谁？有啥事好好说。你这是干啥？"男子不语。刘振华急忙折返家中清洗。

此时，刘浩已报警，并告诉刘振华：此人名叫牛满青（化名），与三年前刘家转让给他人的一家公司有经济纠纷，曾找刘浩要求还款。刘浩曾明确告知牛满青，那是公司转让之后发生的债务，与刘氏父子无关。未曾想，牛满青竟然一意孤行，做出用粪便袭击刘振华的过激行为。

刘振华说："这其中可能有误会。得饶人处且饶人。给警察说一声，不要深究了。"警察走后，街坊邻里也相继散去。

倒打一耙

转眼到了"五一"劳动节，那成为大家茶余饭后谈资的粪便事件也渐渐被大家淡忘。刘振华的妹妹、外甥杨玉良（化名）一早来刘家团聚过节。9点多时，大家听到外面一阵喧闹。杨玉良等人到门口一看，原来是牛满青带领六七个人，拉着巨幅白色条幅，在上面歪歪扭扭写着黑字"刘振华、刘浩父子欠我200万元不还"，还高喊"刘振华、刘浩父子欠我200万元不还！欠债还钱，天经地义"。他们的这一举动引来了大量过往群众围观、议论。

刘振华对家人说："咱身正不怕影子歪。咱心里边干净，随他闹吧。他们发泄发泄也就散了。"年轻气盛的刘浩、杨玉良不以为然，一边和对方理论，一边将条幅撕扯掉拿回家中并劝散围观群众。牛满青等人没了条幅，遂自行离去。

人群散去后，刘家人因为牛满青不思已过，变本加厉闹事，扰了过节的好心情而愤懑不平，也埋怨刘振华上一次对牛满青的放任。近午时分，正当刘家气氛渐趋和缓的时候，门外又传来哄闹声。牛满青重新制作了条幅，又带人来滋事。刘振华劝阻不住刘浩、杨玉良。二人撕下条幅，并警告牛满青不要再无理取闹。牛满青等人再次悻悻而去。

经过牛满青这么一闹腾，刘家愉悦的团聚气氛荡然无存。大家都埋怨刘振华过于宽容，指责牛满青得寸进尺、无理取闹，又担心牛满青不依不饶、纠缠不清。一家人草草吃过午饭后，又继续讨论牛满青会不会继续闹事，会不会有造成人身伤害的过激行为，如何加以防范。刘振华依然坚持息事宁人："事情过去了就算了。不要报警，避免闹得沸沸扬扬、不好收场，也避免刺激已经失去理智的牛满青走极端。"

下午6时许，刘家的宁静又一次被打破。牛满青身穿用白布做的一件大号宽松孝衫，在衣服前面用黑字写着"刘振华、刘浩父子坑我200万元不还"，在后面写着"坑人"，手持黑字"刘振华、刘浩父子坑我200万元不还"白幡在刘振华家门口的闹市区招摇过市。几分钟后，外出办事的杨玉良开车回来，见此情景，立即停车上前，先将白幡扯掉，又一把牢牢抓住孝衫。牛满青往回一挣，孝衫便离身而去，落在杨玉良手中。万万没想到的是，牛满青事先已脱掉之前穿的衣服，仅穿一条内裤。孝衫一除，他就近乎裸体。而牛满青不仅没有找东西遮挡身体或上车避羞（牛满青是开车来的，同行的还有其朋友的两部车），还步行至派出所，报警称杨玉良撕扯掉其衣服，致其当众裸体，请求派出所处罚杨玉良。派出所则以涉嫌侮辱系自诉案件，答复牛满青可以向人民法院提起刑事自诉。2016年5月5日，牛满青用一纸诉状将杨玉良诉至法院，请求以侮辱罪追究杨玉良的刑事责任。

在之后的两个月，牛满青多次纠集十余人，举持写有"还我血汗钱""坑人"等黑字的白布条幅围堵刘家及公司大门，引来众人围观，妨害刘振华一家人的正常生活和公司经营，在当地造成严重的不良社会影响。

自卫还击

刘振华没想到自己的一再忍让，不但没有息事宁人，还让自己的亲戚被牵扯进来，甚至面临刑事处罚的风险。事已至此，他只能应战，只能拿起法律武器捍卫自己及家人的合法权益。

刘振华经商多年，认识不少律师朋友。由于此事涉及刑事案件方面的问题，刘振华认为河北盛仓律师事务所的刘彦成律师是不二人选。拨通刘彦成律师电话后，刘振华将事情大致经过陈述了一遍，并咨询该如何应对。

刘彦成律师经过简要分析认为：① 关于杨玉良被诉犯侮辱罪，因牛满青穿孝衫、举白幡"要账"，有过错在先，杨玉良为维护舅父名义撕扯孝衫在后，且并无侮辱之主观故意，所以杨玉良的行为依法不构成侮辱罪。杨玉良不必顾忌，应当积极应诉。② 牛满青当众向刘振华身上泼粪便以及制作并使用写有不实、侮辱字样孝衫、条幅、白布幡的行为，已然构成侮辱罪。结合牛满青后续的不听公安机关劝阻、警告，围堵大门的行为，刘振

既是原告又是被告，究竟是谁侮辱了谁

华可以请求司法机关依法追究牛满青相应的刑事责任,也可以向法院提起刑事自诉,追究其刑事责任。

听完刘彦成律师的解答,刘振华心里的一块石头落了地。虽然其自认为是见过世面、经过风浪的人,但毕竟这是刑事案件,搞不好外甥杨玉良是要坐牢的。如果外甥杨玉良真的因为自己背上罪名并坐牢,他这个当舅舅的将会万分愧疚。至于牛满青,他不能再一味忍让,也应当让牛满青对自己的行为承担责任。

主意已定,刘振华即请人起草诉状,向 D 县人民法院提起了牛满青犯侮辱罪的刑事诉讼。

律师介入

双方提交诉状后,因提交的材料不符合立案条件,法院不予立案。之后经过调解未果、再次起诉等,2018 年 4 月,法院将两案正式立案。

立案后,刘振华听到一些对己方不利的传言:牛满青有关系;法院可能要判杨玉良有罪。

刘振华细细思量:这也不全是空穴来风。他倒不太关心判不判牛满青有罪,但杨玉良确实扒掉了牛满青的衣服,致其当众露体。他之前也听说过法院因类似的事情判决扒衣服的人犯罪的。杨玉良还年轻,没什么阅历,也不善于为自己辩护。万一牛满青真找关系的话,法院完全有可能判杨玉良有罪。他必须委托律师为杨玉良辩护,并代理诉牛满青的案子。

刘振华再次拨通了刘彦成律师的电话:"刘律师您好,我之前向您咨询过关于牛满青的那个案子。我想请您代理,不知道您有没有时间?"

刘彦成律师说:"好的,您委托我的话,案子将由我和韩友鑫律师共同来办理。我们需要详细了解案情,准备材料,尽快开展工作,争取最好的结果。"

办理了律师委托手续的当天下午,刘彦成、韩友鑫律师即赴法院提交委托手续,查阅了两案的全部卷宗材料。

经仔细分析研究,刘彦成、韩友鑫律师更加确信杨玉良是无罪的,而牛满青的行为足以构成侮辱罪。为了取得较好的辩护和代理效果,开庭前刘彦成、韩友鑫律师即向主办法官提交了《法律意见书》,在《法律意见书》中充分阐述了被告人杨玉良不构成侮辱罪的辩护意见：

（1）自诉人牛满青所谓的要账行为，本身不合法且违背公序良俗。

首先，牛满青的合同不是和刘振华、刘浩或者刘家的公司签订的，钱也不是给了刘振华、刘浩或者刘家的公司。牛满青与刘振华、刘浩不存在债权债务关系，向刘振华父子"要账"没有任何依据。其次，牛满青与刘振华、刘浩即使存在债务纠纷，也应当通过和解、调解、仲裁、诉讼等合法方式和途径予以解决。而牛满青以手持、身披写有黑色虚假、侮辱、诽谤性字样的白布幡、孝衫等，败坏刘振华父子声誉的手段进行所谓的"要账"，是应予否定评价的违法行为，且已涉嫌侮辱罪。再次，按当地的风俗，将人的姓名写在白布幡、白布单（孝衫）上公然示众，是对人的诅咒和辱骂，是一种违背公序良俗的行为，更不应当提倡。

（2）自诉人所披白孝衫是其违法犯罪的工具，不应被认定为"衣服"。

众所周知，衣服的基本功能和目的是为了遮羞、保护体温、美观或展示个人品位等。而自诉人持白布幡、披白孝衫是为了吸引群众的眼球，败坏刘振华父子的名声，以达到其索要钱财的非法目的。白孝衫是其违法犯罪的工具，不是正常意义上的衣服。

（3）被告人杨玉良的行为是正当、合法和值得肯定的。

根据《中华人民共和国刑法》第二十条、《中华人民共和国民法通则》第一百二十八条、《中华人民共和国民法总则》第一百八十一条、《中华人民共和国侵权责任法》第三十条之规定，为了使国家、公共利益、本人或者他人的人身、财产和其他权利免受正在进行的不法侵害，而采取的制止正在进行的不法侵害的行为，对不法侵害人造成损害的，属于正当防卫，不负刑事和民事责任。在本案中，牛满青侮辱、诽谤刘振华父子的不法侵害行为正在进行。而被告人杨玉良在不知其仅穿内裤的情况下，以撕扯牛满青违法犯罪工具白布幡、孝衫的方式予以制止，且没有伤害牛满青身体等过当行为，是完全正当合法的，依法不承担任何刑事、民事责任。

进一步讲，即便是一个与刘振华、刘浩没有任何关系的其他公民，其为了使他人的合法权益免受正在进行的不法侵害，采取必要措施制止不法侵害的行为，也是完全正当合法的，不需要承担任何刑事、民事责任。

（4）牛满青故意被人撕扯白布单进而赤裸身体，是自取其辱。

2016年5月1日当天，牛满青先后三次到刘家滋事。前两次，牛满青穿着正常衣服,而其所持白布幡均被撕扯掉。所以,牛满青第三次去闹事时,变本加厉,再穿上孝衫刺激对方。其对白布幡、孝衫必然会被撕扯掉的后果是有预期的、明知的。在这种情况下,牛满青脱了原来穿着的衣服,仅穿了一条内裤,外罩白布单(孝衫)前去滋事,导致最后几乎赤裸身体。其在主观上是希望和追求该结果的发生的。另外,据自诉人牛满青的司机杜某某及朋友王某某、黄某某陈述,他们的车就在现场,因此牛满青完全可以坐到自己或者朋友的车内,或者利用物品遮挡身体,但他故意赤裸身体、招摇过市。由此造成的对其自身的影响和后果应当由其自己负责承担。

综上所述,杨玉良虽然在客观上实施了撕扯孝衫的行为,但其目的是阻止牛满青对刘振华、刘浩的不法侵害,而且他也不知扯掉孝衫就会导致牛满青赤裸身体,并无侵害牛满青人格、名誉之故意,故其行为不构成《中华人民共和国刑法》第二百四十六条规定的侮辱罪。

庭审较量

2018年8月16日上午法院对两案开庭审理。

法院首先审理了牛满青诉被告人杨玉良犯侮辱罪一案。

自诉人牛满青及其代理律师在庭审中多次强调被告人杨玉良撕扯掉牛满青的"衣服"致其赤裸身体,牛满青赤裸身体去派出所报警造成牛满青人格、名誉受损的事实,避而不谈杨玉良为什么撕扯"衣服",牛满青有条件遮羞为什么还要裸露身体、招摇过市;认为杨玉良要对牛满青名誉受损承担侮辱罪的刑事责任。

刘彦成、韩友鑫律师根据案件事实和在案证据,在庭前已经准确预判到对方的思路和方法,确定了应对方案。在法庭调查中,通过向牛满青提出问题,"案发当天你共去刘家几次""前两次你穿什么衣服,所持白布条幅(白布幡)是否被扯掉""和你同去的都有谁?是步行还是乘车前往""被告人杨玉良扯掉你衣服有没有造成你身体损伤""你是打电话报警还是到派出所报警""你的车就在现场,你为什么不乘车而是步行到派出所报警",将案发的前因后果完整地呈现给合议庭;通过向杨玉良提问,"你和刘振华是什么关系""你事前是否认识牛满青""牛满青当天去了刘振华家几次""前两次你做了什么?第三次为什么要扯掉牛满青的孝衫""你扯孝衫之前是否知道牛满青只穿内裤""除了扯掉孝衫,你有没有辱骂、殴打牛满青",充分体现杨玉良在主观上没有侮辱之故意。在法庭辩论阶段则着重论述了牛满青事前行为的非法性,杨玉良的行为是以正对不正、以法斗不法的正当防卫且无侮辱之故意,牛满青名誉受损的结果与杨玉良的行为不具有刑法意义上的因果关系,并指出无论从不具备犯罪构成要件角度,还是从具有犯罪阻却事由的角度来说,法院均应依法判决杨玉良无罪。

在接下来审理的刘振华诉被告人牛满青犯侮辱罪一案中,刘振华与牛满青之间是否存在债权债务关系不是判断罪与非罪的焦点,因此刘彦成、韩友鑫律师决定不在这点上纠缠,重点把牛满青侮辱刘振华的主观故意和造成的实际侵害后果凸显出来。令人意想不到的是,面对在案铁一般的证据,牛满青竟然当庭翻供称:他和刘振华之前就认识;当天他是去找刘振华商量要钱,在刘振华不给钱的情况下他才将塑料袋扔在他头上;他不知道塑料袋里装的是什么。其辩护人辩称:被告人牛满青没有故意向自诉人刘振华身上泼洒粪便,而是在推搡过程中袋子落地,导致袋中液体溅到双方身上。

刘彦成、韩友鑫律师当庭指出:牛满青在公安机关所做《询问笔录》中自述,"知道是因为往刘振华身上泼屎被传唤到派出所的","当天早晨,我从家中找了两个透明塑料袋,在自家厕所中盛了两袋屎送到刘振华家门口等着刘振华","我一看到刘振华从家里出来,就用一袋屎扔在他头上了。他头上、身上沾满了屎"。根据刘振华家门口对面的监控视频,刘振华刚出门,牛满青没有任何的语言交流,就直接将一袋屎扔在刘振华头上。牛满青当庭翻供,拒不如实陈述案件事实的表现,说明其主观恶性较深。被告人辩称的带两袋粪便是为了去要账,更是无稽之谈。如果用粪便就能把欠账解决了,那现实生活中就不会再有那么多债务纠纷了。而且监控视频清晰地显示,被告人是趁自诉人不备,直接冲上去将装有粪便的塑料袋砸到自诉人头上的,可见被告人的说法根本站不住脚,其在主观上就是去泼粪便的,目的就是侵犯自诉人的人格尊严,贬低损害被害人的名誉和商业信誉。纵观本案,被告人经预谋,持事先准备好的两袋粪便在自诉人家门口等候,趁自诉人刚出门,在大庭广众之下突然将其中一袋粪便猛地泼到自诉人身上,而该事实有自诉人刘振华的陈述,被告人牛满青在公安机关的供述与辩解,证人仝某某、彭某某、马某、胡某某、王某某的证言,监控

既是原告又是被告,究竟是谁侮辱了谁

视频等证据予以证实。由此可见，本案事实清楚，证据确实充分。被告人的行为严重侵犯了自诉人的人格尊严，贬低损害了自诉人的名誉和商业信誉，情节恶劣，在 D 县造成了极坏的社会影响，使得自诉人及其亲属在精神上受到严重伤害。根据《中华人民共和国刑法》第二百四十六条的规定，被告人牛满青的行为已经构成犯罪。事后，被告人不思悔改，还多次纠集人员到自诉人家寻衅滋事，且在庭审中拒不如实陈述，不认罪悔罪，态度恶劣。鉴于上述情节，法院应依法严惩，并判令被告人牛满青为自诉人消除不良影响，赔偿自诉人精神损害、衣物等损失。

在庭审结束后，刘彦成、韩友鑫律师根据庭审情况，整理出了书面的《辩护词》《代理词》，于第二日提交主审法官。

柳暗花明

2018 年 9 月 27 日，D 县人民法院采纳了刘彦成、韩友鑫律师的辩护、代理意见，分别就两案作出判决。

关于牛满青诉杨玉良犯侮辱罪一案，法院认为：即使自诉人牛满青与他人有债务纠纷，其索要债务也应当采取合法及符合社会公序良俗的方式。自诉人牛满青手持白布幡、身穿白布衣索要欠款的行为本身不符合社会的公序良俗。被告人杨玉良撕扯自诉人牛满青白布衣本是为了减少自己亲属的名誉损失，不具有侮辱他人的主观故意，故其行为不构成侮辱罪。法院判决：被告人杨玉良无罪；驳回自诉人牛满青其他诉讼请求。

关于刘振华诉牛满青犯侮辱罪一案，法院认为：辩护人辩称被告人牛满青没有故意向自诉人刘振华的身上泼洒粪便，而是在推搡过程中袋子落地导致袋中液体溅到双方身上，但经查，根据自诉人的陈述、证人仝某某证言及被告人牛满青的供述，结合监控视频，被告人牛满青向自诉人刘振华泼洒粪便是有预谋的，且事发前二人没有语言交流，故该项辩护意见与事实不符，本院不予采纳。关于被告人牛满青辩称其塑料袋里没有粪便，是垃圾和炉渣的辩护意见，经查，根据自诉人的指控，证人仝某某、王某某、彭某某、马某等人的证言及被告人牛满青在公安机关的供述，被告人牛满青所持塑料袋中装的是粪便。被告人该项辩解与事实不符，本院不予采纳。被告人牛满青公然向自诉人刘振华身上泼洒粪便，侮辱自诉人，情节严重,其行为已构成侮辱罪。自诉人指控被告人牛满青犯侮辱罪事实清楚,证据确实充分,本院予以支持。法院判决:被告人牛满青犯侮辱罪,判处拘役三个月。

最终,两案均无人上诉,尘埃落定。

谁是谁非,人民法院给出了公正的裁决。

刘彦成、韩友鑫律师提醒大家:在一个法治社会里,无论债权人还是债务人,无论高官还是平民,都要依法行使自己享有的权利。

特别声明:文中所载案件系刘彦成、韩友鑫律师办理的真实案件。为保护当事人隐私,文中姓名均为化名。

律师简介

刘彦成,河北盛仓律师事务所创始合伙人、刑事业务部主任,中国民主建国会会员,河北省律师协会职务犯罪辩护与代理专业委员会委员,邯郸市律师协会刑事专业委员会副主任,邯郸市人民检察院人民监督员,邯郸仲裁委员会仲裁员。擅长商事犯罪研究及辩护,成功办理了大量经济犯罪与职务犯罪案件,所办案件曾入选"2017年度十大无罪辩护经典案例",被中国法学会案例法研究会、中国政法大学刑事辩护研究中心共同授予"2017年度刑事辩护杰出成就奖"。

韩友鑫,河北盛仓律师事务所专职律师,2017年9月1日加入刘彦成刑辩团队,承办的案件曾入选"2017年度十大无罪辩护经典案例",被中国法学会案例法研究会、中国政法大学刑事辩护研究中心共同授予"2017年度刑事辩护杰出成就奖";还办理了大量不起诉以及免予、减轻处罚刑事案件。

既是原告又是被告,究竟是谁侮辱了谁

编造身份出售冒牌车辆是犯罪吗?
——陈某涉嫌诈骗案获绝对不起诉

来自父母的求助

2018年年中的一天,我和平时一样,一早来到单位准备开始一天的工作。到了办公室,泡了一杯茶,打开办公桌旁的玻璃窗,楼下车辆的疾驰声、早餐车旁的人流声、老年大学的喧哗声就通过窗户传进来。真是一个美好的清晨。按当天的计划,我打开电脑,开始了案件的阅卷工作。

没过一会,律所接待人员敲响了办公室的门,说有人在办公室对面的接待室等我。我正纳闷,当日没有预约客户,也没有接待计划,一男一女便走到了我办公室门口。"杨律师,我们是慕名而来的,请您救救我的儿子。"那位朴素的母亲操着北方口音看着我。她的边上站着一位拖着旅行箱的男子。我猜想应当是孩子的父亲。

在接待室坐下后,我给他们泡了杯茶,开始询问事情经过和涉案事由。从他们的口中我初步得知,他们的儿子陈某在天津购买了一辆二手叉车到常州来贩卖,后来被常州公安抓了,现在已经被刑事拘留,被羁押在某看守所,而其他案件信息他们不清楚。根据这么少的案件信息我是很难对案件做出法律判断的,也无法判断案件走向,更不要说预测最后的结果了,于是会见便成了第一项工作。我和他们解释了办理刑事案件的流程和特点后,随即与他们签署了委托协议,正式开始办理这桩案件。

初步判断陈某的行为不构成犯罪

我和看守所预约后,便顺利会见了犯罪嫌疑人陈某——一个20多岁的天津小伙。在我介绍了我的身份和委托情况后,我们便开始交流案件内容。

他的口齿不是很流利，所以我只能慢慢地发问，引导他把案件事实说清楚。

通过会见，我得知了案件的基本信息：犯罪嫌疑人陈某于2018年4月从李某处以15 000多元的价格购得假冒"合力牌"二手叉车1辆。该车为报废车，但可以行驶。陈某从网上购买了虚假的铭牌和发票，将铭牌张贴在叉车上，再将该叉车通过物流运输到Z镇某市场附近销售。之后陈某在58同城上发布二手叉车销售信息，没有以自己的名义，而是以"丰昆"的身份与被害人周某达成买卖叉车的合意。双方加了微信后，陈某把车辆的情况及铭牌等基本信息发送给周某，并与周某约定了验车时间和地点。周某验车后知道该叉车有问题，但自称可以修理，并对验车结果满意。经过双方协商，陈某以26 500元的价格将该叉车销售给周某。周某开走车辆后，陈某害怕周某以车辆质量问题找麻烦，于是把周某拉黑。后周某确因车辆问题找过陈某，但发现已经联系不到陈某，意识到自己被骗，便去公安机关报案。

对照本案的基本情况和陈某涉嫌的罪名，我初步判断本案属于经济纠纷的范畴。公安机关按照刑事案件立案并侦查是不合理的，也有插手经济纠纷之嫌。犯罪嫌疑人陈某虽然有虚构身份的事实，但由于双方进行了验货过程，本案并不存在陈某隐瞒车辆性能和质量的情况，故我对案件最终的走向持乐观态度。但由于本案还处于侦查阶段，我无法接触本案证据，只能在相信当事人的陈述是真实的基础上做出预测。

提出精神病鉴定申请，获得取保候审

在会见陈某时，我发现陈某口齿确实不流利，并且眼神飘忽不定。我的第一反应是陈某可能有精神病史，于是询问陈某是否有精神疾病。陈某做出了否认的回答。

会见结束后，我回到办公室，将陈某的父母约到单位交流，告知案件的基本内容，做了涉案罪名的解释工作，并告知了我对案件的基本判断，也向他们说明了我近期的工作内容和刑事案件的程序性流程等。因为职业敏感性，我一直觉得陈某精神确实不正常，于是随口问了陈某父母其是否患过精神疾病，果然有收获。陈某父母说，陈某之前确患有精神分裂症，也进行过治疗，现在看起来是治好了，但究竟有没有治好，还会不会发病，

编造身份出售冒牌车辆是犯罪吗？

他们也不确定。于是,我让他们早点赶回天津老家,看是否能够找到病历或者让治疗过的医院提供治疗清单,提供初步证据证实陈某的病史,以便向公安机关提出精神病鉴定申请。

两天后,我接到了陈某父母从天津邮寄的病历资料。于是我将病历资料和之前已经写好的精神病鉴定申请书整理好后,向侦查机关承办人员预约时间提交了上述申请。侦查机关承办人员看了病例后和我说:"杨律师,如果不是你提出来,我们都没发现这个人可能有精神病。我们肯定会去鉴定的。"经过一周的等待,从侦查机关处得知,经过司法鉴定,陈某确实患有精神分裂症,而且没有痊愈。这一情节的确定,无论对案件处理结果的最后走向,还是对犯罪嫌疑人的情节认定,均具有特别重大的意义。

鉴定结果出来后,由于拘留时间快要届满,事不宜迟,我立马制作了侦查阶段的取保候审申请书,着重分析了我对案件的基本事实判断,再一次预约侦查人员要求当面提交该份取保候审申请书。由于有之前提交鉴定申请时接触的基础,这次提交取保候审申请书的过程非常顺利。我与侦查人员交谈融洽,明确表达了该案应当定性为经济纠纷的观点,请求侦查人员本着不办错案、不盲目提捕、严谨对待案件的司法精神,采纳辩护人的申请意见,先变更被告人的羁押措施。

经过焦急的等待,在拘留时限的最后一天,侦查机关经过通案,最终采纳了辩护人的申请意见,变更犯罪嫌疑人陈某的羁押措施为取保候审。

我还记得陈某办理完取保候审手续,走出派出所,和父母拥抱在一起的那一瞬间。为了这一刻的相聚,我们刑辩律师无论花多少努力,做多少工作,都是值得的。

诉至检察院,沟通争取无罪

在取保候审期间,我的工作并没有停止。我陆续向侦查机关送了两份法律意见书,说明不应当追究犯罪嫌疑人陈某刑事责任的依据和理由。侦查机关也本着严谨的态度继续侦查该案,没有立即将本案移送检察院审查起诉,并保持和辩护人的沟通。

经过半年时间,侦查机关由于把握不准该案罪与非罪的界限,将案件移送检察院审查起诉。我第一时间联系检察院进行阅卷工作。拿到案卷进行阅卷后，我更加相信本案犯罪嫌疑人陈某是无罪的。我根据全案证据，向检察机关提出了犯罪嫌疑人的行为不构成诈骗罪的法律意见：

1. 陈某不存在刑事欺诈行为。

首先，陈某在事前的要约邀请行为不是刑事欺诈行为。

民事法律关系中的要约邀请行为是为了让他人向自己发出邀约，不是最终达成合同的必要条件，只是一种合同签订前的预备行为。同时，要约邀请有一定的引诱性。即使在此过程中行为人夸大了事实，要约邀请也不能被认定为民事欺诈，因为该行为只是一种预备手段，并非承诺，更不会造成违约。

其次，陈某与被害人周某相约看车的过程中也不存在刑事欺诈行为。

本案证据显示，周某只要求该车不存在经济纠纷，并无其他要求。周某验车后启动了该车，对该车辆动过手脚的情况有所了解，对该车辆合格证、发票的真实性也曾怀疑，但依旧选择购买，只要求陈某保证该车不存在经济纠纷，因此陈某没有欺诈行为。

再次，陈某隐瞒真实身份的行为并不必然构成刑事欺诈。

陈某伪造身份签署合同至多是履行合同瑕疵或者民事欺骗行为，不可能构成刑事诈骗。并且，陈某在本案中即使使用虚假的身份，也不会在实质上影响合同的履行，因此陈某隐瞒真实身份的行为不必然构成刑事欺诈。

2. 陈某的行为不属于诈骗罪中的"隐瞒真相"。

首先，陈某并没有隐瞒涉案车辆为二手车的本质，对该车辆的质量也未做出保证。

其次，从双方签订的合同内容看，陈某并未隐瞒真相。

再次，涉案车辆是否为报废车并无证据证明。

3. 被害人周某交付财物的行为与诈骗罪中的交付行为有明显区别。

首先，被害人周某的目的仅是购买叉车。该叉车的品牌是否能直接影响被害人的购买意愿，证据无法证明。

其次，被害人周某明知该车辆存在问题却仍选择购买并不是诈骗罪中的错误认识。

再次，涉案车辆符合合同约定，因此被害人基于此交付财物并无错误认识。

综上所述，犯罪嫌疑人的行为不符合诈骗罪的构成要件。虽然涉案车辆存在质量问题，但本案应当仅被认定为经济纠纷。

我把该份书面意见提交检察院后，经常与承办检察官沟通案件进程，询问程序进展情况。检察官也不厌其烦地与我交流案件内容。在此期间，我又通过案例检索的方式向检察院提供了两份类似的无罪判决书，将判决理由一一向检察院列明，并映射到本案中说明本案犯罪嫌疑人无罪，希望检察院能够充分采纳，给犯罪嫌疑人争取最好的结果。

最终获得绝对不起诉结果

在审查起诉阶段，检察院以事实不清、证据不足为由将本案两次退回侦查机关。这在一方面确实说明检察院在充分考虑辩护人的辩护意见，认为本案确实存在证据链缺失的问题，在另一方面也说明检察院在罪与非罪面前的确采取了极为严谨的态度，在衡量案件细节，讨论案件定性，因此迟迟不能作出案件定性认定。

由于两次退查的时间过于漫长，陈某的心理包袱特别重。他经常打电话给我询问案件进展情况。作为律师，我深深地明白一个刑事案件附加在嫌疑人身上意味着什么，嫌疑人的自由随时有可能受到限制。任何一个人在刑罚面前都是备受煎熬的，只能依靠辩护人据理力争才可以获得最好的结果。

经过漫长的程序，最后一次审查起诉期限也快届满了。在这之前，我又联系了承办人沟通和询问案件情况。承办人依旧没有作出决定，并告诉我，在审查起诉期限的最后一天会做最后的决定。我和嫌疑人陈某只有等待最后一刻的来临。

一切等待都是值得的。在审查起诉期限的最后一天下午，我终于接到了检察院承办人员的电话。对方告诉我，检察院决定对该案不起诉，将通过邮寄的方式把不起诉文书寄给我。于是，我又询问了承办人员本案的不起诉方式是哪种，是绝对不起诉还是酌定不起诉。承办人员回复，是绝对不起诉。这就意味着：陈某的行为不构成诈骗罪，其不会被追究刑事责任；本案就是无罪案件。

得知这个消息后，我的心里很平静，因为这个结果早就在我的预料之内，但绝对不起诉的结果又令我很兴奋。陈某得知这个结果后，自然非常高兴,心里的包袱终于落地了,因为他获得了真正的自由,不会再因此被追究任何刑事责任了。

检察院对本案的高水平不起诉决定

检察院在不起诉决定书中对该案的法律评价:现有证据可以证实被不起诉人陈某购进假冒"合力牌"的二手叉车后进行销售。陈某虽存在将废旧产品、质量低劣的产品冒充新的产品、质量较高的产品的"以次充好"行为,但具有真实的交易意图和交易行为,且交易标的物具备种类物的通常功能、使用价值,因此其行为不符合诈骗罪的构成要件。被不起诉人陈某的行为更符合销售伪劣产品罪和销售假冒注册商标的商品罪的构成要件,属想象竞合,应根据从一重罪的处断原则定罪,但均未达到追诉标准。

这份不起诉决定书确实具有很高的水平,体现了在当前的司法环境下,法律共同体之间的联系更加充分、对法律的理解更加透彻、适用法律更加严谨,也体现了辩护人与侦查机关、审查起诉机关之间的良性互动、相互理解、相互倾听,以及刑法的谦抑性和期待可能性,实现的是司法正义。

每一个刑事案件的办理都关乎着他人的人身和自由。我们作为律师,对接手的每一个案件都要做出百分之百的努力,才可以获得最好的结果。

律师简介

杨奕文,江苏(常州)乐天律师事务所刑事业务部主任,常州市律师协会刑事业务委员会委员,江苏省律师协会刑事业务律师人才库律师。执业 8 年以来,专业办理刑事案件,因工作作风严谨、思维敏捷,近几年办理了大量具有全国性、全省性影响的案件和大量无罪、轻罪、改判案件,受到案件委托人的一致好评。

从一件不起诉案件说起

——曾某涉嫌诈骗终不被起诉

祸从天降

曾某为某评估公司资产评估工作人员,工作勤勉尽责,作风踏实,深受公司领导信赖和器重。2017年11月曾某接到公司通知,因政府规划需要,某设备公司需要进行企业拆迁,故政府委托曾某所在的评估公司为该项目的机器设备等物产做评估,而公司决定将此项目交由曾某负责,并让评估员小金予以配合。此时的曾某不知道,这一决定会给他带来什么……

2018年7月3日,曾某像往常一样来到办公室,准备开始一天忙碌的工作。突然几个警察敲门进来,声称曾某涉嫌诈骗,向其出示刑事拘留决定书后,将其带走并送往看守所羁押。在看守所的日子里,曾某百思不得其解,苦思冥想,不知其中哪个环节出了错,自己怎么突然就成了犯罪嫌疑人了?

介入案件

2018年7月4日,与往常一样,我早早地来到了律师事务所。打开办公室的门后,一股草木清香扑面而来,预示着美好一天的开始。落座,打开电脑后,我开始浏览手头上的案件。一缕阳光从窗外斜射进来。原本有些阴暗的天,不知何时已经变得明亮而澄净。窗外的景致顿时变得通透起来。

突然,一阵敲门声响起,将我从繁杂的思绪中拉回。助理说有人找我。来者自报家门,说是曾某的家属,因为曾某涉嫌诈骗被刑事拘留了,而他之前听曾某说起过我,知道我是一位专业的刑事律师且只做刑事业务,所以希望我能做曾某的辩护人。我不禁哑然。曾某的为人、工作经历以及家世我还是了解的。在我看来，曾某断然不会做出诈骗之事。紧接着家属出示了一则政府微信公众号的消息：李某某是区政协委员，系设备公司负责人。他的企业占地不到30亩，去年上缴税收1 000多万元，还投资3 000多万元从德国新购进一条生产线。谈到企业拆除，他选择坚定地支持新城建设。1月28日凌晨2时41分，他完成了签约，并对镇干部忘我的工作表示肯定。

通过与曾某家属进一步的交谈，我认为本案确实存在问题，遂决定接受委托，为曾某辩护。

暂时胜利

接受委托后，我即刻安排了会见。曾某陈述他事后得知设备公司与政府突击签订了拆迁协议，比预定签约时间提早，且该项目尚无正式的评估报告，连单位的内审都没有通过。在提审中，曾某得知，该项目前后出现过四组数据，从一开始的3 700万元，到后面的5 800万元、6 000万元、6 600万元。3 700万元的初评数据曾某是知道的，而那时机器设备尚在陆续申报中。当数据为5 800万元时，他经过了解核实，得知机器设备由初评时的3台变成了10台，并且10台机器设备的买卖合同、打款依据、报关单等资料是齐备的，设备公司也按照规定签署了资产所有权承诺书。按照评估规则，在三者齐备的情况下，这些设备是能被认定为评估资产的。但对于后两组数据，曾某表示不知情，听说是事后关联企业并进来后评估员小金所做的调整。

通过曾某的陈述，我进一步判定，曾某没有参与涉案资产评估的弄虚作假，对评估员小金的行为他也毫不知情。据此，我在向侦查机关提交《取保候审申请书》的同时，依法出具了《关于曾某的行为不构成诈骗罪的法律意见书》，发表了如下意见：

第一，根据曾某的陈述，设备公司的资产评估报告至今都没有出具。

资产评估报告是评估机构完成评估工作后向委托方提交的评估工作报告书。通过报告，评估机构向委托方说明进行资产评估的目的、依据及前提条件、计价根据、实用价值类型、评估程序和方法、评估结果及报告适

从一件不起诉案件说起

用条件等。可见,资产评估报告是评估机构向委托方提供的资产作价意见,也是评估机构履行委托协议情况的总结,同时可用于界定评估机构应承担的法律责任。

区审计局出具的《企业拆迁评估审核意见书》载明,评估公司限于评估工作时间要求紧迫,实际尚未全部完成总体评估工作,主要表现在:(1)评估工作底稿尚待进一步完善,评估依据、评估过程资料不充分,故审计局无法最终核实评估结论。(2)评估公司未提供正式评估工作报告,故审计局无法看出评估基准日、评估范围和对象、评估依据、评估过程、价值类型、评估方法、评估结论等情况,无法评判总体的评估过程和评估结果。审核意见为限时完成评估工作底稿、评估报告。

因此,曾某关于设备公司的资产评估报告未出具的说法成立。

第二,关于评估底稿性质和效力。

评估底稿是指资产注册评估师执行评估业务形成的,反映评估程序实施情况,支持评估结论的工作记录及相关资料。评估底稿可以修正和加注说明。按照曾某的陈述,评估公司实行重大事项集体讨论制。在当地政府一系列的评估项目中,评估公司明确在原则上要求各评估报告先进行内审,若发现重大问题,将进行公开通报。

曾某事后才知道设备公司和当地政府已签约这个事实。其间,曾某不知道评估员小金曾经向当地政府提供过评估底稿,也无从感知小金提供过评估底稿:第一,从时间上说,设备公司和当地政府的签约时间比原先预定的签约时间提早了;第二,小金提供评估底稿的时候没有请示过曾某,事后也没有向曾某说起提供评估底稿这个事实;第三,在小金提供评估底稿后,当地政府以及相关人员没有就评估底稿的数据和曾某商洽过。因此,曾某对于小金向当地政府提供评估底稿这个事实是完全不知情的,也不清楚设备公司和当地政府签订的拆迁协议是否依据小金提供的评估底稿。按照《评估业务合同》约定:评估报告初稿完成后,乙方将评估结果通报给甲方,甲方即当地政府即支付剩余评估费用。但当地政府至案发时未支付任何评估费用。这也印证了曾某对于提供评估底稿这个事实完全不知情的辩解。

第三,关于共同犯罪的成立。

《中华人民共和国刑法》第二十五条规定:共同犯罪是指二人以上共同

故意犯罪。其构成要件是客观上有共同的犯罪行为，主观上有共同的犯罪故意。曾某事先没有与设备公司达成合意，也没有授权、指使、默许小金在设备公司资产评估中弄虚作假，帮助设备公司骗取高额拆迁补偿款，也不清楚设备公司有骗取补偿款的主观动机。其未参与也不知道小金向当地政府提供了未经内审的评估底稿，也不清楚当地政府是否以此为依据与设备公司达成拆迁补偿协议，因此，即便当地政府有所损失，该损失与曾某的行为也没有任何关联，更不具有刑法意义上的因果关系。

最终，侦查机关于 2018 年 7 月 26 日同意对曾某变更强制措施为取保候审，并且采纳了我的意见，确认曾某的行为不构成诈骗罪。接到通知时，在欣喜之余我却隐隐有所担忧，感觉事情不会这么简单就结束。

波折与结果

天空淅淅沥沥地下着小雨，令人的心情随之低落。桌上的手机突然响起来电铃声，显示"曾某"。我的心里顿时咯噔一下，隐隐有所猜测。犹豫几秒钟后我接起了电话。电话中传来了曾某焦虑的声音。原来是侦查机关变更罪名，以曾某涉嫌出具证明文件重大失实罪为由向检察院移送审查起诉。如我所料，事情果真没有结束。

我立即让助理与检察院联系，查阅、复制案卷材料。在与承办检察官多次交流沟通后，我形成了新的辩护意见：

（一）在本案签订的《工业企业拆除补偿协议》中，确定补偿金额的依据是所谓底稿。底稿不能作为确定补偿金额的依据，也不宜被认定为刑法意义上的证明文件

1. 协议金额的依据是评估过程中形成的底稿。

拆除补偿协议中写明"详见评估报告"，但是附件没有任何评估报告，而是"拆除企业补偿计算单""拆除工业企业停业企业损失计算单""房屋搬迁补偿分户估价报告"等底稿。结合曾某的供述和审计报告可以确定，协议金额的依据是评估过程中形成的底稿。

2. 底稿不能作为确定补偿金额的依据。理由是：

（1）根据政府文件，拆除、搬迁企业补偿金额的依据只能是资产评估报告以及市审计局出具的审核意见，而不应是评估过程的底稿。

(2) 本案中所谓底稿来源不明，没有制作完成，因此没有法律上的证明力。

首先，根据《资产评估准则——工作底稿》第十三条的规定，底稿需要以签字或盖章等形式进行确认，而本案中的底稿只有设备公司负责人李某某的签字，没有评估公司工作人员的签字。因此所谓底稿的来源无法确认。

其次，涉案底稿有大量的涂黑，说明该底稿还不是正式稿，尚在修改过程中，没有制作完成。

再次，根据评估员小金、设备公司负责人李某某的供述和曾某的供述，评估过程中形成了多份底稿，所涉金额都不一样，也都没有签字或盖章。这说明底稿的内部审核程序还没有完结，金额还没有最终确定。根据《中华人民共和国资产评估法》第二十六条，评估机构应当对评估报告进行内部审核。而该底稿未经审核，因此不具备证明作用。

(3) 根据《资产评估准则——工作底稿》第二十条，工作底稿的管理应当执行保密制度，除法定情形外，工作底稿不得对外提供。

3. 本协议是拆除补偿协议，而部分底稿却涉及搬迁。根据政府的相关文件，拆除和搬迁的土地、设备等补偿费用的计算方式是有所差别的，机器设备"搬迁补偿"的评估值远远少于"拆除补偿"的评估值。用搬迁的材料去计算拆除的金额，说明当地政府签订协议时过于仓促，没有时间和条件仔细审核相关材料。

当地政府关于拆除或搬迁工业企业补偿政策的实施意见中提道："……（四）实施主体根据拆除或搬迁企业的资产评估报告以及市审计局出具的审核意见，制定补偿方案，与拆除或搬迁企业进行谈判并签订补偿等协议。……对补偿方案与企业资产评估结果有差异的，实施主体需说明产生差异的原因，由经办人、分管领导、主要领导签字并加盖公章。"

据此，对于当地政府来说，拆除、搬迁补偿款的确定需要以下几步：第一步是拿到资产评估报告，并请市审计局出具审核意见；第二步是制定补偿方案；第三步是与企业谈判并签订补偿协议。而当地政府对设备公司的拆除补偿存在两个问题：问题一是对设备公司的拆除补偿程序是颠倒的。当地政府在没有资产评估报告，也没有经审计局审计的情况下，直接跳到第三步签订拆除补偿协议。而在签约后，又开始进行第一步，即请审计局审核。当地政府省略掉第一、二步并仓促签约，造成签约金额虚高，然后再开始第一步严格审核，查找问题并倒追责任，有人为制造案件之嫌。问题二是补偿金额的依据问题。当地政府关于拆除或搬迁工业企业补偿政策的实施意见中出现了三个文件，即资产评估报告、审核意见和补偿方案。无论哪个文件被采信，未完成、未签字的底稿都不能作为确定补偿金额的依据。四五份底稿都没有制作完成，都未经评估公司工作人员签字。随机采信其中一份的做法让人难以接受。因此当地政府责任心的缺失和对程序的漠视才是导致本案发生的关键因素。

此外，根据设备公司法定代表人李某某的供述，设备公司已收到的2 000万元实际是预付款，而非拆除款。该预付款有多少能转化成拆除款还需要结合审核意见的最终补偿方案确定。

因此，评估底稿不能作为确定补偿金额的依据，也不能被认定为刑法意义上的证明文件。

（二）本案实际上没有给国家造成损失

1. 根据起诉意见书和拆除补偿协议，当地政府应补偿设备公司13 000万元，减去虚增的3 450万元，设备公司实际有权利取得补偿款9 550万元。而根据资金发放清单、转账支票存根，设备公司只收到2 000万元，转账支票存根注明了"企业拆除补偿款"。根据现有证据，该2 000万元并非专款专用，没有被指定为"地下管网补偿款""设备补偿款""MSE自动管理系统补偿款"。

根据证人杨某的证言、嫌疑人张总的供述，当地政府在发现问题后，对有问题的设备、地下管网等已采取了不纳入评估范围、核实重评等措施。实际上设备公司已经不可能再获得更多的补偿了。

根据相关文件，设备公司停产奖励金等加起来也多达上百万元。

因此，设备公司对于已收到的2 000万元确有权利取得。辩护人认为，应认定设备公司没有给国家造成损失。

2. 设备公司实际上是搬迁企业而非拆除企业。

根据设备公司负责人李某某的供述、相关证人证言，设备公司实际已被确定为"留心留根"项目的搬迁企业而非拆除企业。厂房租赁合同也表明设备公司已经租下了新的生产地点，为搬迁做好了准备。

而搬迁与拆除是不同的。

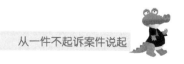

首先,在协议效力上,既然设备公司已被确定为搬迁企业,那么在本案中已签订的《新城工业企业拆除补偿协议》实际上已经无法继续履行,当地政府需要重新委托评估费用。

其次,在费用问题上,搬迁的费用远小于拆除的费用,而且设备公司实际上已经把部分设备自行搬迁到新厂房,这部分搬迁费可以省了。

再次,在对资产评估的影响上,根据《资产评估基本准则》,资产评估需要签订合同、确定评估目的、确定评估范围,而本案在评估工作接近尾声时才有一份委托评估合同,在此之前只有一份政府会议纪要确定委托评估公司开展评估工作。因此,由于没有明确的合同,评估公司无法确定设备公司是搬迁还是拆除,导致评估目的和评估范围都无法确定,评估过程中形成的多份底稿的金额有较大差异,拆除和搬迁的材料也夹杂在一起。评估员小金、设备公司负责人李某某都说在签约前评估底稿一共出了三四稿,曾某也说签约后又出了两稿。拆除还是搬迁的不明确导致每一次底稿的金额都有所不同。

3. 即使本案给国家造成了损失,该损失也无法确定具体数额。相关设备、地下管网、MSE 系统实际评估价值不明(评估价值与采购价值不同),缺乏鉴定意见、合同等客观性证据。

(三)本案的评估过程尚未完成,且犯罪嫌疑人曾某和评估公司一直没有出具有证明效力的评估文件,也就谈不上"出具证明文件"

在本案中,犯罪嫌疑人曾某、评估公司和审计部门按时间先后出具过的相关文件如下:

1. 区审计局的《企业拆迁评估审核意见书》。该意见书认定:"(一)评估工作底稿尚待进一步完善,评估依据、评估过程资料提供不充分。无法最终核实评估结论。(二)未提供正式评估工作报告。"

2. 评估公司针对审核意见书出具的《反馈意见》。

3. 评估公司出具的《资产评估报告书》。该报告书没有盖章,也没有两名以上资产评估师签名或盖章。

4. 评估公司针对审核意见书出具的《评估情况汇报》。其中称《资产评估报告书》已按要求出具,但案卷材料中没有该具有签名或盖章的材料。(关于该情况,曾某自述是政府要求这么回复的,因为政府想快一点过审计,尽快完成搬迁,但实际上评估公司并没有出具有签名或盖章的《资产

评估报告书》)

5. 区审计局出具的《关于企业拆除评估审核所反映问题整改情况的汇报》。该汇报认定:"被拆除企业临时偷运废旧机器设备进厂、合同资料虚假、设备铭牌造假等现象大量存在,光靠评估公司难以有效排除。"

最后,区审计局认为设备公司资产评估结果存在疑点,就将本案移交公安局处理。

综上所述,嫌疑人曾某和评估公司一直没有在《资产评估报告书》上签名和盖章。根据常识和《资产评估基本准则》第二十九条、《中华人民共和国资产评估法》第二十七条第一款,该《资产评估报告书》内部审核程序还没有完成,没有法律上的证明效力。

(四) 本案嫌疑人曾某并非"严重不负责任"

1. 嫌疑人曾某已经按照《资产评估基本准则》《资产评估职业道德准则》《资产评估职业道德准则——独立性》,尽了勤勉审慎的注意义务并保持了独立性。

嫌疑人曾某的供述能证明嫌疑人曾某有实地勘察、核实机械设备的行为。嫌疑人曾某聘请专业人员参与评估、审核。对于评估的过程,曾某有查看打款凭证、微信询价记录、设备照片等行为;对评估过程发现的问题第一时间责令相关工作人员核实。在评估过程中,嫌疑人曾某严格恪守了评估人员的独立性要求。

根据曾某的自述,政府部门审核时,拿走了底稿等全部评估文件及电子文件。Excel 表格中有相关计算过程,但由于计算过程较为复杂,篇幅较长,Excel 表格无法完全显示计算过程。审核部门需要将表格拉长才能看到全部内容。而审核部门怠于查看表格内容,并据此认为计算依据不足、过程不明,该意见不合理。

对于二手设备评估价格较高的问题,曾某从资产评估准则规范要求的年限法、观察法、重置成本法的特性出发做出了说明:在履行询价的基础上,由于设备年限根据当地政府会议要求被调长到 18 年以后,设备评估价格大幅增高。

对于进口设备的数量、去向问题,曾某也曾予以调查核实。

综上所述,曾某并非"严重不负责任"。相反,曾某参与评估过程,对审核中提出的问题密切关注,尽到了勤勉审慎的注意义务。

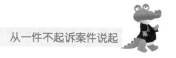

2. 嫌疑人曾某对底稿没有审查的条件，对当事人提交资料的真实性没有实质性审查的义务。

根据嫌疑人曾某的自述和下发的拆除文件，本案的拆除补偿协议是提前签订的。曾某无法预见签约行为的发生，也没有任何人通知曾某准备签约要提供的相关评估底稿，且签约时嫌疑人曾某也不在现场。而且很多家公司集中在晚上签约，平均一两个小时签一家，根本没有时间去仔细核对审核（签约时"拆除""搬迁"两种不同性质的材料夹杂在一起也说明这一点）。签约之后审计部门马上拿走底稿进行审核。曾某曾要求评估员小金拿出底稿进行审核，但底稿一直存放在审计局，导致他们没有条件去审核底稿。

同时嫌疑人曾某也没有实质性审查的义务。

《资产评估基本准则》第十四条第二款规定：委托人和其他相关当事人依法提供并保证资料的真实性、完整性、合法性。

《中华人民共和国资产评估法》第二条规定：本法所称资产评估（以下称评估），是指评估机构及其评估专业人员根据委托对不动产、动产、无形资产、企业价值、资产损失或者其他经济权益进行评定、估算，并出具评估报告的专业服务行为。第八条规定：评估专业人员包括评估师和其他具有评估专业知识及实践经验的评估从业人员。评估师是指通过评估师资格考试的评估专业人员。国家根据经济社会发展需要确定评估师专业类别。因此，评估员小金完全可以作为独立操作的评估专业人员，不需要具备评估师资格。曾某让小金负责评估过程中的部分事项也具有合法性。

3. 根据一般社会经验，嫌疑人曾某无法预料设备公司负责人李某某等人有犯罪行为。

审计局出具的《关于企业拆除评估审核所反映问题整改情况的汇报》认定："被拆除企业临时偷运废旧机器设备进厂、合同资料虚假、设备铭牌造假等现象大量存在，光靠评估公司难以有效排除。"

评估员小金称审计报告出来之后，没有找曾某审核就直接盖了评估公司的章。

审计局的文件披露被拆除企业弄虚作假的情况大量存在，小金的供述也表明设备公司有故意隐瞒的行为。这种有预谋的犯罪行为超出了一般评估公司的审核能力。曾某在开展评估活动的同时，不可能和公安民警一样有着很强的侦查意识。

虽然侦查机关变更罪名后移送审查起诉,但我对处理结果还是比较乐观自信的。本案历经退回公安机关补充侦查两次,检察院依法延长办案期限三次。这一事实也给了我较为充足的信心,但我也深知公检法对于作出"无罪"决定是谨慎的,故而亦做好了出庭准备。

2019年4月12日,一份文书如期而至。但这不是法院的开庭通知,而是《不起诉决定书》。检察院认为公安机关认定的犯罪事实不清、证据不足,不符合起诉条件,依法对曾某作出不起诉决定。

在本案办理过程中,承办检察官不厌其烦地听取我的辩护意见,给我留下了很深的印象。最难能可贵的是检察机关不仅将《不起诉决定书》送达了辩护人,并且在文书中还载明了辩护人的身份信息。我真心为检察机关和承办检察官认真负责的态度点赞!希望这样的情形越来越多,律师的执业环境越来越好,法律职业共同体的关系越来越和谐!

最后,我引用刘哲老师的一句话与大家共勉——"我们办的真的不是案子,而是别人的人生,甚至是他全家人的人生"。

律师简介

周辛艺,浙江泽大律师事务所高级合伙人、刑事诉讼部主任;浙江大学光华法学院实务导师,浙江大学城市学院法学院实务导师;司法部法律援助案件质量评估律师;中律联企业合规研究院研究员,浙江省律师协会刑事业务委员会委员,杭州市律师协会事务委员会委员,杭州市律师协会刑事责任风险防范专业委员会副主任。擅长刑事辩护、刑事控告、刑事风险防范等。获浙江省律师协会通报表扬,获杭州市律师协会年度嘉奖。

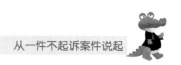

一个错字引发的诈骗案
——张兵涉嫌诈骗终获不起诉决定

一阵急促的敲门声

2017年12月1日,张兵(化名)正在家里享受舒适而又惬意的午睡时光。突然,一阵急促的敲门声将张兵从睡梦中惊醒。他打开门,看见一个不认识的面孔身穿警察制服站在门口。对方询问道:"你是张兵吗?现在我们怀疑你涉嫌诈骗。请你配合我们的调查。"

张兵猛地清醒过来:"什么?诈骗?这怎么可能!"他朝门口的警察大声地喊道,眼神中充满着疑惑。"是真的。这是传唤证。请你跟我到派出所走一趟。"警察出示了传唤证,于是张兵只好跟随警察前往派出所配合调查。午后的太阳从头顶晒下来,而张兵却感觉不到一丝的暖意。

到了派出所,张兵才从警察的讯问中得知其被拘留的原因。事情的经过是这样的:张兵是一名鞋子进出口贸易商。2013年,张兵因出口需要向阿福(化名)经营的B鞋业公司采购鞋子。后张兵听说合作商刘武(化名)与陈东(化名)经营的A皮革厂有阿福所需的皮料出售,便介绍陈东与刘武将皮料提供给B鞋业公司。但之后B鞋业公司由于经营不善而破产,阿福便无法清偿陈东与刘武的货款,最终给刘武出具了一张欠条,确认欠款的事实。陈东在收到欠条后,怀疑该欠条系张兵所签,从而怀疑张兵假冒阿福的身份,以购买皮革的名义诈骗自己的货物,遂向公安机关报案。同日,张兵被公安机关采取刑事拘留的强制措施。

迷雾重重

2017年12月5日,张兵的妻子燕子(化名)找到浙江光正大律师事务所潘晓珍律师，委托其作为张兵的辩护律师。潘律师介入后，发现对本案犯罪嫌疑人张兵定诈骗罪存在较大问题，便依法向公安机关提交了法律意见，要求公安机关尽快撤销该案件，释放张兵。2018年1月5日，张兵被取保候审。2018年11月27日，公安机关将本案移送检察院审查起诉。通过会见犯罪嫌疑人张兵，仔细审阅卷宗材料，潘律师发现本案控告人、证人、犯罪嫌疑人对事实的陈述疑点重重。

据张兵陈述，2013年某月，张兵接到了一笔出口鞋子的订单，于是他便找到朋友阿福采购鞋子。由于刘武、陈东经营的A皮革厂有生产鞋子所需的皮料出售，张兵便介绍阿福向A皮革厂采购皮革原材料。于是在张兵的介绍下，阿福开始从A皮革厂购买原材料，在公司生产好鞋子之后再将货物直接发货给张兵。就这样，阿福与陈东等逐渐建立起了稳定的贸易往来。后来阿福的B鞋业公司因经营不善破产，因拖欠工人工资被镇政府接收，所有的资料、原材料以及成品鞋均被镇政府拍卖用于支付工人工资。最终，阿福无力支付陈东等供应商的原材料款。在镇政府的调解下，阿福给陈东、刘武等供应商打了欠条，而张兵自己也没有从阿福处拿到货物。

陈东认为，阿福从一开始就是张兵假冒的，张兵假冒阿福骗取了其货物。陈东在询问笔录中陈述：他与阿福的交易原先一直在稳定进行，并且按照正常的流程下单、送货再签单。由于行业的习惯，货款结算的方式一般都是先记账，在签单一个多月之后再进行对账收款，并不是直接结算。2013年12月13日，他给阿福送去了最后一批货物。在送完货一个多月后，他去送收据准备结账时，发现根本就没有阿福这个人存在。他感到很奇怪，后来便一直在B鞋业公司那里守人。在守人的日子里，也有别的债权人来找阿福。其他债权人告知他，阿福的真实名字其实叫张兵，张兵是在使用阿福的身份行骗。这时，他便意识到自己可能被骗了。他猜测阿福这个人可能就是张兵使用假身份行骗的幌子，便依据推测的事实去派出所报案。

但警方在对张兵的讯问过程中了解到的事情经过又是另外一番模样。根据张兵的供述，他从来没与陈东有过实际上的业务往来，也没有去过陈东的实体店。自从将A皮革厂陈东的合伙人刘武介绍给阿福之后，他就没有跟他们俩再联系。阿福与陈东也没有直接的交易往来，主要是与刘武有业务上的往来。因阿福向刘武、陈东购买皮革是张兵介绍的，陈东才找张兵讨要货款。陈东讨要不成，便报警称张兵诈骗了他的货物。

一个错字引发的诈骗案

陈东的合伙人刘武的说法则与张兵所述较为一致。据刘武陈述,他与陈东在2013年认识,他负责推销皮革。后来,张兵将他介绍给阿福,由阿福到他那进货。交易的过程:阿福跟他通过电话的方式订货;他收到订单后,陈东就把货发到温岭;他将货物送给阿福后,由阿福签字确认。后来阿福的公司倒闭,无法支付货款。阿福只好打了欠条给刘武,但签完欠条后阿福便彻底与刘武失去了联系,拖欠的货款也就没有了下落。

然而,陈东又联系到了一位关键证人刘其(化名)出来作证。刘其是陈东派到阿福公司所在地的业务员,平时主要负责陈东、刘武与阿福的交易往来。刘其把货物送到阿福的公司,待阿福签字确认后才放货离开。根据刘其的陈述,2013年12月,陈东跟阿福联系好以后,由刘其将货物运送过去;收到货后阿福在收据上签字并由刘其取回收据。由于拿收据过去的时候,B鞋业公司的负责人当着刘其的面签上"阿福"的名字,刘其便认为"阿福"就是B鞋业公司负责人的真正名字。可当刘其把收据拿回来之后,其他送货过去的人说这个收据上签的名字与B鞋业公司负责人真实的名字不符。因此,刘其便觉得自己被骗了,并出面作证称这个所谓的"阿福"根本就是假的。

货款单上的疏忽

整个案件进展到这里,已经是剪不断、理还乱。此时陈东又提交了一份关键证据——由阿福签字确认过的货款单。阿福一共签字确认过6张货款单。在其中一张货款单上,阿福的签名前出现了一个"弓"字。凭此,陈东坚定地认为:这张货款单是张兵冒用阿福名字进行诈骗的直接证据;张兵是用"阿福"这个假名字进行诈骗的,所以当初在签货款单的时候,习惯签自己的名字,一不小心留下了一个"弓",露出了马脚;张兵后来意识到不能用自己的真名,应该要签"阿福",才会在"弓"字后面签上了"阿福"。对此,张兵的说法是,他从来都没有签收过陈东的货款单。关于该货款单上签名的笔误,张兵说:原先阿福的B鞋业公司是阿福的哥哥徐森(化名)开的。徐森做了上门女婿之后改姓张,因此这个"弓"应该是阿福的哥哥张森签的。由于自己恰好也姓张,陈东便将他误认为是签货款单的那个人,从而推定阿福就是他冒名顶替的。

公安机关认为：由于关键证人与书证的出现，综合受案登记表、犯罪嫌疑人张兵的供述和辩解、被害人的陈述、证人证言、辨认笔录、鉴定意见、归案经过说明等一系列证据，可以认定张兵冒用阿福身份以购买皮革的名义分八次诈骗陈东公司的皮革（货款215 817元）；张兵的行为已涉嫌诈骗罪。于是，公安机关于2017年12月28日就张兵涉嫌诈骗罪一案向检察院提请批准逮捕。2018年1月5日，检察院在审查批捕过程中采纳了辩护人不予批准逮捕的法律意见，以张兵涉嫌诈骗的事实不清、证据不足为由，决定不批准逮捕张兵。然而公安机关认为，虽然张兵否认假冒B鞋业公司老板阿福的身份购买皮革材料，但现有证据、证人刘其指证及笔迹鉴定结果均足以证实该发货清单上的签收人名字系张兵所写，因此当天决定对张兵采取取保候审的措施以便继续进行侦查，并且在2018年1月10日向人民检察院提出复议申请。2018年1月16日检察院驳回复议，维持不批准逮捕的决定。公安机关在2018年1月18日以相同的理由再次向人民检察院提起复核，要求改变不批准逮捕的决定，而人民检察院以张兵涉嫌诈骗的事实不清、证据不足为由，决定维持不批准逮捕的复议决定。至此，张兵被羁押的过程告一段落。公安机关把对张兵采取的措施变更为取保候审，以便继续侦查。

2018年11月26日，公安机关以张兵具有非法占有的目的，诈骗公私财物，数额巨大，行为已触犯了《中华人民共和国刑法》第二百六十六条之规定，涉嫌诈骗为由，将本案移送人民检察院审查起诉。

转机的出现

案件进入审查起诉阶段后，潘律师又多次与张兵沟通，仔细查阅了本案的卷宗材料，深入了解了案件的真实情况。结合本案证据材料及犯罪嫌疑人的供述及辩解，潘律师认为张兵的行为不符合诈骗罪的构成要件，他没有参与阿福与陈东交易过程中的任何行为，没有诈骗涉案货物的主观故意，更没有从中获利。潘律师再次向检察院提交了《不予起诉的法律意见书》，建议公诉机关对张兵不起诉。具体内容如下：

第一，张兵在主观上不具有非法占有他人财产的故意。首先，辩护人在与张兵的谈话中得知：张兵多年来从事货物贸易进出口生意，主营服装

一个错字引发的诈骗案

鞋帽；公司发展态势稳定，资金利润情况良好，没有处于被责令停产停业、破产等状态，从一般社会观念来看，不存在任何使张兵产生诈骗他人钱财的故意的事由。其次，从张兵与陈东认识的过程来看，二人系通过陈东的合伙人刘武相识的，而刘武找张兵一起吃饭的目的是希望张兵可以照顾他们皮革厂的生意。该事实可以反映出，张兵并非主动接触陈东，而是因为刘武希望张兵能够对他们皮革厂的生意起到帮助作用，在刘武的邀请下一起吃饭才与陈东认识。这一事实也足以说明，后续张兵之所以会在向阿福订货时介绍陈东为其供应原材料，其实完全是因为想照顾陈东的生意，而非带着非法占有陈东财产的目的设置陷阱。

第二，张兵未实施任何欺诈行为。张兵因公司出口需要向阿福采购鞋子。双方基于真实的意思表示签订订货合同，由阿福的公司提供鞋子，张兵的公司支付价款，系公司正常的经营行为。介绍陈东的皮革厂给阿福的公司提供鞋料也只是给阿福的公司提供一个采购原材料的渠道，而是否交易取决于买卖双方。张兵没有参与到具体交易过程中，也没有从中获利。之后由于阿福的公司破产，剩余鞋料也被政府拍卖，资不抵债，阿福便出具欠条。该欠条系对拖欠货款的再次确认。因此，从该事实来看，本案所涉关系系张兵与阿福的公司以及陈东的公司与阿福的公司之间独立的民事合同法律关系，本案不存在刑法中所禁止的违法欺诈行为。可见张兵在本案中没有实施任何欺诈行为。

第三，认定张兵犯诈骗罪的证据严重不足。公安机关单凭被害人的报案与提供的发货单便进行了立案侦查。发货单上虽有误签的"弓"，但在案证据不能证实发货单系张兵出具，"阿福"系张兵所签，更不能证实张兵有参与诈骗行为。张兵也已提供自己书写的"阿福"供公安机关做笔迹鉴定，以证明发货单上的签字并非其书写，且现有证据无法证明张兵取得了涉案货物。因此，辩护人认为认定张兵的行为已构成诈骗罪的证据严重不足。

综上所述，辩护人认为犯罪嫌疑人张兵在主观上不具有非法占有陈东财产的故意，在客观上也没有实施任何欺诈行为，因此张兵的行为不构成诈骗罪。辩护人恳请检察院能依法作出不予起诉的决定。

峰回路转,柳暗花明

检察院分别于2019年1月11日、3月11日将案件退回补充侦查,最终认定:张兵涉嫌诈骗的事实不清、证据不足。本案关键证人阿福下落不明,涉案货物也去向不明,而现有证据无法证明张兵取得涉案货物,也无法证明其在主观上有非法占有的故意,故本案不符合起诉条件。2019年5月17日,依据《中华人民共和国刑事诉讼法》第一百七十七条的规定,人民检察院决定对张兵不予起诉。

律师分析

诈骗罪是指以非法占有为目的,用虚构事实或者隐瞒真相的方法,骗取数额较大的公私财物的行为。诈骗罪(既遂)的基本构造为行为人实施欺骗行为—对方(受骗者)产生(或继续维持)错误认识—对方基于错误认识处分财产—行为人或第三者取得财产—被害人遭受财产损失。因此,诈骗罪的构成要件分为主观要件与客观要件。

本罪在主观方面表现为直接故意,即具有非法占有公私财物的目的。张兵多年以来从事货物进出口贸易,公司发展态势良好,前景光明,利润一直以来十分可观。《中华人民共和国刑法》第二百六十六条的规定,"诈骗公私财物……数额巨大或者有其他严重情节的,处三年以上十年以下有期徒刑",而张兵经营公司3~10年产生的利润,是远远超过本案涉案的金额20多万元的,因此张兵根本没有理由冒这么大的风险实施诈骗,因此其没有诈骗货款的动机。

此外,由于非法占有目的是人的主观方面的心理活动,其内容较抽象。《最高人民法院关于审理诈骗案件具体应用法律的若干问题的解释》全面肯定了刑事推定在诈骗罪的非法占有目的司法认定中的运用,即通过行为人本身实施的客观行为来推定其主观故意。潘律师介入后发现了在案证据反映的如下几点事实:首先,张兵与陈东系通过陈东的合伙人刘武相识的,而刘武找张兵一起吃饭的目的是希望张兵可以照顾他们皮革厂的生意。从该事实可以看出,张兵是因为刘武希望张兵能够对他们皮革厂的经营起到

帮助作用，在刘武的邀请下一起吃饭才与陈东相识的，并非主动与陈东进行接触。其次，这一事实也足以说明，后续张兵在向阿福订货时介绍陈东为其供应原材料的原因其实完全是出于好意，想要照顾陈东的生意，而非想非法占有陈东的货物。这些客观行为均能够反映出张兵在主观上不具有非法占有的目的。

本罪在客观上的构成要件为使用欺骗方法骗取数额较大的公私财物。首先，行为人必须实施了欺诈行为。欺诈行为从形式上说包括两类，一是虚构事实，二是隐瞒真相。二者从实质上说都是使被害人陷入错误认识的行为。欺诈行为的内容是，在具体状况下，使被害人产生错误认识，并做出行为人所希望的财产处分。在本案中，张兵仅仅是介绍陈东向阿福提供原材料，而后便没有与二人接触，也没有实施任何欺诈行为。其次，行为人实施的欺诈行为要使对方产生错误认识，且对方产生错误认识是行为人的欺诈行为所致。如果对方不是因欺诈行为产生错误认识而处分财产，诈骗罪就不能成立。在本案中，张兵介绍陈东给阿福提供原材料，只是给陈东提供一个销售原材料的渠道，而是否交易取决于买卖双方，且张兵并没有参与到具体交易过程中。由于阿福的公司破产，剩余鞋料也被政府拍卖，阿福便出具了欠条。该欠条系对拖欠货款的再次确认。因此从事实来看，本案所涉关系系张兵与阿福的公司以及陈东的公司与阿福的公司之间独立的民事合同法律关系；本案不存在刑法中所禁止的违法欺诈行为，也不存在陈东因为陷入错误认识而处分财产的事实。再次，欺诈行为使被害人处分财产后，行为人获得财产，从而使被害人的财产受到损害。本案215 817元的涉案货物去向不明，在案证据也无法证实张兵实际取得了该货款。且张兵与阿福的交易因阿福的破产也无法正常进行，因此从某种角度来说，张兵也是本案的受害者。因此，张兵的行为不符合诈骗罪的客观构成要件。

依照《中华人民共和国刑事诉讼法》第一百七十七条："犯罪嫌疑人没有犯罪事实，或者有本法第十六条规定的情形之一的，人民检察院应当作出不起诉决定。对于犯罪情节轻微，依照刑法规定不需要判处刑罚或者免除刑罚的，人民检察院可以作出不起诉决定。"人民检察院经过审查并两次将案件退回补充侦查后，仍然认为认定犯罪嫌疑人的行为构成犯罪的事实不清、证据不足。在案证据无法证明张兵已取得涉案货物，也无法证明其在主观上具有非法占有的故意。再加上关键当事人阿福下落不明、涉案货物去向不明，且无证据证明货款单上阿福的签字是由张兵所签，故本案在两次被退回补充侦查之后，依然没有确切的证据证明张兵的行为构成诈骗罪。因此，本案事实不清、证据不足，不符合起诉的条件。人民检察院作出不起诉决定完全符合法律规定，也是合情合理的。

　　本案最终没有造成冤假错案的主要原因是辩护人的及时介入。在对当事人至关重要的 37 天内，辩护人多次与公安机关、检察院的经办人沟通交流，在侦查阶段便提出不予批准逮捕的法律意见，且该意见成功得到了检察院的采纳，从而维护了犯罪嫌疑人的权利，使得犯罪嫌疑人被变更强制措施为取保候审而释放。而后在审查起诉阶段，辩护人向检察院提交了《不予起诉的法律意见书》，提出犯罪嫌疑人张兵并未实施任何欺诈行为，且在案证据无法证明张兵已取得涉案的货物，也无法证明张兵在主观上有诈骗的故意等意见，从详尽的角度出发，细致地分析了张兵涉嫌诈骗的证据不足之处。最终，辩护人提出的法律意见得到了检察院的认可与采纳，使得犯罪嫌疑人的合法权益得到了维护。可见，面对众多纷杂的证据材料，从中找到突破口才是关键，亦是有效辩护的基础。此外，本案能在审查起诉阶段便获得不予起诉的结果也离不开检察官的公正公平、客观中立。作为一名检察官，其并未带着个人主观感情色彩来认定案件事实，而是对辩护人提出的有利于犯罪嫌疑人的意见予以重视，真正做到了兼顾惩罚犯罪与保障人权，"以至公无私之心，行光明正大之事"，值得敬佩。

律师简介

　　潘晓珍，浙江光正大律师事务所合伙人，现为光正大刑辩中心主任，温州市律师协会刑事委员会副主任、婚姻家事与家族财富管理专业委员会委员，温州市律师协会考核员，温州市鹿城政协法律服务团成员，温州市妇联"巾帼维权志愿者"成员。

 有效辩护：论诈骗与非法经营的是与非

——未经许可经营黄金期货业务，诱使他人交易并向客户提供反向提示操作的行为如何定性？

诈骗罪是常见罪名，也可被视作自然犯，与法定犯有着不同的逻辑基础；非法经营罪是典型的法定犯，但法律历经修改，已经大幅度缩小了非法经营罪的打击范围。诈骗罪和非法经营罪本无太多交集，然而因为主客观方面归罪要素的问题，实践中往往产生不可忽视的交集，从而引发定罪的分歧。而在这起跨省抓捕的案件中，侦查机关一开始就以涉嫌诈骗为由对犯罪嫌疑人进行抓捕。办案人员几乎都认定主犯将会面临十年以上的刑罚。律师在接受委托后，主动学习和了解其中操作模式并深入分析，最终，犯罪嫌疑人在被羁押一年半后回归家庭。

工作时突遇警方上门

被告人祝某与妻子早早结婚。伴随着甜蜜的生活，妻子于2016年生下女儿。可是，女儿生来就伴有严重的疾病，需要长期医治。这给原本不富裕的家庭蒙上了一层阴影。

无奈之下，祝某只有背井离乡，到广州谋求工作。在辗转多份工作后，他最后来到广州某经纪代理公司工作。根据老板的介绍和安排，该公司主要从事国际期货交易的代理，而小祝的工作主要是带领自己的团队帮助客户与国际期货交易平台完成开户对接。只要所在团队引荐的客户成功进行交易，公司就可以从中赚取交易平台收取的手续费分成。由于小祝自己工作刻苦，也比较灵活，所以很快就担任了公司的业务总监和经理等职务，其所在团队的业绩也突飞猛进。老板甚至将其他业绩一般的团队也交由小祝管理。

随着业绩突出，小祝的薪资开始上涨，一家人也看到了治病的曙光。妻子便带着孩子来到广州开始寻找合适的医院准备治疗。但是计划永远赶不上变化，2017年7月中旬的一天，小祝和同事还在单位正常工作的时候，突然大批的警察闯进来。很快，小祝和同事就被警察控制，工作场所也被查封。面对这突如其来的一切，小祝一时也没了主意，家人更是心急如焚。这到底是怎么一回事？

挂羊头卖狗肉，以中介之名行犯罪之实

原来，该公司老板早就看中了现在互联网发展的趋势，借着一部分人在茶余饭后都会选择股票来赚点零花钱的小心思，就和其他平台共谋，利用谎称能够对接国际期货买卖平台的手段，为客户提供相应的代理服务。由于缺乏金融服务领域相关资质要求的知识，像小祝这样的员工对自己公司无权代理这样的服务是不知情的，他们只知道需要做的就是尽可能多拉拢客户进入平台进行期货的买卖交易，因为业绩直接和交易次数挂钩，他们甚至还会以各种方式诱使客户频繁交易。

在公司的安排下，业务员的主要工作就是到网上将软件股票群里面的QQ号码全部复制到电脑上，然后以股民的身份通过QQ接触其他股民并且加对方为好友，获取信任后诱使对方到公司所开的网络直播间一起炒股。之后再以炒期货更赚钱为由公开招揽客户，最后安排客户与他们认为有合作的国际黄金交易平台完成开户对接。

为了让客户信任，业务员会跟客户私聊，把一些虚拟盘的盈利截屏给客户看。客户相信后，就会跟着所谓老师的喊单做多做空。客户每交易一手（1 000美金），公司就会收取50美金手续费。另外，业务员拉进的客户每成交一手交易，业务员即可收取70元提成。为了让客户亏钱，业务员也会积极配合直播老师，装成客户来配合下单。如果客户赢利了，业务员就劝他们及时止盈；如果客户亏损了，业务员就误导他们持续补仓。

其实，公司只是借用国际上的黄金期货交易指数，利用其合作的非法平台诱骗客户来交易。实际上，客户的买卖操作都是客户和平台在赌。客户赢钱，该平台就输钱。只有客户输，平台才赚钱。公司一方面让业务员忽悠客户多次交易，从中赚取高额手续费，另一方面，通过"分析师"指

导客户，故意让客户亏钱。为了更好地让业务员忽悠客户，公司有一名黄姓经理会对业务员们进行培训，一方面培训股票知识，另一方面培训吸引客户所用的一些聊天模板。另外，业务员冒充客户在直播间说什么话、上传什么内容或者截图都是由黄经理在一旁指导。至案发时，该公司导致客户损失共计100多万元。

直到警察到来，面临讯问和教育，小祝以及公司员工才知道这一切都是老板安排的局，他们都成了老板违法犯罪以赚钱的棋子。

面临巨额犯罪和十年量刑，何去何从

家属在收到公安机关的拘留通知并询问律师后了解到，祝某所涉嫌的是诈骗罪，并且涉案金额可能达到百万以上，一旦罪名成立，祝某就将面临十年以上的有期徒刑。这不但会使孩子无法继续看病，而且会让孩子面临一个没有父亲陪伴的童年。

祝某的家属并没有放弃希望，通过广州的律师朋友联系到了我。在初步接待后，我查阅了当地的一些同类诈骗案例：法院基本上是按照诈骗罪定罪处罚的。但是看到祝某的家庭情况，特别是他妻子抱着才一岁多的孩子，我决定尽自己的全力帮助这个无助的家庭。

在接受家属委托后，我第一时间前往看守所会见了祝某，向其了解了他所知道的公司运营的模式和不同员工的分工。根据其陈述，他只是帮助老板给团队内成员安排工作，也会配合在群里做一些指导性工作，并不知道合作的那些平台到底是怎么运营的，只知道公司的工资来源是交易平台收取的手续费分成，但是他自己的工资由财务人员发放。虽然他身为总监和经理，但从不经手具体财务。

在通过祝某的陈述对案件有了初步了解后，我在侦查阶段即向办案机关递交了取保候审申请，并做了相应的说明，但是侦查机关并没有给予任何机会，在没有任何讨论的前提下马上出具了不予变更强制措施的决定。在侦查机关看来，因为之前有过不少先例，此案也是板上钉钉的铁案，没有任何变更的可能性。当然，在我将该结果告知祝某及其家属后，他们的脸上几乎就只有绝望了。彼时，大家心里都有着自己的心思，却又不敢互相吐露。

一波三折，确定辩护方向

面对这样的结果，作为辩护人，我当然不可能就此放弃。在申请批捕阶段，我向检察院递交了羁押必要性审查申请书。虽然当时对全案并没有充分完整的认识，但是我也把各种可能的情况加以剖析，尽可能争取一个好的结果。检察官经过分析，告知我同意变更强制措施，不过只是将强制措施改为监视居住而非家属期望的取保候审。但是，对于家属来讲，这使他们看到了一丝希望。这也为我的继续辩护注入了新的能量。

在祝某被监视居住的数月里，我对类似公司的运营模式加以研究，同时结合对接的所谓平台的资质、经营范围等进行分析，并且反复与祝某就可能存在的问题进行核实。

可是好景不长，因指定管辖的原因，该案被移送另一检察院办理。祝某又被羁押回看守所等待审理。家属的心又一次被按到了水底。

随着审查起诉程序的启动，我在查阅案件后，发现祝某所在公司的经营模式为：公司对员工进行培训，传达发展客户的同一话术。之后业务员以普通股民身份通过聊天软件与客户取得联系，将客户引诱至公司的网络直播室，再向客户发送盈利截图，称有高水平的金融分析师带领操作，并夸大投资收益，引诱客户至公司对接的交易平台开户。客户以一定的杠杆比率按照交易平台提供的国际黄金实时走势在平台内交易。公司的盈利是以交易平台自身的运营和盈利为基础的。该交易平台的获利来自客户的实际亏损和交易产生的手续费。

但是祝某本人以及所有员工都认为该平台是真实地将客户资金接入国际市场的，并且参照的K线图也是与国际市场的大盘完全一致的，甚至有客户在赢利后成功取出过自己的投资金额，由此相信交易是真实可靠的。而且投资者在公司对接的平台上的交易也完全是基于自主、自控，自行操作的，双向买卖（买涨或买跌）也都是来去自由的。公司只是从中赚取交易平台收取的手续费分成。

基于以上事实，我认为诈骗罪的定性有问题。现有证据不能证明祝某和其他同事对平台运营模式是知晓的，也不能证明后方平台的交易模式、投资者的真实交易对手、交易过程中存在操控价格等事实，所以指控祝某等人采用虚构事实、隐瞒真相的手法骗取他人财物的证据还不能达到确实、充分的证明要求。而祝某等人在没有经过批准的单位内组织期货交易及相关的经营活动，违反了《期货交易管理条例》的相关规定，属于非法经营行为。

尘埃落定，家人终得团聚

在审理案件过程中，检方仍然按照犯诈骗罪对祝某及其同事进行定性。理由主要是：① 各被告人在主观上具有非法占有被害人财物的目的。② 各被告人在客观上共同实施了虚构事实、隐瞒真相、骗取被害人财物的行为，符合诈骗罪的客观要件。

作为辩护人，我也坚持从非法经营的角度进行辩护。

1. 被告人在主观上没有非法占有被害人财产的故意。虽然被告人在被害人交易前具有欺骗、诱导等行为，但在主观上不存在将客户财产据为己有的意图，且从未实施将他人财产据为己有的行为。之前虽然存在虚构事实、隐瞒真相的情况，但目的是促使客户进行交易，从而收取手续费（佣金），而非占有客户的财产。客户资金始终在客户的掌控中，其最终损失是交易导致的，并非被被告人占有。可见，被告人在主观上欺骗的目的与非法占有他人财物的目的指向不一致，且不能衔接，故被告人的行为不符合诈骗的法定情形。否则，证券行业、银行业的大部分业务员，利用信息不对称的优势，通过诱使客户进行证券买卖、理财而获取佣金的行为均可以诈骗罪论处。

2. 在客观上被告人虚构事实、隐瞒真相的行为不符合诈骗罪的客观要件特征。

首先，虚构事实与被害人目标行为并不相互对应。虚构事实的主要特点是向被害人做出一个与事实相反的陈述，使得被害人陷入处分自己财产的错误认识，进而处分财产，丧失对财产的占有。因此这个虚构事实必须是对于财产处分具有直接决定因素的事实，比如虚构合同、交易、产品、项目等。

其次，虚构事实并不促使被害人发生直接的财产转移。各被告人只是诱导被害人进行交易，但这不是使被害人丧失财产所有权的直接因素。被告人对于案件结果具有影响力的内容是向客户陈述的内容,但这种陈述并不能使得客户产生错误认识,进而直接处分财产,丧失对财产的占有。客户完全是依据交易本身的情况进行处理的。

在诈骗罪中虚构事实或隐瞒真相的行为,是直接导致被害人损失的因素,不具有或然性;但在本案中,炒期货的结果本身具有不确定性,被害人应当能够预见到交易的风险,且这种风险不是直接来自被告人的陈述,而是交易本身。所以,被告人的陈述以及假扮高手等行为不能使得被害人对交易结果产生错误认识。

法院在审理后,结合查明的事实以及控辩双方的意见,认为:首先,投资者进行交易的目的并非转移期货产品的所有权,而是获取期货交易中产生的利益。其次,本案中的交易存在高倍杠杆,并且具备集中交易、连续竞价、集合竞价、电子撮合等期货交易的特点。虽然祝某等人有发展投资者的行为,但最终是投资者至交易平台开户投资,而非祝某所在公司操控资金。

最后,本案经过一年多的侦查、起诉和审判,祝某最终获刑一年六个月,判决生效后没几天即被释放。看到他们全家再次团聚,我也深感欣慰。

回顾与总结

原本差异较大的两个罪名,在本案中却有了交集。出现该情况是因为案件本身的特殊性,以及罪名涵盖性的问题。

1. 本案中各被告人共同诱使客户进行交易的行为,具有诈骗的"外貌特征"。

在财产案件里,虚构事实、隐瞒真相几乎是诈骗类罪的标签。一般而言,只要行为具备该特征,如无意外,多为诈骗类罪。

2. 诈骗"外貌特征"不仅存在于诈骗罪中,也存在于各种经营行为中,这是交集产生的客观因素。

在经营行为中,有些会以虚假宣传、夸大宣传、隐瞒不利因素等作为营销手段,于是难免与诈骗有交集。该类经营,或存在欺诈、交易无效,或存在侵权,自然也有非法经营。

3. 诈骗类罪名的特征明显,易于侦查。

对于诈骗类罪名，办案机关通过线索就能锁定特点，再通过大量口供、证言、陈述认定。

正因如此，其他类型的罪名往往会被以诈骗类罪名进行追究，反之则鲜有。

实际上，不同地方的公检法起初对于此类案件也未形成统一认识，有的以非法经营罪定案，有的以诈骗罪定案，但在大量此类案件出现后，这些部门又逐步形成了裁判规律，主要从"设立的平台是否合法""交易行情数据是否修改"等角度区分诈骗罪与非法经营罪。然而，令人惋惜的是，有些地方的公检法并未充分认识到其中的差别，机械地认为有诈骗罪案例就应当以诈骗罪定罪处罚。

我认为，此类案件一直难以被统一定性，主要问题在于办案人员对交易模式认识不清，只是从形式上认为交易模式符合诈骗罪的特征。

通过本案，我对于罪刑法定原则有了不同的认识。首先，罪刑法定的基本前提是罪和刑均应当明确。所谓明确，是指该罪的定罪标准、量刑规则具有排他性，或者相应条款具有精确的概括性内涵和明晰的指向性外延。其次，如果因为事物发展变化和法律滞后性的原因导致违法行为和犯罪类型无法准确对应，那么该罪名的法定特征应作为定罪量刑必须坚守的底线，否则就违背了罪刑法定的初衷。再次，定罪量刑以罪刑法定为原则，不能脱离生活常理、社会伦理以及普世科学经验的常规判断。最后，程序设定的意义不仅仅是查明案情，更是为准确判断打基础。而在刑事侦查活动中，排除合理怀疑是必须做到但往往也是最容易被忽略的。

承办律师

周鹏飞，上海君澜（无锡）律师事务所合伙人。

执法程序严重违法，妨害公务能否构成？
——周某某妨害公务无罪案

联合执法强执法，母女涉嫌妨害公务

周某某及其母亲居住在某小区车库里，因当地政府认为这有车库安全隐患，遂要求他们自行清理。因其迟迟不予自行清理，某镇组织执法部门强制清理小区车库，在此之前委托物业口头通知了周某某的母亲，物业工作人员还将相关强制搬迁告示贴在了车库墙上，并告诉周某某的母亲最后强制搬迁期限为2018年11月20日。2018年11月19日，周某某看到政府联合执法部门正在强行搬迁物品，其母亲坐在地上用拐杖乱舞，试图制止联合执法部门工作人员搬迁，旁边还有工作人员制止母亲起身，遂激动地上前帮助母亲。在此过程中有争吵行为，在拉扯过程中手碰到了辅警的脸部。于是，周某某及其母亲双双被公安机关以涉嫌妨害公务为由带至派出所。之后周某某因涉嫌妨害公务被刑事拘留，其母也因涉嫌妨害公务被取保候审。家里人后悔不已，没有想到天降横祸。

罪与非罪？何去何从

我接受委托后，先后几次去看守所会见了周某某。周某某因情绪激动，对事发时其究竟是在拉母亲起来的过程中无意碰到了辅警还是故意打辅警一巴掌表述不清。我遂向公安机关了解案情。公安机关表示该案正在侦办中，不方便透漏具体情况，但是承办人员说周某某肯定打了辅警，其行为构成妨害公务罪没有问题。之后我又会见周某某时，周某某提到的强制搬迁送达程序及搬迁期限引起了我的注意。周某某称物业通知最晚11月20日搬迁,但执法部门11月19日就来了。我认为执法部门的强制搬迁行政强制措施程序严重违法,于是向公安机关提出要求查看联合执法强制搬迁的行政强制措施的相关书面资料,并向公安机关递交了将刑事拘留变更为取保候审的申请书,但是公安机关拒绝接受取保候审申请,并坚决表示要追究周某某的刑事责任。公安机关在将周某某刑事拘留30日的期限内向检察院提请批准逮捕。承办检察官在初次提审后也认为周某某及其母亲的行为构成妨害公务罪。周某某的家属听说周某某可能会被批捕也慌了神,遂请求我想想办法。

执法程序严重违法,妨害公务无罪撤案

我在律师意见书中提出联合执法的送达程序严重违法,行政强制搬迁因时间未到最后搬迁期限不符合行政强制条件,整个联合执法行为不具有合法性,应属于违法执法。周某某轻微的暴力行为不构成妨害公务罪。我提出了如下律师意见:

第一,妨害公务罪是指以暴力、威胁方法阻碍国家机关工作人员依法执行职务的行为。刑法通说认为,成立妨害公务罪,除了行为人实施妨害公务的行为外,还应以国家机关工作人员依法执行职务,即职务行为的合法性为前提。只有这两个要素齐具的行为才能构成妨害公务罪。由于周某某在本案中有以轻微暴力阻碍强制搬迁的行为,因此本案的焦点在于执法机关的职务行为是否合法。

第二,职务行为的合法要件包括四个方面:主体适格、权限正当、内容合法、程序合法。从在案证据看,执法主体、权限、内容均不存在问题,故争议在于联合执法的执法程序是否合法。所谓程序合法,是指国家机关工作人员的职务行为必须符合法律规定的重要条件、方式和程序。在实践中,判断程序是否合法可以从以下两个方面进行:一是执法者有无按规定向被执行者表明自己的执法人员身份及执法目的;二是执法者有无按照法律规定的步骤、方式、顺序以及时限开展执法活动,有无违反法律的强制性规定。执法者的执法程序如果违反的只是法律的任意性规定,或仅有轻微瑕疵,就不应被认定为违法;如果违反的是法律的强制性规定,如关于时间、方式等的规定,就应被认定为违法。当程序违法时,执法行为不具

有合法性,从而阻却妨害公务罪的构成。

第三,根据《中华人民共和国行政强制法》第三十五条、第三十七条、第三十八条及第四十四条的规定,行政机关作出强制执行决定前,应当事先书面催告当事人履行义务。经催告,当事人逾期仍不履行行政决定,且无正当理由的,行政机关可以作出书面强制执行决定。催告书、行政强制决定书应当直接送达当事人。对需要强制拆除的,应当由行政机关予以公告,限期当事人自行拆除。当事人在法定期限内不申请行政复议或者提起行政诉讼,又不拆除的,行政机关可以依法采取强制拆除。然而,从在案证据看,联合执法机关在组织强制搬迁前,没有依法向周某某及其母亲送达催告书及行政强制决定书,更没有告知周某某及其母亲在法定期限内具有申请行政复议或者提起行政诉讼的权利,仅仅是让物业工作人员贴了一张告示,且在告示规定的自行履行期限尚未届满时就采取强制搬迁措施。上述行为均严重违反了《中华人民共和国行政强制法》的相关程序性规定,已构成程序违法而非程序瑕疵,应被认定为非法执行职务。

综上所述,周某某及其母亲在本案中虽有实施妨害公务的轻微暴力行为,但因执法机关在联合执行强制搬迁时严重违法,执法行为不具有合法性,从而阻却妨害公务罪的构成。

承办检察官在与律师沟通后经过调查发现,律师意见书中所说的行政行为确实有严重的程序违法问题,遂采纳了律师不予批捕的意见。2018年12月25日检察院作出不予批捕决定。公安机关遂于当日做出了取保候审处理。2019年11月,公安机关将本案做无罪撤案处理。

承办律师

周钦明,苏州大学王健法学院法律硕士,1999年10月开始执业,先后在徐州、上海、苏州执业,现为北京天驰君泰(苏州)律师事务所高级股权合伙人、刑事部主任,扬子鳄刑辩联盟常务理事。执业20多年来,成功办理过多起无罪及罪轻案件,使很多刑事案件在黄金辩护37天内得以解决。在刑事辩护及公司高管刑事法律风险防范方面具有丰富的经验。

执法程序严重违法,妨害公务能否构成?

爱情保卫战
——朱某某涉嫌寻衅滋事案获不起诉

灶台店内吃火锅，女友被欺怒中生

2018年5月25日，一名举止优雅、处事落落大方的知性女子经朋友介绍专程前来向我咨询。她的旁边还有一位看上去十七八岁的年轻男子。该男子又黑又胖的小脸上嵌着一个尖尖的翘鼻子，长长的头发应该好久没理了，浓浓的眉毛下乌黑的眼珠转来转去，透露出其不安的一面。看得出来，他们应该是母子。在接待的整个过程中，男孩始终低着头没有说话。我可以明显地感受到其沮丧的心情。经其母亲介绍，我大概了解了基本案情：

男孩姓Z。2017年11月25日凌晨1时许，Z某与好朋友L某、Y某等人在一家火锅店内吃夜宵。Z某因为看到女朋友多次被隔壁桌的就餐人员摸屁股，并听到对方戏说"摸一下又没事"之类的侮辱性语言，觉得自己女朋友被人欺负，遂直接拿起啤酒瓶猛地砸向隔壁桌的A某，Z某的朋友Y某、L某随即上前帮忙。在三人殴打A某时，A某的朋友B某也上前帮忙，加入混战中，于是三人又与B某厮打起来，场面甚是混乱。后经J市公安司法鉴定中心鉴定，A某、B某所受伤势为轻微伤。公安机关以Z某、L某、Y某涉嫌寻衅滋事为由进行刑事立案。按照法律规定，犯寻衅滋事罪者将被处5年以下有期徒刑、拘役或者管制。

根据《最高人民法院、最高人民检察院关于办理寻衅滋事刑事案件适用法律若干问题的解释》第一条第一款规定，行为人为寻求刺激、发泄情绪、逞强耍横等，无事生非，或者因日常生活中的偶发矛盾纠纷，借故生非，实施刑法第二百九十三条规定的行为的，应当被认定为寻衅滋事。根据该司法解释的描述，随意殴打型寻衅滋事在主观上必须具有寻求刺激、发泄情绪、逞强耍横等动机，这也是与故意伤害他人身体最本质的区别。

因此，弄清楚 Z 某究竟是"借故生非"还是"因故生非"就成了本案的关键。"借故生非"没有正当理由，在一定程度上也反映出殴打的随意性，但"因故生非"则可能有正当理由。

案件事实已明了？初步沟通出难题

到检察院阅完卷后，出于对当事人负责和对公诉人的尊重，我又前往该案承办检察官办公室进行简单的口头沟通。刚开口没聊几句，公诉人直接回复说："经公安机关侦查，Z 某、L 某、Y 某三人在大排档吃夜宵时，随意殴打他人，致 A 某、B 某受轻微伤，已涉嫌寻衅滋事犯罪。本案有 Z 某、L 某、Y 某三人的有罪供述，A 某、B 某等人的证人证言，2 个轻微伤的鉴定意见，监控视频，被害人 A 某、B 某的谅解书等为证，事实清楚、证据确实、充分。审查起诉时间也快到了。我准备下周一就移送法院审判了。"由于我受委托的时候是星期五，也就是说，过完周末，公诉人即准备对 Z 某做出正式指控。听到这个消息后，我瞬间有种如临深渊之恐慌，差点喘不过气来，因为一旦案件被移送法院，从司法实践来讲，一般就意味着无罪判决几乎没有可能，而留给我反复阅卷、核实证据、详查资料、收集证据等的时间只剩两天。于是我马上赶回单位，准备来一场"酣畅淋漓"的通宵阅卷，以便能在周一早上说服公诉人暂缓将案件移送法院审判。

火眼金睛寻辩点，审查鉴定寻突破

阅卷第一步是看侦查机关的起诉意见书。果不其然，侦查机关对 Z 某、L 某、Y 某三人这样描述："无故用啤酒瓶砸到隔壁桌的 A 某头上，把 A 某打倒在地后还对其随意进行殴打。B 某上前劝架的时候被 L 某打伤。"这俨然是一种要定罪的势头。而本案的双方人员笔录却显示出了"罗生门"状态：Z 某、L 某、Y 某及 Z 某的女朋友均证实，A 某行为不检点，摸了 Z 某女朋友的屁股后，还说了"这种女的碰一下、摸一下又没有关系"等不恰当的侮辱语言；而 A 某、B 某二人在笔录中却说，A 某根本没有碰过 Z 某的女朋友，只是与朋友吃饭、聊天，也没有向他人说过任何侮辱或骚扰性言语。到底孰是孰非？

爱情保卫战

通过仔细阅卷，我发现本案双方在和解协议的事由处写道："A某用不恰当的语言侮辱Z某的女朋友，导致双方发生冲突。"以上内容均经被害人A某、B某签字、按手印予以认可。从一般常理出发，人们都会基于自身利益考虑对不利于己的内容做一定的回避或减轻陈述，而在本案的和解协议中被害人A某和B某却承认A某对Z某女朋友有侮辱性的语言。因此，这在很大程度上印证了Z某等人供述他人有侮辱行为的真实性。据此，我坚持认为本案系"因故生非"，而非"借故生非"。但是，光凭这一点，我很难说服检察院撤诉，毕竟检察院也可以认为这是"借故生非"，依然可以定罪。那该怎么办呢？经过再次详细阅览案卷，我终于找到了有利的突破口——鉴定意见。

刑法规定，构成寻衅滋事罪行为表现之一的随意殴打他人"情节恶劣"的标准是造成1人轻伤或2人轻微伤。本案鉴定结果为两名被害人均受轻微伤。要想获得无罪的结果就必须否定其中一份鉴定意见。

经查，J市公安司法鉴定中心鉴定文书记载：

① 检材和样本：S派出所民警提供的A某伤势照片4张。② 检验所见：被鉴定人A某体表已无明显外伤。阅伤势照片示：被鉴定人左耳部至左颊部见三条擦挫伤。③ 论证：依照《人体损伤程度鉴定标准》5.2.5c条之规定，构成轻微伤。④ 附被鉴定人A某伤检照片2张。

依据《中华人民共和国刑事诉讼法》《公安机关鉴定规则》《法医临床检验规范》等的规定，鉴定文书明显存在问题：

一是检材来源不明。如该鉴定文书所载，被鉴定人A某体表已无明显外伤。本案卷宗中无A某的医院就诊病历资料或诊断证明，也无侦查人员依法对A某的人身所做的检查笔录。因此，鉴定依据的检材即S派出所民警提供的4张A某伤势照片的来源是存疑的，且依据不足。

二是鉴定不合规范。《公安机关鉴定规则》第二十条规定："委托鉴定单位提供的检材，应当是原物、原件。无法提供原物、原件的，应当提供符合本专业鉴定要求的复制件、复印件。"而《法医临床检验规范》3.1.4条规定："检验所用的计量器械须按照规定进行检定或校准。"在本案中，所附被鉴定人A某伤检照片实际只有1张，且照片中未显示计量器械。《人体损伤程度鉴定标准》5.2.5c条规定，"面部皮肤擦伤，面积2.0 cm^{2}以上；面部软组织挫伤；面部划伤4.0 cm以上"属于轻微伤。面部皮肤擦伤或划伤的面积都是要计量的,而检查软组织挫伤应按《法医临床检验规范》4.2.2 条的规定检查"皮内或皮下的出血程度"。这些鉴定内容仅凭照片显然是不可能获得的。

三是鉴定严重超期。《人体损伤程度鉴定标准》3.5.2 条规定:"凡是以原发性损伤为主要评定依据的,原则上在 3 个月以内进行。"《人体轻微伤的鉴定标准》2.5 条规定:"轻微伤的鉴定应在被鉴定者损伤消失前作出评定。"本案事情发生在 2017 年 11 月 25 日,而对 A 某损伤的鉴定时间是 2018 年 4 月 11 日,与案发时间相差近四个半月,此时 A 某体表已无明显外伤,即损伤已消失。

据此,我认为,本案认定 Z 某的行为构成寻衅滋事罪的事实不清、证据不足,检察院依法应当予以撤销起诉。

海量搜索寻案例,详查录像找依据

我们知道,司法实践中无罪的概率很低。辩护人要想取得良好的辩护效果,除了要站在当事人角度思考问题外,还要站在公诉人角度思考:我的意见能否被采纳,对方是否有压力?在案件存疑时,如果辩护人与承办检察官争持不下,就反而会引起对方的抵触心理,对案件的办理产生反作用。

在本案中,Z 某曾向对方道歉(经二名被害人确认),但对方又用轻薄的言语侮辱 Z 某的女朋友。在这种情况下,Z 某的女朋友倍感委屈(已经道歉过,还要受侮辱),觉得对方欺人太甚,才让 Z 某帮忙,而当时距离最近、最直接相关的证人所说"他们打起来的时候我听到先上去打 A 某的那个男的说了句'让你说我女朋友'"可印证。作为男朋友,出于维护女朋友的心理而动手打人并不违背日常生活中的经验法则。Z 某等人并非无故发泄情绪,逞强耍横,而是事出有因,因故生非。对 A 某实施伤害以找回尊严的激情行动并不是无事生非或借故生非。

为此,我又通过中国裁判文书网、Icourt 网、人民检察院信息公开网、《刑事审判参考》等媒介,梳理出在 J 地区与 Z 某情节类似的检察院做不起诉处理的案例情况,分别对案件的嫌疑人、被害人情况及不起诉理由进行针对性总结,论证对 Z 某的行为做不起诉处理在司法上完全具有充分的理

爱情保卫战

由和实践基础。

当然,这些还不够。只要是有利于当事人的证据,我都应当一挖再挖,即使有些证据看上去对我们不利,如本案的监控视频。本案监控视频可谓令人触目惊心。在视频中,有一被害人被人用钝器殴打头部。当有人倒地后,两名嫌疑人又对其拳打脚踢。虽然有人求饶,但其中一名嫌疑人甚至拿起一箱啤酒直接往倒在地上的人身上猛砸。整个过程持续了5分钟左右。然而,我还是找到了对Z某有利的情节:

(1)由于监控录像拍摄角度较为模糊,且有部分盲区,事情的起因到底是A某伸手摸Z某女朋友的屁股还是Z某随意殴打A某无法判断,事实存疑。

(2)Z某并没有参与对伤势较重的B某(通过分析判断,B某即为倒地的被害人)的殴打,只扔了啤酒瓶在地上,暴力程度较轻。Z某在本案中的行为主要可分解为三个子行为:① 在得知他人摸女朋友屁股后,往地上扔啤酒瓶;② 旁观;③ 在混乱中从后面抱住和制服A某,拍A某的嘴巴。其中,子行为"往地上扔啤酒瓶",在主观上没有伤人的故意,在客观上也未伤到人;子行为"旁观",法律上对此不做评价;子行为"在混乱中从后面抱住和制服A某,拍A某的嘴巴",相较于其他人用脚踢被害人的头部,暴力程度较轻。

我总体认为:本案关于A某损伤鉴定的检材照片来源不明,鉴定不合规范、严重超期,故该鉴定结果应被排除;认定Z某"随意殴打他人"的事实不清、证据不足;考虑到Z某无前科,系初犯、偶犯、激情犯,给对方造成的损害较小,且认罪、悔罪,积极赔偿被害人损失并取得被害人谅解,按照《最高人民法院、最高人民检察院关于办理寻衅滋事刑事案件适用法律若干问题的解释》第八条,检察院可以不起诉或者免予刑事处罚。

检察院收到律师意见书后,根据有关法律规定,将本案退回公安机关补充侦查。在退查期间,公安机关并没有新的证据证明鉴定的合法性、客观性。最终,检察院对Z某、L某、Y某三人都作出了不起诉决定。

值得思考的是:如果对A某损伤的鉴定是在案发后及时做出的,本案定罪的可能性就很大;如果Z某的女朋友能讲清楚当时A某、B某侮辱的具体内容,本案可能就不会以寻衅滋事立案。

我想说的是:那一晚,Z某气不过,其实可以大胆走过去,要求对方道歉。如果对方道歉，纷争自然就会消弭；如果对方不道歉，Z某的女朋友就可请求公安介入并提取证据，再提名誉权侵权之诉。

我还想说：当你遇到纠纷时，如果你懂法也能用法，就未必要请律师，可以自己处理。自身合法权益的维护光靠司法机关和律师是不够的。正如耶林所说："法律的目的是和平，而达到和平的手段则为斗争……个人坚决主张自己应有的权利，这是法律能够发生效力的条件……故凡为一己的权利而奋斗，乃有极崇高的意义。"

律师简介

申学进，浙江泽大（金华）律师事务所刑事专业律师，刑事业务部负责人。

爱情保卫战

关于"代理人涉嫌虚假诉讼罪共犯"案件的辩护要点分析

——张某涉嫌虚假诉讼罪案

"虚假诉讼",形成共犯

2019年4月初,江苏某律师事务所律师张某被指控涉嫌虚假诉讼罪共犯。控方指控该律师为两位恶意串通、提起虚假民间借贷诉讼的当事人提供法律咨询,指导、策划提起本起虚假诉讼,故公安机关在对两位当事人采取强制措施两个月后,以该律师涉嫌虚假诉讼罪共犯,应被追究刑事责任为由对该律师采取了拘留措施。

证据不足,不予批捕

笔者在该案进入批捕阶段第二天接受了张某家属的委托。会见张某并了解案情之后,连夜写了1万多字的无罪辩护意见书提交检察院,提出代理人构成虚假诉讼罪共犯必须是实行犯,即使在主观上有通谋但在客观上并没有代理提起民事诉讼行为,根据罪刑法定、主客观相一致原则,也不构成犯罪,更何况本案没有任何证据证明张某在主观上存在通谋故意,故本案属于法律适用错误,并建议检察院不予批捕,同时请求检察院监督公安机关撤销案件。之后,检察院以涉嫌犯罪事实不清、证据不足为由未予批捕,张某被释放。最终,经辩护人努力,检察院在2020年1月以事实不清、证据不足为由,对张某作出不起诉决定。

寻求突破,把握"行为"

《中华人民共和国刑法》第三百零七条之一规定:虚假诉讼罪是指以捏造的事实提起民事诉讼,妨害司法秩序或者严重侵害他人合法权益的行为。根据罪刑法定、主客观相一致原则,虚假诉讼罪在客观上表现为捏造事实,虚构民事法律关系,提起民事诉讼。捏造事实的虚假诉讼包括无中生有型虚假诉讼和隐瞒真相型虚假诉讼两种。

第一,无中生有型虚假诉讼行为。刑法规定的"以捏造的事实提起民事诉讼"是指凭空捏造或者虚构根本不存在的民事法律关系或者民事纠纷提起诉讼。如果双方当事人之间确实存在民事法律关系,但行为人在诉讼中捏造了部分事实,则属于虚假陈述,不构成虚假诉讼罪。比如:双方当事人之间存在民间借贷纠纷;行为人持本金借条和利息借条起诉,其中利息借条是将超过月息2分的利息经结算形成的借条;行为人在诉讼中为了利益最大化,将利息借条虚构为另外一笔本金借条而主张对方偿还。一般法院查明真相后会对利息按照法定利息给予支持,并将已付利息超过36%的部分从本金中扣除。如果查明不了真相,且在被告举证不能的情况下,法院可能会支持原告诉讼请求。显然,原告通过虚假诉讼方式骗取了法院判决。原告把利息借条捏造成本金借条,属于捏造事实,但该利息借条并非无中生有,而是双方当事人合意的结果,因此原告的行为虽然属于虚假诉讼行为,但不构成虚假诉讼罪。

第二,隐瞒真相型虚假诉讼行为。最高人民法院、最高人民检察院联合公布的《关于办理虚假诉讼刑事案件适用法律若干问题的解释》明确规定,隐瞒债务已经全部清偿的事实,向人民法院提起民事诉讼,要求他人履行债务的,以"以捏造的事实提起民事诉讼"论。根据该司法解释的规定,隐瞒债务已部分清偿的事实而提起民事诉讼,要求他人履行债务的行为不得以"以捏造的事实提起民事诉讼"论。如最高人民法院的相关负责人就该司法解释答记者问时,发表观点称:虚假诉讼罪仅限于"无中生有型"虚假诉讼行为,即凭空捏造根本不存在的民事法律关系和虚构民事纠纷的行为。如果双方当事人存在真实的民事法律关系,行为人采取伪造证据等手段篡改案件部分事实,向人民法院提起民事诉讼的,就不能被认定为虚假诉讼罪；构成犯罪的，相关部门可以以伪造公司、企业、事业单位、人民团体印章罪或者妨害作证罪等罪名追究其刑事责任。

研读法理，抓"实行犯"

《关于办理虚假诉讼刑事案件适用法律若干问题的解释》第六条规定："诉讼代理人、证人、鉴定人等诉讼参与人与他人通谋，代理提起虚假民事诉讼、故意作虚假证言或者出具虚假鉴定意见，共同实施刑法第三百零七条之一前三款行为的，依照共同犯罪的规定定罪处罚……"

根据上述规定，虚假诉讼罪共犯必须同时具备下列要件。其一，在主观上，诉讼代理人等诉讼参与人与他人通谋；其二，在客观上，诉讼代理人等诉讼参与人具有代理提起虚假民事诉讼、故意作虚假证言或者出具虚假鉴定意见的行为。

根据该司法解释的规定，虚假诉讼罪共犯必须是实行犯，不但在主观上要有通谋，在客观上也要有提起虚假民事诉讼、故意作虚假证言或出具虚假鉴定意见的实行行为。如果在主观上有通谋、犯罪合意，但在客观上并没有实行代理提起虚假民事诉讼等三种具体行为，就不构成犯罪。

实行犯是共犯种类之一，亦称正犯或执行犯，指直接实施符合刑法分则所规定的某一犯罪构成要件行为的人。在本案中，控方指控的逻辑是张某虽然没有代理诉讼，包括代理立案、庭审、执行等任何一个诉讼环节，但其指导双方当事人提起虚假诉讼，故其行为构成共同犯罪。

根据辩护人多年的刑事辩护经验，辩护人对定罪定性进行法理分析研究后，凭直觉基本可以判断公安机关是根据共犯的传统刑法理论和惯性思维定案的，即认为只要代理人在主观上与当事人有通谋，即使代理人没有代理提起民事诉讼，当事人的虚假诉讼行为也应被视为代理人的虚假诉讼行为，当事人的虚假诉讼行为也是在实现代理人的意志，故代理人与当事人具有共同的犯罪故意和共同的犯罪行为。这种有罪指控逻辑显然与《关于办理虚假诉讼刑事案件适用法律若干问题的解释》第六条规定的代理人构成共犯必须是实行犯的精神相悖，故指控张某构成虚假诉讼罪共犯显然不能成立。

经验总结，有感共勉

根据办理该案的经过，经过思考，辩护人做了如下总结：

第一，忠于事实，忠于法律，敢辩、真辩，才能获得良好的辩护效果。律师被当事人指证、揭发，深陷牢狱之灾是一个重大、敏感的事件，如果处理不好将变成一个司法公共事件，会对律师行业的形象产生负面影响。辩护人如果发现犯罪事实根本不存在或者事实不清，证据不足，无法排除合理怀疑，且无法达到证据裁判的证明标准，就应当从直接无罪或者疑罪从无立场出发，提出无罪辩护意见，要敢辩、真辩，坚持独立的主观判断，不受司法机关有罪推定影响。敢辩、真辩是刑事辩护的精神，也是为了坚持真理而辩护。无论面对多么严峻的形势，辩护人一定要坚守为人辩冤白谤是第一天理的原则，富有悲天悯人的情怀，为自由、生命和权利辩护，尤其当发现案件定性完全错误时，要勇敢、认真、坚决地做无罪辩护，全力以赴开展工作。

第二，虚心学习，精通法律，提高辩护技艺，丰富办案经验，抓住庭前辩护的有利时机。俗话说，与高者为伍，与智者同行，方能赢得未来。辩护人十多年来一直向中国多位著名的刑辩大律师学习刑事辩护技艺和办案经验，尤其重视庭前辩护的重要性。根据本案案情和法律规定、法学理论精神，连夜写了1万多字的无罪辩护意见书，从定罪定性错误、污点证人证言虚假性、指控证据无法达到证据裁判证明标准等方面阐述了观点，并进行了法理论证。当然，精通法律的律师才能成为合格的辩护人。辩护人平时注重对各种司法解释、法律规定以及相关理论学说的学习和研究，无罪辩护意见书中提到的疑罪从无原则、认定犯罪主客观要件的证据必须达到"事实清楚，证据确实、充分"的证据裁判的证明要求和标准，诸多观点都是在长期学习、研究法律、法理、学说、判例的基础上总结得出的。

第三，发挥辩护团队作用，形成合力，是刑事辩护取得成功的保证。接受委托后，刘录律师与时华君律师共同辩护。两位律师决定基于同行救助的道义，免费辩护，婉拒了当事人亲属付费辩护的要求。在辩护的过程中，安排刑事辩护团队其他律师参与邮寄求助信、收集法律法规、陪同会见、集体研讨论证、向专家咨询等工作。按照现代刑事辩护团队的说法，律师、主管部门、当事人、亲朋好友等都是刑事辩护团队成员。本案辩护成功与辩护团队的重要作用是分不开的。

第四,刑事辩护律师要有情怀,带着感情去办案,才能实现公平与正义。现在法学界流行着这样一句话:"你办的其实不是案子,而是别人的人生。"因此,刑事辩护律师要带着感情去办案,带着人性去实现公平和正义。法律是善良和公正的艺术。法无外乎天理人情。受人之托、忠人之事。只有带着感情、带着人性去办案,维护当事人的合法权益,保障案件受到公正的对待,才能成为一个有担当的、有作为的刑事辩护律师。

承办律师

刘录,江苏大楚律师事务所刑事部主任,法学讲师,苏州大学法律硕士研究生,于中国人民大学刑事犯罪研修班结业,宿迁市人民政府首届法律顾问,宿迁市人大规范性文件审查专家组成员,宿迁市公安系统"公律对接"律师,被江苏省律师协会评选为江苏省刑事辩护专业人才,在《法制与经济》等期刊上发表法学评论80多篇。所办部分案件曾被中央电视台社会与法频道、《今日说法》等栏目报道,多起刑事案件为无罪辩护成功案例。所办案件在2018年宿迁市司法局"以案释法"评奖中获一等奖,2019年入选江苏法院十大典型案例。

时华君,江苏大楚律师事务所主任。毕业于南京大学法律专业,1999年从事律师工作,至今已有19年,在业务领域内尤其在金融业务、公司业务、房地产业务、建设工程业务、公司法律顾问、破产清算、行政诉讼等方面有多年执业经验。现担任宿迁市人民政府法律顾问、宿迁市律师协会行政法业务委员会主任、宿迁市银监会法律顾问、江苏省高速公路交通运输执法总队徐盐支队法律顾问等。

污染严重超标的案件如何终获缓刑
——陈某涉嫌污染环境获缓刑
（当地同类案件中第一起缓刑判例）

废旧的水池污染严重超标

陈某与妻子共同成立的 C 公司主要从事生产加工铜管等。C 公司在生产铜管清洗过程中会产生酸性废水。按照环境影响评价（以下简称"环评"）要求，这些酸性废水应用石灰石二次中和沉淀后达到标准才能排放。陈某之后在厂区东南角用红砖、混凝土砌成废水收集砖池，但未做防渗漏处理；在砖池内放入一只塑料槽作为清洗废水收集池。自 2013 年 6 月起，陈某实际未按照环评要求对铜管生产过程中的清洗废水进行处理。废水通过收集管道流到废水收集塑料池内。但因年久老化等因素，清洗废水收集池存在缝隙，废水则通过缝隙渗漏到塑料池与砖池之间的间隙里。

2017 年 4 月，环保局执法人员对 C 公司进行检查时发现废水收集塑料池与砖池之间的空隙中有废水存在。执法人员随即对几个采样点进行了采样。检测报告显示，收集池排水总铜和总锌浓度均已超标，塑料收集池渗排水水样的铜含量达 302 mg/L，重金属锌含量达 461 mg/L，含铜量超标 604 倍，含锌量超标 230.5 倍，远超刑法规定的入刑标准。

环保局立即启动司法移送程序。公安分局立案后，陈某主动投案，并将 C 公司的废水进行了处理。

无罪的意见

虽然陈某本人对本案的基本事实供认不讳，但辩护人认为陈某的行为不构成犯罪,于是提出了无罪辩护的意见,并在庭审过程中与公诉方展开了激烈抗辩,同时申请了鉴定人员与侦查人员出庭,以求最大限度地还原事实真相。辩护人提出的主要辩护意见有以下几个方面:

1. 关于本案背景。C公司成立后的铜管新建项目是经环保局审批通过的。报告书中对本项目的主要污染物排放达标及总量控制都有详细规定,但并未对重金属铜、锌的浓度进行规定。陈某一直按规定处理,及时将生石灰及铁粉加入废水池进行中和,十余年都未发生事故,且未受过相应处分。

2. 关于案涉公司的废水池情况及涉罪标准。C公司是在空地上挖池、打砖墙,并在池中放置塑料箱。执法人员提取的用于检测的水样来自塑料箱和砖墙中间,并未直接和池外泥土接触,并未渗透到外环境中,因此,即使陈某的行为导致废水的相关指标超标也不能被认为犯罪。环境污染主要体现于其对受体的可能污染危害或实际污染危害,而不是其污染物含量的多寡。《污水综合排放标准》仅适用于向水体排放污染物的情形,且标准分级并未包含向地下水排放的情形。C公司并未向污水管道、河道和地下水源排放废水,而是让砖池整体与土壤接触,因此不应适用《污水综合排放标准》,而应该适用《土壤环境质量标准(修订)》(GB15618—2008)。该标准根据受纳土地性质对各类污染物设定了不同的界值。要想查明本案是否存在土地污染,就必须对废水池底土壤进行采样检测,但本案没有相关的证据支持。

3. 关于排放到外环境的认定问题。辩护人认为本案不存在排放到外环境的问题,因为本案水池是用于储蓄而不是排放的。

4. 关于本案的证据问题。本案的证据存在以下问题:采样的器具和容器不合法;取样程序不合法;执法人员采样后未对容器封存,当事人未签字;执法人员在陈某能够到场但尚未到场的情况下直接进行取证不合法,且是让陈某事后签字;采样的样品运输方式和接收情况不明;监测机构不具备刑事上的鉴定资质,仅是受环保部门委托而非受公安部门委托,因此程序存在问题;取证人员不合法;环保局对被告人所做的讯问笔录不能作为刑事证据使用。

综上所述,辩护人认为,本案事实不清,适用法律及标准错误,证据严重不足,故司法机关应当宣告陈某无罪。

最终免于牢狱之灾

最终,法院采纳了辩护人的部分意见,判处被告人陈某有期徒刑六个月,缓刑一年,并处罚金人民币一万元。虽然本案未获无罪判决,但这与辩护人的初衷相符。辩护人为当事人争取到了缓刑,使当事人免于牢狱之苦。同时本案也成为该地法院所办同类案件中的第一例缓刑判例。

律师简介

马晓胜,浙江衢州人,南开大学法律学士,北京盈科(杭州)律师事务所刑事重案部主任,盈科律师事务所全球总部合伙人,盈科长三角刑辩中心副主任,扬子鳄刑辩联盟经济犯罪研究中心主任,盈科全国刑民交叉委员会副秘书长,第一届杭州市衢州商会副会长。专注于刑事辩护领域的法律服务,从事法律服务十多年来,承办过全国各地的各类案件,其中大量为疑难、复杂的刑事案件。

污染严重超标的案件如何终获缓刑

咬文嚼字争取而来的无罪
——以非法处置进口的固体废物罪分析刑法中"处置"与"利用"的关系

来自看守所的明信片

在 2018 年元旦假期后的第一个工作日，我收到了一封来自看守所的明信片。寄信人是在押人员罗军（化名）。他急切地希望我会见。我很好奇，此人并非我的当事人，我认识的人中似乎也没有叫这个名的。正当我犹豫是否去见此人时，恰巧又接到了看守所民警的电话。对方说罗军希望我去会见他。我初问方知，此人是我朋友的朋友，涉嫌非法处置进口的固体废物。我很爽快地答应了。

当日下午，我很顺利地见到了罗军。他之前曾听我的好友说过我的经历，而看守所管教员恰巧曾与我共事过，所以他被羁押后立即想到了委托我做辩护人。我和他聊了很久，也聊得很细致。他自认有罪，只是希望能早日被取保候审，而获缓刑是他最大的心愿。"我认为你是无罪的。"当我说出此话时，罗军的眼中除了惊奇就剩怀疑。

罪名新颖，案情简单

案情倒不是很复杂。罗军是本地一家小化纤厂的老板，之前从上海某公司采购了几批再生 PET（学名为聚对苯二甲酸乙二醇酯）碎片作为生产原料，用以生产化纤。上海某公司从海外进口废 PET 瓶片（主要为废饮料瓶片等），虽然有进口许可证，但在销售给国内化纤厂之前，并未完全按照环境影响评价（简称"环评"）要求加工成 PET 粒子，只是进行了清洗、破碎，以较小的碎片形态出售，缺少最后一道加热造粒的步骤。公安机关认为本地的十余家化纤厂采购未达环评要求的PET碎片，属于非法处置进口的固体废物，便对十余名企业家采取了强制措施。

随着细致的问答，无罪辩护的思路逐渐清晰。PET是化纤生产的主要原料，无毒，可用于食品包装。把碎片加热造粒的过程只是改变了物理形状，未改变化学性质，因此化纤厂使用碎片或粒状无本质区别，也无须做区别处理，更不会对环境产生不同影响。化纤生产对原料的要求相对较高。原料品质不好可能会造成断丝严重，影响生产效率。虽然进口再生PET原料价格比国内再生PET原料价格高，但企业选择进口再生PET原料的原因正是看中了其较高的品质，而国内再生原料大多是被回收过数次的原料。化纤厂老板们涉嫌的这个罪名叫非法处置进口的固体废物罪，强调的是处置，而明眼人都能看出来，企业们是在利用原料。直觉告诉我，这是一起对法律理解错误导致的错案。

曲线救援

污染环境类犯罪属于公安机关治安部门管辖的罪名。最高人民法院周强院长曾说过，刑事审判应当兼顾天理、国法、人情。但这样的理念，也许基层会忽视。事后打听才知，在抓这些化纤厂老板之前，办案部门知道这是个新型案件，为了确保能办成，特意邀请了基层检察官一同至市检察院找领导私下会商了一次，在得到了可以入罪的答复后，又兴冲冲地跑到省公安厅治安总队汇报，希望报请公安部挂牌督办。果不其然，我在向承办检察官递交无罪辩护意见时，检察官斩钉截铁地说："我们跟市检、环保局、公安局会商过了。定罪没有问题。这些人是要被逮捕的。"不气馁，不放弃，也许是律师的天性。我失落地走出承办检察官的办公室。也许当时我的内心掺杂着愤慨，但我立刻又鼓起勇气，带着辩护意见书找了几个中层干部啰唆一通。在他们表示对案情一无所知后，我反而更加有信心。既然他们没有被公安影响，那我就抢占先机，先发制人。希望在之后的检察院通案讨论中，"自己人"能影响案件朝着有利的局面发展。

三十七天的黄金救援期在逐渐耗尽。等待结果，对于当事人和其家属来说是残酷的，对于辩护人而言同样是一种煎熬。数日的心血凝聚成一份

咬文嚼字争取而来的无罪

沉甸甸的辩护意见书。这代表的不仅仅是法律的信仰，更代表了被羁押者的希望。所以，我常常感慨辩护人的责任重大，更对这份事业感到骄傲和自豪。为生命和自由辩护也许将是我毕生的理想。在当事人被拘留的第三十七天，我终于等到了检察院的通知：不予批准逮捕！一年后，全案十余名企业家最终均被解除取保候审，案件也被撤销。虽然在这一年中，公安机关未曾放弃过定罪的努力，但我始终充满信心，而这信心完全源自对刑法条文及立法理念的全面、深入研究。由于对法律理解和适用错误，公安机关通过补证、调查也不可能挽回局面。如何理解刑法立法本意？也许咬文嚼字是最基本的方法。通过字面意思去理解法条，通过有关的法律法规去理解刑法条文中没有具体写明的概念，综合理解整个立法体系同样是一条辩护捷径。

下面是我通过咬文嚼字撰写的辩护意见书，望同人们多多批评指正。

关于罗军涉嫌非法处置进口的固体废物罪一案辩护意见书

江苏舜韬律师事务所受犯罪嫌疑人罗军的委托，指派郭鹏律师担任其辩护人。经依法会见犯罪嫌疑人罗军，辩护人初步了解了案件情况，认为罗军的行为不构成非法处置进口的固体废物罪，司法机关不应对其做刑事处罚。主要理由如下：

一、合理"利用"进口的固体废物且未造成严重后果的情形，并非属于该罪条文"处置"的范畴，不应做犯罪处理

（一）用文意解释的方法来理解，"处置"的概念不应包括未造成环境污染的合理"利用"情形

人民法院出版社出版的《刑法（分则）及配套规定新释新解（下）》（第7版）中关于《中华人民共和国刑法》第三百三十九条第一款的客观要件的解释内容明确载明了"倾倒""堆放""处置"的概念。"处置境外固体废物，是指在中国境内将中国境外的固体废物进行焚烧和用其他改变固体废物的物理、化学、生物特性的方法，达到减少已产生的固体废物数量，缩小固体废物体积，减少或者消除其危险成分的活动，或者将固体废物最终置于符合环境保护规定要求的场所或者设施内不再回取的活动。"可

以看出,"处置"的最终结果应当是固体废物经过减少或消除危害成分或者不经改变特性被直接置于某种场所或设施内,不再重新发挥其效能或者回取。中文"处"和"置"这两个字分开来看,也是处理和置放的意思,强调的是一个最终放置的状态。这样我们就能理解法条为什么要在"倾倒""堆放"之后再加上一个"处置"了。

《辞海》中将"利用"解释为"使事物或人发挥效能:废物利用"。而罗军的公司将取得的废PET碎片用作原料,经加工使原料完全转化为可使用的化纤产品,是使废物重新发挥效能的过程。这个过程完全符合《辞海》对"利用"的释义。

从以上"处置""利用"的释义来看,这两种行为所产生的最终结果是完全不同的。

(二)2017年1月1日起施行的《最高人民法院、最高人民检察院关于办理环境污染刑事案件适用法律若干问题的解释》(以下简称《解释》)明确将"利用"与"处置"作为两种并列的概念和情形进行规定

《解释》第六条规定:"无危险废物经营许可证从事收集、贮存、利用、处置危险废物经营活动……"第七条规定:"明知他人无危险废物经营许可证,向其提供或者委托其收集、贮存、利用、处置危险废物,严重污染环境的……"显然,从以上两条来看,"利用"和"处置"中间用顿号隔开,是一种并列关系,说明《解释》并不认为"利用"包含于"处置"中,而是把二者看作两种平行的概念。虽然该两条条文针对的是污染环境罪,但是《解释》中同样包括了针对《中华人民共和国刑法》第三百三十九条的相关规定。同一个司法解释对同一个概念不可能产生两种理解,所以"利用"和"处置"是两种并列的概念同样适用于《中华人民共和国刑法》第三百三十九条。

(三)《中华人民共和国固体废物污染环境防治法》等法律法规明确将"利用"与"处置"作为两种并列的概念和情形进行规定

《中华人民共和国固体废物污染环境防治法》第十三条规定:"建设产生固体废物的项目以及建设贮存、利用、处置固体废物的项目……"第十七条规定:"收集、贮存、运输、利用、处置固体废物的单位和个人……"第十九条规定:"国家鼓励科研、生产单位研究、生产易回收利用、易处置或者在环境中可降解的薄膜覆盖物和商品包装物。"第二十条规定:"从事

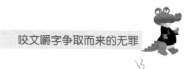

咬文嚼字争取而来的无罪

畜禽规模养殖应当按照国家有关规定收集、贮存、利用或者处置养殖过程中产生的畜禽粪便，防止污染环境。"第三十七条规定："拆解、利用、处置废弃电器产品和废弃机动车船……"第三十八条规定："提高生活垃圾的利用率和无害化处置率……"第四十二条规定："积极开展合理利用和实施无害化处置。"该法中还有大量的同类表述，都是将"利用"与"处置"采取并列方式表述。这里不再一一赘述。

特别需要注意的是该法第二十四条和第二十五条的规定，我们应当把它们上下联系起来理解。该法第二十四条规定："禁止中华人民共和国境外的固体废物进境倾倒、堆放、处置。"这说明我国全面禁止境外废物进境的"倾倒""堆放""处置"三种行为。请注意，禁止的是前述三种行为，而不是全面禁止固体废物的进口和利用，所以该法第二十五条规定："禁止进口不能用作原料或者不能以无害化方式利用的固体废物；对可以用作原料的固体废物实行限制进口和非限制进口分类管理。"从第二十五条的规定可以看出，用作原料的利用行为并不属于第二十四规定的"倾倒""堆放""处置"三种方式之一，而是属于需国家许可的其他方式。第二十五条不能被理解成第二十四条的例外情形。

该法第三十三条规定："对暂时不利用或者不能利用的，必须按照国务院环境保护行政主管部门的规定建设贮存设施、场所，安全分类存放，或者采取无害化处置措施。"第六十八条第（二）项规定："对暂时不利用或者不能利用的工业固体废物未建设贮存的设施、场所安全分类存放，或者未采取无害化处置措施的……"这两条更是明确了"利用"是完全不同于"处置"的行为。"处置"只是达到一种无害化的状态，而"利用"则是变废为宝的一个过程。"利用"行为是高于"处置"行为的。

辩护人相信，如果能够仔细将该法从头至尾看一遍，任何人至少都能感性地认识到"利用"和"处置"的不同。

（四）用体系解释的方法来理解，"处置"的概念不应包括"利用"情形

第一，《中华人民共和国刑法》第三百三十九条第二款所规定的情形，即"擅自进口固体废物用作原料"的行为，从一般常识的角度来理解，显然就是指"利用"、再生循环行为。假设我们非要认为"利用"属于"处置"的范畴，那么就会有如下的怪逻辑：行为人未经许可进口了固体废物

作为原料。未经许可的行为属于违反国家规定的行为。行为人利用了该固体废物原料或者尚未来得及利用而堆放了该原料，因为"利用"属于"处置"的范畴，完全符合本条第一款的构成要件，所以，行为人的行为无须造成危害后果即可因为第三百三十九条第一款的规定被当作行为犯加以惩处。推理至此就会发现，如果认为"利用"属于"处置"的范畴，那么第二款规定的行为最终一定还是会被按第一款规定处罚。若前述逻辑推理成立，第三百三十九条第二款就是一条完全多余的规定，但显然，刑法条文的每一个字都不可能是多余的。这就说明我们这个逻辑推理的前提条件——"利用"包含于"处置"中是错误的。

第二，《中华人民共和国刑法》将第三百三十九条第一款的情形作为行为犯进行处罚，且起刑的刑格定在五年以下有期徒刑，明显重于第三百三十八条污染环境罪的须以危害结果为前提的三年以下有期徒刑的刑格。如果简单地将废物再利用且没有造成环境污染结果的"利用"进口固体废物的行为作为第三百三十九条第一款规定的犯罪进行处罚，那么明显是处罚失衡的。造成环境污染的非法处置危险废物行为才被判三年以下有期徒刑，而没有造成污染、对环境有利的利用行为却有可能被判处五年以下有期徒刑。为什么会形成这种立法情况？只能说在立法时，立法者认为第三百三十九条第一款规定的犯罪行为应当比第三百三十八条规定的犯罪行为的性质更加恶劣，需要更加严厉地予以惩处。显然，合理利用进口废物作为原料且能够完全消化利用、无污染后果产生的利用行为，其危害性和恶劣程度远低于非法处置危险废物且造成污染后果或者直排、直放污染物行为的危害性和恶劣程度。那么，我们就需要思考，第三百三十九条第一款到底是针对什么类型的恶劣犯罪而进行严打？辩护人认为，我们不能仅盯着"处置"一词，应该把与"处置"一词并列的"倾倒""堆放"和"处置"联系起来看。西方发达国家对于垃圾处理有着极为严格的规定，所以垃圾处理成本十分高昂。而发展中国家的垃圾处理成本很低，如果采取任意倾倒、掩埋等方式，那么成本几乎为零。所以，一些发达国家就向发展中国家的不法之徒支付相对于其国内处置成本而言较少的费用，而不法之徒在暴利的利诱之下将"洋垃圾"进口入境进行非法处置，从而导致固体废物被直接倾倒、堆放、处置等不再加以利用的情形出现。这类"洋垃圾"一般是无法回收再利用的。所以，第三百三十九条第一款的条文中并未出现

咬文嚼字争取而来的无罪

"利用"一词,而把"倾倒""对方""处置"这类单纯帮外国人消化不能利用的固体废物、浪费我国资源、占用我国空间、污染我国环境的恶劣行为作为行为犯进行严厉的打击。这样也就更便于理解为什么第三百三十九条第二款对未经许可擅自进口固体废物用作原料(须以造成严重后果为前提)这种利用行为进行单独地规定。

第三,我们会发现,其实《中华人民共和国刑法》第三百三十九条第一款和第二款的设立结构,恰恰是与《中华人民共和国固体废物污染环境防治法》的第二十四条和第二十五条的结构相对应的。在前面,辩护人已经对第二十四条和第二十五条设立的意义进行了阐述。《中华人民共和国刑法》第三百三十九条的入罪前提是违反《中华人民共和国固体废物污染环境防治法》的相关规定。这就要求我们更加精准地从《中华人民共和国固体废物污染环境防治法》中去理解什么是"处置",什么是"利用"。

(五)对于《中华人民共和国刑法》条文的文意,我们应以一般常识、意思进行严格解释,不能进行扩大解释,否则就会违反罪刑法定原则,是擅自造法的违宪行为

二、使用进口PET原料,并不会产生不良环境影响

在现实生产中,事实上大部分化纤厂都会向有进口许可证的企业购买废PET碎片作为原料。其原因并非是进口的原料便宜。进口废料的价格通常高于国内废料的价格。化纤厂之所以购买进口废料,是因为进口废料的质量更好、更纯,而国内废料大多是已经经过多次回收利用的原料。化纤生产对原料品质要求很高。有瑕疵的原料会直接导致做拉丝工艺时断线,严重影响产品生产效率和质量。并且,如果原料有污渍或者杂色,就会直接影响产品的色泽和品质。所以,从经营者逐利的角度分析,没有企业会不分原料的质量好坏而直接把原料随便往热熔炉里扔。其采购原料时一定会把好质量关。

由以上分析可以看出,国内化纤厂使用进口再生原料,并非因为贪图减少成本,而是生产质量所需,是为了达到更好的品质。无论进口料还是国内料,其本质上都是PET原料,其加工利用的工艺流程都是相同的。严格按照操作规程生产的企业并不会因为使用了进口料而对环境产生不同的影响。

三、对未经许可，擅自将进口固体废物用作原料，未造成严重环境污染后果的行为，可以按照相关环境保护的法律、规章给予行政处罚

刑罚应当遵循谦抑性原则。并不是所有的违法行为都一定要用刑法进行惩处。未经许可，擅自利用进口固体废物作为生产原料，且没有产生任何环境危害后果的行为，虽然违反了国家的审批制度，但是因为未对环境造成实质性损害，尚不足以达到犯罪的程度。这也是《中华人民共和国刑法》第三百三十九条要在第二款加上危害结果条件以及2017年1月1日起施行的《解释》要强调污染环境犯罪应当具有实质危害后果的原因。如果没有危害后果的利用行为都被当作行为犯论处，那么《中华人民共和国固体废物污染环境防治法》还规定那么多种行政处罚情形干什么？

综上所述，辩护人认为对法律条文的理解不能局限于对个别字眼的理解，应当结合条文所在法律的上下体系进行。犯罪嫌疑人罗军的行为，是以将进口的废PET碎片用作原料，生产加工成可使用的化纤成品为目的，且在生产过程中并未造成环境污染，不符合《中华人民共和国刑法》第三百三十九条第一款之规定。若其行为违反一般法律规定，司法机关可做行政处罚，但不应以犯罪论。

律师简介

郭鹏，法律硕士，江苏舜韬律师事务所高级合伙人，具有多年公安侦查办案工作经历，目前主要从事刑事辩护工作，擅长经济犯罪、环境资源犯罪辩护。

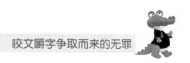

咬文嚼字争取而来的无罪

 # 庭审被直播的江西鹦鹉案

江西鹦鹉案是徐昕教授继深圳鹦鹉案后关注的另一个推动法治进步的典型案件。2018年8月14日，我和徐昕教授在河南商丘夏邑参加"疑罪从挂"22年的张某故意伤害案庭前会议。邱某的儿子得知消息后，专程从贵溪出发，赶到夏邑请求徐昕教授提供法律帮助。

邱某在江西省贵溪市开水族馆，主要经营花、草、鱼。2018年4月底，他从南昌市东湖区万某经营的花鸟店购买鸟类再予以销售。万某承诺他，店里卖的都是合法鸟，不会卖野鸟。但是，2018年5月3日，邱某正因购买了万某的鸟而涉嫌非法收购、出售濒危野生动物，被刑事拘留。邱某老实本分，合法经营，其家族中从未有人获刑。此次飞来横祸让家族感觉遭受了灭顶之灾，妻子以泪洗面。20岁的儿子邱某静刚从部队转业，才踏上社会，突然面临此劫，被迫挑起家庭重任，彻夜苦思谁能救父亲。邱某出事后，家属跟常人一样，找熟人，找关系，花了不少钱。一位在法院工作的亲友告诉他：一定要找位好律师。于是，邱某静上网搜索，发现办理深圳鹦鹉案的徐昕教授办此类案件非常成功，因此，追寻到夏邑县向徐昕教授请求法律帮助。由于徐昕教授时间、精力有限，实在无暇顾及，便把该案推荐给了我。

申请警察出庭未获准许

接案后，我迅速到贵溪法院阅卷。审判长是一位女法官。初次接触时，我感觉她是一个谨慎之人。见面打了招呼后，她就安排书记员配合我阅卷。从接受委托到开庭只有一周时间，时间仓促。好在有深圳鹦鹉案全部资料可供参考，徐昕教授的助理刘章也帮助我做了开庭辅助工作。

在阅卷中，我发现办案警察吕某、李某既是受案民警，也进行现场勘

验,还在鉴定现场。为了解侦查活动及所收集证据的真实性、合法性,根据《公安机关办理刑事案件程序规定》第六十八条、《中华人民共和国刑事诉讼法》第一百八十七条的规定,我特申请吕某、李某警官出庭作证,但法庭未准许。

另外,我还发现,鉴定机构鉴定人不具备野生动物专业鉴定资质,鉴定用语不专业,鉴定物种不准确,鉴定过程和鉴定方法不符合专业规范要求,鉴定程序严重违法,因此我对鉴定意见持强烈异议,并申请鉴定人出庭。法庭许可。

一审时坚决做无罪辩护

2018年8月24日,一审法院开庭审理,要求律师将手机存入保管箱。我执业以来首次遇到这样的事情。刘琳律师是执业20多年的律师,还有资料存放在手机里供开庭使用,但法警依然要求她把手机存入保管箱。这也是她执业20多年来在贵溪法院首次遭遇的事情,令人生疑。

当天,法庭里坐满了人。我坚决做无罪辩护。庭审激烈,从15:00开始到21:00,持续了6小时,中途也没有休庭。

因质疑"匿名群众举报",且申请办案警官出庭未获准许,对2018年5月2日接处警登记表和受案登记表质证必不可少。这两份登记表共同显示"5月2日15:20许,贵溪某派出所接匿名群众举报","15:23出警","民警于15:38到达"。贵溪某派出所距离邱某的水族馆41.3千米,道路性质为乡道、县道。按60~70千米/时的规定速度计算,如不堵车,民警开车至少需40分钟才能到达水族馆,但民警仅用了15分钟。这严重背离常识。且无任何证据佐证"匿名"群众举报的真实性,登记表未载明是电话举报还是到场举报,没有记录通话时间、通话内容,民警也无举报登记材料和举报笔录,严重违反了《公安机关办理刑事案件程序规定》:① 公安机关对举报应当立即接受,问明情况,并制作笔录,经核对无误后,由举报人签名、捺指印。必要时,应当录音或者录像。(第一百六十六条) ② 公安机关对举报人提供的有关证据材料等应当登记,制作接受证据材料清单,并由报案人、举报人签名。必要时,应当拍照或者录音、录像,并妥善保管。(第一百六十七条) ③ 公安机关接受案件时,应当制作受案登记表,并出具回执。(第一百六十八条)④公安机关接受控告、举报的工作人员,应当向控告人、举报人说明诬告应负的法律责任。(第一百六十九条)但是,检方当庭并未出示举报人举报的笔录、证据材料清单、受案回执、诬告应负的法律责任的说明,根本不能证实"匿名群众举报"的真实性,严重违反办案程序。辩护人怀疑"匿名群众举报"的真实性,提请检方行使法律监督职能,监督侦查活动依法进行。报案、立案不真实,侦查活动不真实,严重影响了审查起诉、审判的真实性、合法性。

质证的第二个重点是鉴定意见和补正意见。鉴定意见违反鉴定客观、中立原则,错误百出,严重缺乏专业性,不具有真实性和合法性。辩护人主要针对鉴定人的执业经历、鉴定地点、鉴定方法、鉴定过程进行质证、提问。

经发问,辩护人了解到,文某大学本科专业为农学,并非动物学。他是第二次进行野生动物物种鉴定。贵溪某司法鉴定中心不是野生动物专业鉴定机构,也没有野生动物专业鉴定人。鉴定人文某、张某执业类别为林业鉴定,均于2017年12月1日才获得鉴定资质,从业不满1年,均为中级职称,本科学历,兼职,并不具有专业鉴定技能,不符合《全国人民代表大会常务委员会关于司法鉴定管理问题的决定》第四条的规定:"具备下列条件之一的人员,可以申请登记从事司法鉴定业务:(一)具有与所申请从事的司法鉴定业务相关的高级专业技术职称;(二)具有与所申请从事的司法鉴定业务相关的专业执业资格或者高等院校相关专业本科以上学历,从事相关工作五年以上;(三)具有与所申请从事的司法鉴定业务相关工作十年以上经历,具有较强的专业技能。"

当辩护人发问"什么是形态学方法"时,鉴定人表示不知道,未采用形态学方法的行业标准和技术规范进行鉴定。这不符合《司法鉴定程序通则》第二十三条的规定——"司法鉴定人进行鉴定,应当依下列顺序遵守和采用该专业领域的技术标准、技术规范和技术方法:(一)国家标准;(二)行业标准和技术规范;(三)该专业领域多数专家认可的技术方法",也无法保障鉴定结论的真实性。

在庭审中,法官提醒道"这是法庭,不是课堂。我不是你的学生",多次打断我发言,认为我的问题与庭审无关,没击中要害。

鉴定意见

作为定罪的关键证据，鉴定意见错误太多，因此我认为根本不应被采信。

这两份鉴定意见没有专业性，对鸟类鉴定仅停留于清点数量，对种类鉴定错误，连对虎皮鹦鹉、费希氏情侣鹦鹉是否属于《濒危野生动植物种国际贸易公约》附录Ⅱ的保护物种的认定都发生错误，如贵溪某司法鉴定中心于查扣当天2018年5月2日做出的鉴定意见书称："虎皮鹦鹉，属《濒危野生动植物种国际贸易公约》附录Ⅱ中的保护物种，数量13只；……费希氏情侣鹦鹉，数量8只。"2018年5月15日，贵溪某司法鉴定中心的司法鉴定意见补正书将鉴定意见更正为"虎皮鹦鹉，数量13只……费希氏情侣鹦鹉，原种又称棕头牡丹鹦鹉，属《濒危野生动植物种国际贸易公约》附录Ⅱ中的保护物种，数量8只"。

鉴定意见显示的8只费希氏情侣鹦鹉与鉴定意见所附照片中的数量相矛盾，与案卷指认照片（五）显示的费希氏情侣鹦鹉的数量（4只）相矛盾。由于涉案鸟于2018年5月4日被运送至贵溪市某农业发展有限公司代为养殖，无相关物证证明确有费希氏情侣鹦鹉8只，因此，一审判决认定费希氏情侣鹦鹉8只的证据不足。指认照片（五）只显示4只费希氏情侣鹦鹉，与万某供述、一二审当庭陈述及邱某一审陈述相吻合，形成证据链，证明只有4只费希氏情侣鹦鹉。

鉴定意见是指各行业的专家对案件中的专门性问题所出具的专门性意见。本案鉴定意见违反鉴定客观、中立原则，错误百出，严重缺乏专业性，不具有真实性和合法性，不应作为定案根据。

鉴定程序严重违反鉴定客观、中立原则。委托鉴定事项表述为"邱某非法收购、出售的鸟类物种和数量"。本案尚未审判，相关单位就给邱某扣上了"非法收购、出售"的帽子。且委托单位、鉴定地点都在贵溪某公安局，而在场6位人员中有4位是贵溪某公安局干警。

鉴定意见把鉴定过程描述为"1. 对非法收购、出售的鸟类进行形态特征的比对分析；2. 对照图谱等材料确认非法收购、出售的鸟类的种类；3. 清点非法收购、出售的鸟类的数量"，不符合专业规范要求。且鉴定意

见把与鉴定鸟类物种无关的《最高人民法院关于审理破坏野生动物资源刑事案件具体应用法律若干问题的解释》作为鉴定依据，且依据失效的《濒危野生动植物种国际贸易公约》（2010 年 6 月 23 日），未依据 2017 年 1 月 2 日生效的公约。

庭后说客

一审法院开完庭，并未马上打印笔录供核对签字。两天后，邱某签字时，逐字逐句认真核对，一旦有疑问，立即要观看同步录音录像。本来法院不设防，但签笔录、提交辩护词时，书记员都不敢下来拿，而是叫同事下来拿。

开完庭第二天，就有个人到邱某店里购买 5 000 元的鱼缸，并跟邱某说"你这案子没事的。只要你认错，按照我说的写就行"，还说他跟法院里的人很熟，能保证邱某没事。我们当时推测他是法院请来的说客，想促成邱某认错。我当即告诉邱某，这案子有希望获得缓刑，只要他认错。

我跟邱某分析：案件可能有四种结果——无罪、撤诉、定罪免刑、缓刑。本案是典型无罪案件，但只要司法解释未修改，法官机械司法，我们就很难拿到无罪判决。现在法院已经开完庭了，检察院撤诉也很难。我们要争取定罪免刑、缓刑，需要认错时就认。

开庭后一个月，法院派人专门跟刘琳律师谈话："经过院里研究，如邱某认罪，我们就报最高人民法院核准判缓刑。是否认罪由当事人决定。"刘琳律师把消息告诉邱某，建议他认罪。邱某多次打电话给我。我也跟他说认罪，并且明确告诉他，由于司法机关工作人员机械司法，只要动物案件司法解释不修改，法官就很可能会判有罪。

之后邱某反复打电话问我是否认罪。我也多次告诉他，能判缓刑，我已经很满意了，建议他认罪。但邱某并未认罪，他认为自己明明无罪，法院怎么会判他有罪。他不知道中国无罪判决的概率极低。尽管如此，但是我们仍然期待无罪判决或检察院撤诉。

一审有罪判决

2018年12月21日,一审法院宣判。法院提前通知,要求律师到庭。其实宣判时律师可以不到庭,但法院坚持要求律师到庭。一审法院认为:2016年10月,被告人邱某在未办理野生动物经营许可证的情况下,开办了一家花鸟店,自2017年8月开始,从被告人南昌花鸟店老板万某处收购鹦鹉等鸟类动物后进行销售。2018年4月底,万某将其非法收购的4只鹩哥和8只费希氏情侣鹦鹉出售给了被告人邱某。经鉴定,涉案的鹦鹉均属于《濒危野生动植物种国际贸易公约》附录Ⅱ中的保护物种。"被告人邱某、万某未经野生动物行政主管部门批准,非法收购、出售濒危野生动物,情节严重,其行为已构成非法收购、出售濒危野生动物罪。""被告人邱某、万某非法收购、出售濒危野生动物的行为,情节严重,依法应处五年以上十年以下有期徒刑,并处罚金,但涉案的8只费希氏情侣鹦鹉均系人工驯养系列且源头系合法繁殖,二被告人进行收购、出售人工驯养繁殖的费希氏情侣鹦鹉的社会危害性相对小于非法收购、出售纯野外生长、繁殖的鹦鹉,故对被告人邱某、万某在法定刑以下量刑,并依法报请最高人民法院核定。"

即使法院最终宣判两年实刑在预料之中,但我们仍对判决结果深感失望。邱某不服,提起上诉。尽管邱某继续获得取保候审,并未被收监,但家人已感受到可能"被抓"的压力。家人都不希望邱某被抓进去坐牢。因此,在二审时,为了获得缓刑,邱某只能认罪。

争议焦点

花鸟店老板无野生动物行政主管部门批文,购买、销售商业性经营的人工驯养野生动物是否构成犯罪是本案的争议焦点。

一审裁判逻辑为,未经野生动物行政主管部门批准,非法收购、出售人工繁殖野生动物,构成非法收购、出售濒危野生动物罪。而我认为,无证买卖双证齐全的可商业经营的人工繁殖野生动物无罪。一审法院忽视了涉案鹦鹉双证齐全、源头合法、可商业经营的事实。

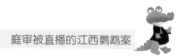

庭审被直播的江西鹦鹉案

首先,一审法院忽视了涉案鹦鹉可商业经营的事实。其实自 2003 年《国家林业局关于发布商业性经营利用驯养繁殖技术成熟的梅花鹿等 54 种陆生野生动物名单的通知》发布以来,涉案鹦鹉供人工驯养并商业经营已近 16 年。这 16 年来,各类鹦鹉被产业化、规模化经营,数量可观,价格便宜(万某将牡丹鹦鹉按 60~80 元一对的价格卖给邱某,即每只 30~40 元),因此,这类鹦鹉既不"濒危",也非"野生",更不"珍贵"。把出售这类鹦鹉的行为定性为非法收购、出售濒危野生动物,违反常识、常情、常理,违反产业化经营的客观事实,使司法与社会实际严重脱离。

其次,一审法院忽视了双证齐全、源头合法的事实。涉案鹦鹉来源于河南的正规养殖场。该养殖场既持河南省重点保护野生动物驯养繁殖许可证,又持河南省野生动物及其产品经营利用许可证,因此,涉案鹦鹉源头合法,可出售和利用,且出售涉案鹦鹉没有任何社会危害性,反而有利于野外种群保护。既然国家许可养殖场养殖鹦鹉,那么所养殖的鹦鹉自然就可以出售。

再次,一审法院忽视了可商业经营的人工繁育野生动物可销售和利用的事实。《中华人民共和国野生动物保护法》第二十八、二十九条明确规定商业经营的人工驯养国家重点野生动物可出售和利用,但法院机械套用了《最高人民法院关于审理破坏野生动物资源刑事案件具体应用法律若干问题的解释》的规定。

最后,一审法院忽视了《中华人民共和国野生动物保护法》未规定经营者需办理野生动物经营许可证才可经营的事实。《中华人民共和国野生动物保护法》作为特别法,第四十八条只处罚无人工繁育许可证、批准文件的副本或者专用标识的购买、出售等行为。即使邱某无经营许可证,购买、销售双证齐全的鹦鹉也不违反《中华人民共和国野生动物保护法》的规定,不是一般违法行为,更不构成犯罪。

另外,一审法院忽视了相关主管部门未给经营者颁发野生动物经营许可证的事实。邱某经营活动所在的贵溪市的相关行政部门并没有办理野生动物经营许可证的职能安排。邱某到贵溪农业局和林业局都问过,但农业局、林业局工作人员告诉他,市里不办理野生动物经营许可证。最后邱某没有办法,只到工商局办了营业执照。按照公诉机关以及法院的思维,是不是全国没有野生动物经营许可证的经营野生动物及其制品,包括人工饲养、人工繁育的野生动物及其制品的商家都要被抓起来判刑？

二审庭审被直播

鹰潭中级人民法院几次变更开庭时间，最终定于 2019 年 5 月 9 日上午 9 点开庭，但徐昕教授因事务繁忙没时间参加。庭前我多次申请庭审直播，但都被拒绝。

二审时邱某认罪，但我坚决做无罪辩护。

在发问阶段，我请公诉人把案卷指认照片（五）给万某辨认，请万某告诉法庭有几种鹦鹉，每种几只，然后向万某发问。万某从照片中辨认出 4 只费希氏情侣鹦鹉，还辨认出至少 3 只桃脸牡丹鹦鹉。有一只没拍出来，所以万某无法辨认。

为证明费希氏情侣鹦鹉和桃脸牡丹鹦鹉是两种不同的鹦鹉，我把其照片作为新证据提交法庭。尽管这两种鹦鹉容易混淆，但仍可从喙、眼圈、颈部、羽毛的颜色进行区分。费希氏情侣鹦鹉的特征：喙部呈红色，眼圈呈白色，头顶呈橄榄绿色；颈部呈金黄色，并向上逐渐转深至深橙色；背部、胸部及翅膀呈绿色。桃脸牡丹鹦鹉的特征：喙部呈象牙白，眼睛呈黑色，无明显的白色眼圈；前额、眼睛后方的细窄条状羽毛呈红色；头顶、喙和眼睛之间、脸颊、喉咙和胸部上方呈粉红色；身体两侧、腹部和尾巴内侧覆羽呈黄绿色。

在证据方面，我重点强调：在案证据无法证明费希氏情侣鹦鹉确有 8 只，证据材料卷二指认照片（五）、补正意见书后所附照片显示费希氏情侣鹦鹉只有 4 只，与万某、邱某一审、二审的庭审陈述、当庭辨认及万某、邱某的供述相互印证，形成证据链。4 只费希氏情侣鹦鹉，不属于"情节严重"的情形。一审判决把笼子里 4 只费希氏情侣鹦鹉和 4 只桃脸牡丹鹦鹉全部认定为 8 只费希氏情侣鹦鹉是错误的。

在法律适用方面，我尤其强调：本案不应适用《最高人民法院关于审理破坏野生动物资源刑事案件具体应用法律若干问题的解释》；野生动物的范围不应被扩大为包括"驯养繁殖"的野生动物，否则将远远超出刑法文本中"珍贵、濒危野生动物"的概念内涵，大大超越刑法条文的文本含义和一般语义范围。建议法院参照最高人民法院《关于被告人郑喜和非法收

庭审被直播的江西鹦鹉案

购珍贵、濒危野生动物、珍贵、濒危野生动物制品罪请示一案的批复》(〔2011〕刑他字第 86 号)"人工养殖的国家林业局规定可以进行商业性经营利用的梅花鹿等 54 种陆生野生动物不属于《刑法》第三百四十一条第一款规定的犯罪对象。被告人郑喜和无证收购他人基于商业经营利用目的而人工养殖的虎纹蛙的行为不构成非法收购珍贵、濒危野生动物罪"进行判决。

同时,我建议法院参照《最高人民法院研究室关于收购、运输、出售部分人工驯养繁殖技术成熟的野生动物适用法律问题的复函》(法研〔2016〕23 号)"由于驯养繁殖技术的成熟,对有的珍贵、濒危野生动物的驯养繁殖、商业利用在某些地区已成规模,有关野生动物的数量极大增加,收购、运输、出售这些人工驯养繁殖的野生动物实际已无社会危害性……鉴此,我室认为,彻底解决当前困境的办法,或者是尽快启动国家重点保护野生动物名录的修订工作,将一些实际已不再处于濒危状态的动物从名录中及时调整出去,同时将有的已处于濒危状态的动物增列进来;或者是在修订后司法解释中明确,对某些经人工驯养繁殖、数量已大大增多的野生动物,附表所列的定罪量刑数量标准,仅适用于真正意义上的野生动物,而不包括驯养繁殖的"进行判决,同时参考 2015 年海口法院对方某等 4 人无证收购人工驯养繁殖的梅花鹿案再审改判无罪,直接宣判无罪。

检察官重申了《最高人民法院关于审理破坏野生动物资源刑事案件具体应用法律若干问题的解释》中的相关规定,同时还表示,一审判决结果已经充分考虑了被告人涉案鹦鹉为人工繁殖的、其行为的社会危害性相对轻微等情节,体现了情、理、法的统一。检察官说:"这里所说的珍贵濒危野生动物,包括列入国家重点保护野生动物名录的国家一、二级野生动物,列入《濒危野生动植物种国际贸易公约》附录Ⅰ、附录Ⅱ的野生动物,及驯养繁殖的上述物种。也就是说不仅野生动物受到保护,连附录Ⅰ、附录Ⅱ里面的驯养繁殖的物种也是受到保护的。同时我们可以看到一审法院的判决已经充分考虑到了上诉人邱某的情节。本来贩卖 8 只费希氏情侣鹦鹉属犯罪情节严重、量刑在五年至十年的行为,但是考虑到鹦鹉是人工繁殖的,源头是合法的,上诉人行为的社会危害性相对轻微,所以一审法院在上报最高人民法院核准之后,才对他减轻了处罚。这已经非常体现了办案的合法化和人性化的关怀。因此,我们建议维持原判。"

邱某最后陈述："我是普通农民，不懂法律文化。既然法院法官认为我有罪，轻重就由你们判。你们认为我有罪，我就有罪。我被关进去一个月，店里的都是活体，就没人管了。该损失的损失，死的死，扔的扔。还有80岁老母需要我孝敬。还有我小孩，才12岁。（邱某哽咽，老婆跪地号啕大哭）我老婆做过两次手术。她现在没有劳动能力。我们实在太苦了。我希望你们能考虑我们的处境。"

邱某现已认罪，但出庭检察官仍建议维持原判，就因邱某坚持认为只有4只费希氏情侣鹦鹉，认为其认罪态度不好。而事实确实是只有4只费希氏情侣鹦鹉。

开完庭第三天，新闻稿中出现了庭审现场。徐昕教授特感奇怪，经询问才知该案庭审已被直播，并挂在中国庭审直播网。在没有任何告知，也没有任何心理准备的情况下，江西鹦鹉案庭审就这样被直播了。

二审法院第二次开庭

2019年8月1日，我接到鹰潭中级人民法院开庭通知，倍感奇怪，因为半个月前我与审判长电话沟通过，希望他在开庭宣判前提前通知，我好安排时间参加，但他说宣判不开庭，会直接将宣判结果邮寄给我。

2019年8月6日上午9点，法院如期开庭，恢复法庭调查。审判长讯问邱某查获的鸟是否从万某处购买的，是否8只牡丹鹦鹉。邱某皆承认。审判长征求辩护人意见。辩护人无异议。邱某从2018年5月3日起供述一直稳定，都承认有8只牡丹鹦鹉。在法庭辩论阶段，邱某首先表态："我认罪，对不起，给大家添麻烦了。"

辩护人首先同意邱某真诚认罪，但又独立发表辩护意见：

"辩护人尊重邱某自己的自愿认罪决定。邱某已真诚认罪悔罪，因此，我请求法庭考虑邱某的从轻、减轻情节：① 为偶犯、初犯，如实供述，坦白。② 主动交代上家万某，具有立功情节。③ 涉案鹦鹉并未实际销售，属预备，最多待售，未遂。④ 万某作为上家，买了鹦鹉又卖了，两行为皆既遂，且没有立功，只被判一年六个月，缓刑两年。感谢法院对此案持慎重态度。感谢出庭检察官辛苦、认真的工作。作为辩护人，应独立发表辩护意见，与邱某无关。辩护人仍坚持原来的辩护意见：买卖可商业经营、双

证齐全的'人工鸟'不构成犯罪,是合法经营行为!花鸟店主无证收购、出售双证齐全的人工驯养鹦鹉是正常、合法的经营行为,不是犯罪行为,没有任何社会危害性,反而有利于野生动物的保护。不管万某,还是邱某,都是无罪的;不管收购、出售双证齐全的商业经营的人工驯养鹦鹉,还是收购、出售双证齐全的商业经营的人工驯养梅花鹿,不管收购、出售8只还是8万只,都是合法的经营行为,都是无罪的,都应当受法律保护,绝不应受刑事追究。"

审判长问邱某:"是否同意你律师的意见?"我再次强调,律师独立发表辩护意见。邱某只同意我所述的认罪部分。邱某回答:"不同意律师意见。"

检察院出庭检察官出庭发表意见:"鉴于邱某认罪,建议从宽处理。"

邱某最后陈述:"我认罪,希望法庭对我宽大处理。"

邱某夫妇多次感谢我,说如果没有我介入,邱某早就被抓进去,判五至十年了,因为从侦查阶段、审查起诉阶段到审判阶段,多位司法工作人员多次告诉他:判五到十年。

期待无罪

在本案中,关于邱某如何认罪,刘律师曾建议,邱某仅针对司法解释认罪,就说经过庭审,才知道有司法解释,才知道触犯司法解释。徐昕教授曾建议,邱某应认可事实,可以这样说:"我确实买了鹦鹉,不知后果有这么严重。法院认为犯罪,我认可。我今后不买卖鹦鹉了。"我曾建议邱某,承认买卖鹦鹉错了,以后不再犯。

江西鹦鹉案是典型无罪案件。涉案鹦鹉可"商业性经营利用",于2003年被列入林业部允许商业性经营利用的54种野生动物名单。涉案鹦鹉"双证齐全",经营者既持有河南省重点保护野生动物驯养繁殖许可证,又持河南省野生动物及其产品经营利用许可证,且涉案鹦鹉已被一审判决认定"源头合法"。《中华人民共和国野生动物保护法》第二十八条、第二十九条规定"双证齐全"的可商业利用的涉案鹦鹉可以出售和利用,并未规定经营者必须持野生动物经营许可证或类似批文才可购买、销售,因此,邱某"无证"(无野生动物经营许可证)购买、销售"双证齐全"的涉案鹦鹉既不违法，也不构成犯罪。江西鹦鹉案与深圳鹦鹉案最大的不同就在于"源头合法""双证齐全""可商业利用"。然而，因《最高人民法院关于审理破坏野生动物资源刑事案件具体应用法律若干问题的解释》仍未修改，司法部门仍可能机械司法，甚至误用法律。尽管如此，但我们仍然期待邱某无罪。

江西鹦鹉案是徐昕教授一直关注的案件。在办理了深圳鹦鹉案后，徐昕教授发现《最高人民法院关于审理破坏野生动物资源刑事案件具体应用法律若干问题的解释》明显存在不合理之处，把驯养繁殖的野生动物包括在野外野生动物之内，扩大了文义解释，而江西鹦鹉案又是一个受该司法解释影响的案件，因此，在该案二审时，徐昕教授决定提供免费法律援助，以进一步推动司法解释的修改。

律师简介

郑晓静，北京乾成律师事务所律师。

庭审被直播的江西鹦鹉案

一场意外山林大火促成的无罪辩护
——章某涉嫌非法占用农用地一案获不起诉

2014年的一天，我忽然接到紧急来电。有位老朋友说他哥哥因涉嫌犯罪被刑事拘留了。这通来电让我大吃一惊，因为印象中这位老朋友的哥哥是朴实厚道的村民，并不是喜欢惹事的人，怎么会涉嫌犯罪？我询问后了解到，他的哥哥涉嫌犯非法占用农用地罪。该罪名并不常见。行为人究竟是因为怎样的行为被立案侦查？是故意强行霸占土地还是采取欺骗手段骗取审批手续占用土地？是无意识地改变土地用途还是有规划地改变土地用途？土地面积多大？造成的后果如何？

按照我以往的办案风格，第一次会客一般都是在律所，但鉴于这次案件比较特殊，而且家属表达能力有限，为了让家属比较放松，以便进一步办理案件，我开车前往案发地和家属进行第一次会谈。原来，涉案的土地是20世纪章某父亲开荒所得。因为历史原因，章某的父亲未办理过任何土地权属登记，占有使用土地已有几十年。这事村里人尽皆知。而近几年章某在这块林地上搭盖了牛棚，成为本案爆发的导火线。我接受家属的正式委托后，家属转达了章某本人的意愿：对案件事实初步没有异议，希望律师能为其进行罪轻辩护，争取到减轻处罚结果。因当时案件处于侦查阶段，我未能看到卷宗材料，只能初步认同家属的意见。

第一次线索调查失利

我第一次在看守所见到章某时，他没有太多的怨言，只是要求我尽力帮忙。因为是认识多年的朋友，我们很快就建立了完全的信任。章某承认其在原林地搭盖牛棚的事实，只是坦承并不知道该行为是违法的。在交谈中，章某确认了他和父亲确实没有办理过林权证之类的权属证明，但是强调这块地是他父亲当年响应国家号召开荒所得,且这事村委会是知道的。我的第一想法是如果这确实是历史遗留问题,我是否可能从行政法上的信赖利益原则或者刑法上的期待可能性角度出发争取免罪?我收集了大量的开荒政策,但是这些都是历史久远的政策,很难说服办案部门。我又到土地管理部门进行了土地性质调查,得知该土地是林地,确实没有办理任何权证或承包的记录。接下来我又到村委会了解情况。虽然几位了解情况的村民表示知道章某和他父亲一直有在该林地上开荒的事实,但是他们说不清楚具体情况,也没有办法出庭作证。案件的第一次线索调查陷入僵局。

那年山火燃起无罪希望

章某很快被批准逮捕。虽然我还没办法看到案件的卷宗,但是通过陆续多次的会见,沟通越来越顺畅,谈话内容也不再限于这几年的情况。章某无意间提及涉案土地在他父亲实际承包时,也就是十几年前曾经发生过意外的失火事件,被烧得挺严重,他父亲还因此上过法庭。办案的直觉告诉我,那场山火可能是案件的突破口。我进一步追问,但由于时间久远,章某能提供的信息有限。他只是依稀记得:当年的火是从旁边同是开荒的村民土地烧过来的;因失火事件,他父亲后来起诉到 C 县人民法院,要求法院处理。

多年的刑辩经历已让我养成针对可能有利于当事人的事实刨根究底的习惯。了解这场火的来龙去脉成了目前迫切需要完成的任务。而在十几年前裁判文书还不像现在被全面公布上网的前提下,要查找到当年的民事判决书,我首先想到的是寻求作出判决的 C 县人民法院协助。但是多年过去了,法院内部的人员调动及卷宗存放等相关因素给此项工作造成了很大的阻碍。正当我与法院沟通希望,法院帮忙找到当年的卷宗时,章某家属传来消息,他们在家中意外发现了当年的那份民事判决书。

当家属将这份因年久而字迹褪色、纸张破旧的民事判决书递给我时,我迫不及待地翻看。这份判决书详细记载了以下内容:当年被告疏于管理承包的林地导致山火,而山火蔓延使原告承包的林地遭受损失;原告胜诉,获得相应的损失赔偿。而当年的原告正是实际的土地开荒者章某的父亲。这份判决书实际上确认了章某的父亲对这块林地的权属。结合我之前收集

一场意外山林大火促成的无罪辩护

的大量开荒土地政策，我认为章某对这块土地的使用具备合法性，显然不能被简单地认定为非法占有。

拦路的鉴定意见

我拿着当年的这份民事判决书，随即与侦查机关进行了沟通，认为章某的行为并非非法占用，不构成犯罪，要求他们对章某的案件进行撤案处理。然而令人意外的是，沟通并未获得成功。侦查机关依然认为撤案理由不够充分，并告诉我他们已收集了足够的证据。果然案件很快被移送检察院。

案件正式进入审查起诉阶段后，我第一时间进行阅卷，发现卷宗显示，章某在未办理任何手续的情况下，占用了 C 县某村部分农用地，2013 年上半年在其占用的农用地（林地）上搭建铁棚用于养殖牲畜，占用面积达 9 000 多平方米，致使农用地（林地）的用途遭到改变，农用地（林地）被破坏。其中，侦查机关认为证据确实充分的依据是两份不同鉴定中心出具的司法鉴定意见书。2014 年 10 月 13 日，A 司法鉴定中心对破坏的鉴定结论如下：① 被占用林地的林种是果树林；② 被占用农用地（林地）面积约为 9 510 平方米，折合 14.2 亩；③ 被占用农用地（林地）原有林木已被严重毁坏。2014 年 11 月 3 日，B 司法鉴定中心进行重新鉴定，鉴定结果为被非法占用的农用地（林地）总面积约为 11.1 亩，植被毁坏严重。以上两份鉴定意见书是侦查机关最强有力的证据。本案要实现无罪辩护，除了从上述获得的民事判决书入手外，推翻鉴定结果也是案件关键。

实地调查——推翻司法鉴定结果辩护思路的形成

如何强有力地推翻不利于章某的鉴定结论？我认为有必要到章某涉嫌破坏的农用地现场实地调查下。好不容易挤了一天时间，约了当事人的弟弟带我去现场看看。我仔细查看了一下现场，发现这里牛棚、杂草丛生，路坑洼不平。

经过一番实地调查，我结合法律规定欣喜地发现，两份鉴定意见书存在巨大的瑕疵，从根本上无法直接说明章某的行为构成非法占用农用地罪。

为什么？理由很简单，非法占用农用地罪要求造成的犯罪构成后果必须是林地原有植被或林业种植条件被严重毁坏或者被严重污染，而现有土地只是被牛棚盖住，并没有经过太多人工改造，也并没有被实际破坏。只要拆除牛棚就完全可以恢复土地性质。且没有证据证明章某有造成林地原有植被或林业种植条件遭到严重毁坏或者严重污染的行为。

两份鉴定意见书中认定被占用农用地（林地）原有林木已被严重毁坏或者植被毁坏严重，并非土地被严重破坏。如果办案机关认为林木被破坏，那么起诉的罪名应该是滥伐林木罪，且应证明滥伐的林木立方数。显然，两份鉴定意见书的内容并不能被直接引用到本案的罪名认定中。

正面交锋——饱和式无罪辩护

考虑到本案发生的背景较为复杂且侦查力度颇大，如果仅针对之前获取的民事判决书或者章某罪名认定存在错误进行单一的无罪辩护，那么最终很可能无法达到无罪的辩护效果。若同时从以上两个看似不关联的方面进行饱和式无罪辩护，只要其中一方面的辩护意见被采纳，无罪辩护即可实现。

此时案件正处于审查起诉阶段。在侦查阶段，如果辩护人提前指出证据取证瑕疵，就可能导致侦查机关有针对性地进行补证，从而造成不可逆的后果；在审判阶段，辩护意见多数无法被采纳，无罪判决少之又少。因此，审查起诉阶段正是辩护人做无罪辩护的好时机。若辩护意见被采纳，案件往往即可获得实际的无罪结果。

因此我向检察院提出如下辩护意见：

第一，章某不具有非法占用的行为。

在特定的历史背景下，涉案的林地经章某的父亲开荒被使用，虽未办理相关的权属手续，但在2004年2月20日下午该林地被李某造成的山火烧毁后，章某的父亲对林地的合法权益及遭受的损失，由C县人民法院的生效民事判决书给予了确认。根据《F省林木林地权属争议处理条例》第十三条规定，在没有土地权属证明的情况下，人民法院作出的有关林木林地权属的生效法律文书可以作为处理林地权属的依据。因此章某不具有非法占用的行为。

第二，章某不具有犯罪的期待可能性。

在 C 县人民法院的生效民事判决书确认了涉案林地的合法权益及章某的父亲由此遭受的实际损失的情况下，结合当年鼓励开荒的特殊历史背景，章某作为一名普通的村民不可能意识到占用经过民事判决书确认的林地属于犯罪行为，不具有犯罪的期待可能性。

第三，本案没有证据证明章某有造成林地原有植被或林业种植条件被严重毁坏或者严重污染的行为。章某的行为不符合非法占用农用地罪的构成要件。

针对侦查机关委托专业机构做出的两份鉴定意见书的具体分析如下：

1. 第一份鉴定意见书表述："原有林木已不存在。灌木和杂草没有被铲除。"C 县人民法院的民事判决书足以证明该区域农用地曾于 2004 年 2 月 20 日下午被李某造成的山火烧毁。林木不存在的事实是其他客观因素造成的。

2. 第二份鉴定意见书根据卫星图中出现牛棚这一情形作出"可确定该地块植被毁坏程度严重，已搭建了建筑物"的认定，而鉴定人实地勘察后明确表述："该地块原有主要植被为草木和灌木及少数林木。搭建的铁皮房时间不长。铁皮房被拆除后，除了被毁坏的树木外，草灌植物已逐步恢复生长。"因此，实地勘察意见明确了铁皮房时间不长、草灌植物已恢复生长的事实。可见，鉴定人在实地勘察后已经纠正了根据卫星图作出的初步认定。鉴于卫星图无法显示植被的实际情况，也无法显示牛棚拆除后的植被生长情况，事实显然应以鉴定人实地勘察结果为准。既然鉴定人实地勘察后认为植被已经恢复生长，林地显然就不存在原有植被或林业种植条件被严重毁坏的情形。

通过对两份鉴定意见书的分析，根据存疑时有利于被告人的司法原则，辩护人认为，在不能排除合理怀疑的情况下，鉴定结论不应当被采信。

综上所述，辩护人建议检察机关对章某涉嫌非法占用农用地一案做不起诉处理。

结局——以不起诉结案

我将无罪辩护意见提交当地检察院公诉部门后，检察院很重视，多次开会探讨，两次将案子退回补充侦查。最终检察院采纳了我的辩护意见，秉着客观公正的态度，以"起诉罪名要件不构成，不符合起诉条件"为由作出对章某不起诉的决定。至此，本案成功取得无罪结果。辩护人成功维护了当事人的合法权益。

律师简介

张雄飞，福建瀛坤律师事务所高级合伙人、刑事专业委员会主任，瀛和律师机构全国刑事专业委员会副主任，瀛和律师机构金牌讲师，2017—2018年度福建省优秀律师，福建省律师协会刑事诉讼专业委员会委员，福建省首届刑事专业律师，厦门市法学会刑法学研究会常务理事，福州大学法学院法律硕士研究生实践导师，第六届全国大学生模拟法庭大赛评委，美国圣地亚哥大学兼职实践讲师。执业至今十余年，擅长刑事辩护、外国及港澳台地区人士刑事辩护、重大刑民交叉疑难案件纠纷解决、企业刑事风险防范，代理过300多起刑事案件，成功过办理多起无罪、免予刑事处罚案件。

从命悬一线到绝处逢生
——"大毒枭"终获无罪释放

这是一起跨省特大贩毒案。嫌疑人熊某被两份生效判决书列为在逃犯。三名同案犯一致指认熊某是幕后"毒枭"。侦查人员自信已将此案办成"铁案"。熊某性命堪忧。然而在生死关头,辩护人临危受命,从一个个细节中找到突破口,逆转了局势。在被关押680天后,嫌疑人熊某最终迎来了正义的曙光。

赌博引来杀头重罪

2016年2月15日,熊某正在赌桌上酣战,突如其来的警察把一众赌徒带进了公安局。

熊某知道赌博违法,但无论如何也没想到,这一赌竟险些把自己送上了不归路。警方系统显示,熊某是一名网上逃犯,早在7年前就因涉嫌贩卖毒品被云南警方上网通缉了,且涉案毒品达5 291克。熊某因此被刑事拘留。10天后Y省警方赶到H省S市将熊某接走,并将其关进了Y省N县看守所。

对熊某的指控来源于两份生效判决书中的三名同案犯的供述。三人皆因贩卖、运输毒品罪被判处重刑。三人都咬定,这起贩毒案的幕后主使是熊某。

这三人分别是李某彬、刘某海和刘某兵,均是熊某的同乡。其中,李某彬和刘某海是案发当时就落网的。2009年1月16日上午11时30分,Y省某县公安局民警在收费站公开检查时,发现李某彬驾驶的有深圳牌照的银灰色中华轿车有运输毒品的嫌疑,便叫李某彬、刘某海二人下车进行检查。其间李某彬趁民警不备逃跑,随即被抓获。之后民警将该车开到修理厂进一步检查，在油箱内发现了6个用白色塑料袋包裹的绿色饮料瓶，里面装满了红色、绿色的药片。经检验，这些药片为毒品甲基苯丙胺（即冰毒）。

据李某彬和刘某海供述，当时他们二人正驾车返回S市老家。车上的毒品是同村的"阿水"（即熊某）叫他们运的。案发前半个月，"阿水"先跟刘某海一起开车到达Y省J市，随后"阿水"又打电话喊李某彬从老家赶来帮忙运输毒品。后来"阿水"有事先离开了Y省，李某彬和刘某海便在"阿水"的指使下，联系在J市生活的老乡刘某兵购买了这些毒品。2009年10月，李某彬和刘某海因犯运输毒品罪，分别被判处死缓和无期徒刑。

刘某兵在两年后也归案了。他也称，熊某在2009年1月曾打电话叫他帮忙联系购买毒品到H省去贩卖，并将20多万元毒资汇到了他的银行账户上。熊某和刘某海开车到达J市后，刘某海又用现金向他支付了剩余毒资。他买到毒品后，打电话通知刘某海到他经营的茶厂里取货。随后刘某海和李某彬将毒品放在轿车的油箱里运走。2012年年底，刘某兵因犯贩卖毒品罪被判处死缓。

临危上阵发现生机

然而，熊某本人坚称自己是被冤枉的，并且十分自信很快可以恢复自由。在公安机关宣布逮捕的讯问中，侦查人员问他："熊某，你认为我们今天为什么来看守所讯问你？""我想你们是来放我回去的。"熊某答道。"你为什么会有这样的想法？"侦查人员有些惊讶。"因为我没有做犯法的事。"熊某自信地说。但手握两份生效判决书的侦查人员更加自信，明确告诉他："你这样的想法是无用的，也是不可能的。"

由此可见，公安机关对于法办熊某也是信心十足的。

熊某的家属四处寻访律师，希望能为他洗清冤屈。在Y省，他们委托了当地的王律师做熊某的辩护人。虽然王律师提交了辩护意见，但检察院移送起诉已无可避免。

彼时，我正在为J市的另一起运输毒品案的当事人辩护。经努力辩护，该案当事人最终在案件被发回重审后，由死缓被改判为有期徒刑15年。当

从命悬一线到绝处逢生

事人十分满意。巧的是，该当事人的家属与熊某的家属正好相识。经推荐，熊某的家属通过电话联系了我。未曾谋面的家属给予了我极大的信任，希望我能前去为熊某做无罪辩护。

我接案一向谨慎。每一起案件的背后都有委托人的期望和嘱托。我们做律师的有义务忠于当事人的委托，但更有责任忠于法律和事实。我们不能决定案件的裁判结果，但应尽最大的努力去争取最好的结果。而这一切的前提必须是案件本身存在辩护空间。

我向熊某的家属提出，先阅卷了解有无辩护空间，再决定是否前往Y省为熊某辩护。家属表示认同并快速邮寄了委托手续。我与家属委托的Y省当地王律师取得了联系之后，惊喜地发现，我们俩有两年前共同在深圳参加中国法学会举办的"毒品犯罪辩护能力提升研修班"学习的渊源，算是同学，所以联系相当顺利。之后，我向王律师邮寄了协助阅卷公函及委托书，不久便得以顺利阅卷。经初步了解，我认为本案并非没有辩护空间，但我需要会见当事人，解决案卷中呈现出来的重重疑点。于是，我决定前往Y省为熊某辩护。与熊某的家属首次会面是在Y省N县。我一路风尘仆仆赶到N县时已是后半夜了。

而此时，检察院已经将案件起诉到了法院，指控熊某犯贩卖、运输毒品罪。

从细节里挖出重重疑点

众所周知，认定一个人有罪的标准是"犯罪事实清楚，证据确实、充分"。何为证据确实、充分？《中华人民共和国刑事诉讼法》（2012年修订）第五十三条给出了明确界定：定罪量刑的事实都有证据证明；据以定案的证据均经法定程序查证属实；综合全案证据；对所认定事实已排除合理怀疑。证据确实、充分，排除合理怀疑，是贯穿刑事诉讼全过程的证明标准，无论在侦查阶段、审查起诉阶段，还是在审判阶段，对于证明材料的认定都应当遵循该标准。

那么，本案事实清楚，证据确实、充分吗？

从表面上看，本案有三个已被判刑的案犯供述是受熊某指使贩卖、运输毒品，且均被判了重刑，显然形势不容乐观。这也是公诉机关指控熊某犯罪的主要证据。

然而，在审理被告人先后到案的共同犯罪案件时，前案生效裁判文书认定的事实能否不加以印证被直接拿来作为后案认定事实的依据？我认为法院不能这么做。前案生效裁判认定的事实是在本案嫌疑人没有参与诉讼的情况下形成的法律事实。在本案当事人否认参与犯罪事实的情况下，前案认定的事实与客观事实之间很可能存在偏差，而本案认定的事实必须是经法定程序查证的事实。因此，先到案共犯的裁判文书所采信的证据，必须经重新逐项质证、查证，才能作为认定后案犯罪事实的证据使用。

经过深入细致地阅卷分析，我发现虽然本案有前案三人的在案供述与指认，但熊某本人始终坚决否认实施了上述犯罪行为。在熊某前后五份讯问笔录中，仅被抓获时的第一份笔录为有罪供述，但熊某本人拒绝签字，理由是记录内容与供述内容不符。在此情形下，公诉机关最起码要举证证实下列情节：

1. 熊某确实与身在景洪的老乡刘某兵在案发时段相互有电话联系。
2. 熊某确实在该段时间内给刘某兵的账户汇入过毒资，或者指使他人汇入。
3. 熊某与李某彬、刘某海二人在该段时间内相互有电话联系。
4. 刘某海、李某彬用于运输毒品的车辆确系熊某提供。
5. 刘某海与熊某共同驾驶涉案车辆到 Y 省。
6. 熊某与刘某海、李某彬确实在同一宾馆开房住宿。

上述情节如果确实发生过，必然会留下客观证据，比如通话记录、存款清单、住宿登记或者宾馆服务人员指认、驾驶机动车沿途的监控录像或者加油站、收费站监控录像等。上述情节只有被客观证据证实才能被认定为事实。道理很简单：客观证据具有唯一性，无法改变。比如只要当事人之间存在通话事实，通话记录就不可能改变。而口供因受到各种因素的影响，很难确保其内容的真实性。

为摸清真相，我在仔细阅卷的同时，前后七八次从广西前往 Y 省调查，尽可能掌握与案件相关的所有信息。随着对案情的深入了解，我认为熊某喊冤是有道理和根据的。

熊某说，在案发时段他本人确实曾出现在 J 市，但他是一个人坐大巴车去的，并非和刘某海一起开车去的，也没有跟刘某海、李某彬一起住过

宾馆。他去J市，是为了同当地一名姓李的朋友商量一起开饭店的事。当年1月10日，他因为有事便离开J市去深圳了，其间并未与刘某海、李某彬等人有交集。后来他听说刘某海等人因为贩毒出事了，但那时他早已回到老家，根本没有共同作案的时间。他还说，他跟刘某海、李某彬虽认识，但交往并不多，多年前他和刘某海还曾因争夺女友打过架。

侦查卷宗中附有两份民警出具的情况说明，里面提到，李某彬曾托同监室即将被释放的老乡文某带一张信笺出去给自己家人，但文某不敢带，将信笺交给了同监舍的朱某，而朱某又交给了管教民警。侦办此案的办案民警得到消息后，立即前往进一步调查。

李某彬托文某带出去的信笺是一张债务清单。上面密密麻麻地列明了几十个借他钱的债务人以及具体的借款数额，而总额高达42万多元。他原本打算委托自己的父亲帮忙催收债务。这张清单说明，李某彬的经济实力非同一般。然而李某彬在讯问中告诉侦查人员，他之所以去Y省帮熊某开车，是因为熊某答应事成后会给他6 000元辛苦费。一个拥有几十万元外债的人会为了6 000元辛苦费铤而走险？这实在不符合常理。

而与李某彬同监舍的厉某则向民警举报称，李某彬在看守所被关押时，经常隔着监室向刘某海大声喊话，告诉刘某海"什么都不能讲，讲出来就完了，不说才是好兄弟"。厉某还向民警反映，李某彬曾说过那些毒品是他和他姐夫的，而刘某海是帮他运输毒品的。

公安机关在抓获刘某海、李某彬时，曾调取了二人的手机通话记录，但二人均未能指认出哪个是与熊某联系的电话号码。刘某兵归案后，亦未能指认出哪个是熊某的手机号码。办案人员在通话记录上标注了几个重点号码，但经过详细的比对分析后排除了这些号码为熊某所使用。特别是刘某海交代，在交易毒品当天，熊某打电话指示其和李某彬去刘某兵处接货，但我核对刘某海的通话清单后发现，刘某海当天无任何被叫来电。在案通话记录只能证明案发时刘某海与李某彬、刘某兵之间有过通话，不能证明该三人与熊某之间有电话联系。

在案发时段存入刘某兵农业银行账户的款项有多笔，且存入方式各有不同，但并无20多万元的单独存款。我针对相关的汇款代码专门向银行工作人员进行求证，发现这些钱中有些通过柜台存入，有些通过ATM存入，并且存入地点各不相同，银行清单上并无存款人信息。这显然不能证实这些钱系熊某所存，亦不能证实这些钱系熊某指使或委托他人存入的。

对于涉案车辆的来源，熊某坚决否认是他提供的。警方由于种种原因未能向该车的登记车主调查询问相关情况。仅有刘某海单方供述车是熊某租来的。该说法的真实性存疑，无法证明该车是熊某提供的。

由此我得出结论：虽然有三个所谓的"同案犯"同时指认受熊某指使而实施贩卖、运输毒品行为，但是该指控缺乏连贯性，没有客观证据予以支撑、印证。本案的指控证据不足，供述没有客观证据印证且存在矛盾，合理怀疑无法被排除。

环环相扣，攻破控方堡垒

通过分析比对，我的辩护思路越来越清晰：本案中据以定案的证据材料不能形成完整的证明体系，不能证实熊某参与实施了贩卖、运输毒品行为。熊某本人坚决否认自己实施了指使他人贩卖、运输毒品的犯罪行为，增强了我的信心以及追求公平正义的决心。因此，我和王律师都决定为熊某做完全的无罪辩护。

综合全案证据，在实体上我向法庭提出了如下辩护意见：

1. 在案证明材料中并无熊某与刘某兵之间相互联系的证据。除了刘某兵的供述外，没有证据印证熊某曾在2008年12月邀约刘某兵在J市帮其购买毒品回S市贩卖。

2. 在案证明材料中没有证据印证熊某指使刘某海、李某彬到云南运输毒品。刘某海、李某彬供述多次与熊某有电话联系，但无法指认熊某使用的电话号码，显然不符合常理。

3. 在案证据不能证明熊某曾向刘某兵农业银行账户汇入过20多万元用于购买毒品，亦不能证明熊某曾委托他人汇入。

4. 在案证据不能证明熊某管理、使用过李某彬、刘某海二人用于运输毒品的车辆，并申请通知车主作为证人出庭作证。

5. 在案证据表明此前归案的刘某海与李某彬到看守所后，因具有相互串供行为而被在押人员举报，二人的供述内容无法被证实为真。

为达到攻防兼备的辩护策略，我还指出了本案存在的诸多程序违法之处：

第一，证据收集主体不合法。《中华人民共和国刑事诉讼法》规定公安机关内部管辖由公安部来规定。《公安部关于建立派出所和刑警队办理刑事案件工作机制的意见》（公通字〔2005〕100号）第一条就明确规定，派出所不办理贩毒案件。目前没有新规定改变上述规定，那么地方各级公检法机关就必须遵守公安部的规定。本案由N县派出所侦办，违反了该规定。

第二，称量毒品时，相关人员将6瓶毒品可疑物分3次混称，没有对单独包装的毒品可疑物进行单独称量、取样，导致毒品可疑物被污染。

第三，相关人员对毒品可疑物取样时没有让犯罪嫌疑人签字，不能确保送检样品与取样样品的同一性。送检前已将所有缴获的毒品移交毒品大队保管。送检的样品来源不明，不能确保与本案缴获毒品具有同一性。缴获的毒品可疑物有红、绿两种颜色，但相关人员只将红色药片状可疑物送检，不能证明绿色药片状可疑物为毒品。

第四，鉴定人主体不适格。公安机关补充的鉴定人资质材料只能证实其现在有鉴定资质，不能证实其在做出鉴定行为时有鉴定资质。

针对重重疑点，我向法庭提出了公诉机关必须提供的证据证明：涉案车辆究竟是谁向车主借的；向刘某兵银行账户存入资金是何人所为；熊某是否与刘某海、李某彬共同在J市的宾馆开房，用谁的身份证开房；熊某离开J市后是否与刘某海、李某彬、刘某兵等人有电话联系；等等。

在控辩双方意见分歧巨大的情况下，法院对于本案的审理可谓慎之又慎，前后开庭三次。在审理期间要求检察院根据辩护人提出的疑点进行查漏补缺，甚至要求检察院对刘某海、李某彬、刘某兵三人重新提取证人证言。因刘某海、李某彬已被转移到东北服刑，办案机关还专门奔赴东北对刘某海和李某彬重新提取讯问笔录。

但因时间久远，公安机关在《情况说明》中回复：刘某海、李某彬供述的与熊某一起住宿的两家宾馆已无法提供住宿记录，当时宾馆的服务人员也找不到了；涉案车辆的相关行车记录已经不存在；刘某海、李某彬、熊某的通话记录已经无法重新调取；重新提取的刘某海与李某彬的笔录并未能解决案件存在的疑点问题；因新的服刑监狱查询不到刘某兵的服刑地点，未能重新提取刘某兵的问话笔录。

在运输毒品的车辆并非运输人所有的情况下，查明车辆来源对本案来说至关重要。车辆行驶证明确记载着所有人的身份信息，但控方未能联系到车主进行核实,在证据采集上显然是有遗漏的。为查明案件事实真相,在征得熊某同意后,我申请法院通知车主作为证人出庭作证。为了确保车主提供证言的客观真实性,同时也为了避免可能存在的法律风险,在开庭之前,我没有跟证人有过任何联系。

车主在庭上表示:熊某是他的同族堂哥,但彼此已多年未有联系;刘某海系他的外甥;涉案车辆系他所拥有的私家车,平时在深圳用于工作和生活;2008年12月底因父亲去世,他从深圳开车回家奔丧,其间曾把车交给外甥刘某海帮采办丧葬物品等,处理父亲后事结束后,却找不到刘某海,因假期结束便匆忙赶回深圳上班;熊某既没有向他借过车,也没有向他租过车。

此前刘某海归案后曾供述:用于运输毒品的车辆是熊某向车主租来的;后来熊某叫他一起开车到Y省。刘某海在审讯中还曾告诉侦查人员,他虽有驾驶证却"不怎么会开车"。车主出庭做证的证言证实,刘某海此前在公安机关做了虚假供述,同时也证明了被告人熊某供述的真实性、可靠性。

综上所述,我认为:本案并无确实、充分的证据证实被告人熊某实施了贩卖、运输毒品的行为;公诉机关的指控事实不清、证据不足、程序违法,指控罪名不能成立。根据疑罪从无的原则,熊某依法应当被宣告无罪。

峰回路转,终获无罪释放

在审理本案期间,检察院因需要补充侦查,两次建议延期审理。法院以本案涉及罪与非罪,案情重大、复杂为由,向最高人民法院提出延长羁押期限申请,而最高人民法院前后两次批准延长羁押期限三个月。

虽然检察院未能补充相关证据排除本案的诸多疑点,但公诉人在第三次开庭发表公诉意见时,仍然坚持认为熊某犯贩卖毒品罪的事实清楚,证据确实充分,并形成完整的证据链。

我完全不同意公诉人的意见,指出公诉人的职责并不仅仅是指控犯罪,亦有依法保障无罪的人不受刑事追究的义务。针对此前开庭时辩护人提出的诸多疑点,检察院庭后发函要求公安机关收集调取多份证据,足以说明本案的证据不切实、不充分,公诉人又怎能在证据不能补充到位的情况下仍然罔顾事实,坚持认为本案事实清楚、证据确实充分呢?

从命悬一线到绝处逢生

最后公诉人不得不承认，本案证据确有瑕疵，但同时认为，毒品犯罪案件系特殊案件，因此可以用推定的方式认定犯罪事实。

我回应时表示：认可公诉人持有的毒品犯罪案件系特殊案件，在某些情况下可以用推定的方式认定犯罪事实存在的观点，但是熊某是否参与李某彬、刘某海、刘某兵的贩卖、运输毒品行为，并不属于可以用推定的方式认定犯罪事实的情形。法律是讲证据的，判定事实的根据只能是查证属实的证据。如果没有客观证据印证指控的事实，即使有再多的人指认，公诉人也仍然不能认定熊某有罪。在车辆出行记录、宾馆住宿登记记录、通话记录、银行汇款清单等客观证据均不能证实熊某参与本案的情况下，我们应当坚持疑罪从无原则，宁可错放，也不能错判。

我内心坚信：在目前的证明体系中，秉持公正立场的法院要么不判，要么只能判无罪。正当我满心期待法院的无罪判决时，2017年12月14日，法院来电告知，已经裁定准许检察院撤回对熊某的起诉。

法院裁定准许检察院撤诉，但并没有马上释放熊某。我把其中的原因从法律层面上给家属做了解释。为了安抚熊某的情绪，我于2017年12月18日上午赶到Y省会见了熊某。下午又赶去检察院递交《关于请求对熊某涉嫌贩卖、运输毒品罪案作出不起诉决定暨变更强制措施的法律意见书》，要求检察院尽快对本案作出不起诉决定，且在作出不起诉决定前，立即解除对熊某采取的强制措施。

在我递交法律意见书后的第7天，也就是2017年12月25日，检察院对熊某作出了不起诉决定，并于次日将不起诉决定书送达熊某本人，看守所随即也向熊某出具了释放证明。熊某得以完全恢复自由。至此，熊某因此案已经被羁押了680天。

经过本案的成功辩护，我也更加坚信：刑事辩护律师唯有走专业化道路，坚持专业、专注的职业精神，坚持精细化辩护，才能获得当事人的尊重和认可，才能为当事人赢得有尊严的未来。

律师简介

方超波，广西南国雄鹰律师事务所高级合伙人、副主任、刑事部主任，南宁市律师协会宣传委员会副主任，南宁市律师协会刑事专业委员会委员，广西法律心理研究会理事。为人刚直，作风严谨，勤奋敬业，对工作精益求精，具有良好的职业素养和强烈的社会责任感。擅长刑事辩护、企业刑事法律风险防范。执业以来在毒品犯罪、职务犯罪、经济（商事）犯罪等领域成功办理过多起具有影响力的无罪辩护案件。

毒品刑事案件的不起诉与取保候审
—— 记一名零包毒贩的起落

她支付了 59 000 元毒资

张某是个年轻的女性,因涉嫌贩卖复方磷酸可待因口服溶液,2017 年 10 月 12 日,跟她的父亲老张一起被立案侦查。家族式零包贩毒的结果是,张某的母亲、张某的丈夫皆因此于 2016 年被判刑入狱三年。各种事情,如同滚石下山,一桩接一桩,不可收拾。后来,老张被批准逮捕,张某被取保候审。

案件情况是,张某在 2017 年 9 月向卖家转账 10 000 元,在 10 月 9 日晚上又转账 49 000 元。老张于 10 月 11 日晚上在外零包贩卖时被当场抓获,并在住处被搜查出 6 000 袋复方磷酸可待因口服溶液。

紧急阻击

案件于 2018 年 1 月 8 日被移送检察机关审查起诉。三天后,犯罪嫌疑人张某找到了我并委托我担任她的辩护人。我周五前往检察机关阅卷,并快速浏览了一番。当我正在酝酿辩护意见的时候,承办检察官打来电话,说下周有事情外出,所以将于周五当日将案件移送人民法院审理。我只有半天时间!阅卷笔录显然是来不及做了。我跟检察官说,我的书面意见尚无,口头意见是事实不清、证据不足。于是我们俩约定周六加班,我送书面意见书到检察机关。我的辩护意见如下。

一、本案的上家未到案,资金性质无法确定

1. 2017 年 9 月第一次转账的 10 000 元的款项属性无法确定。

对于第一笔款项的性质，犯罪嫌疑人张某显然事前并不知情。

在 2017 年 10 月 12 日做的第一次讯问笔录里，张某说："9 月那次转账后，我没有看到我父亲拿药水。当时我不知道情况，但是后来我看到药水了，才知道他转这些钱是为了购买药水。"

侦查人员问："你是什么时候看到你爸的药水的？"

张某说："我是 10 月 9 日晚上八九点的时候看到的。"她还说，"大概在两三天前的晚上八九点，我看到我父亲从外面搬了两箱东西到他自己房间里。"

辩护人认为，显然，对于第一笔款项的性质，张某是事后猜测到的。更何况，该笔款项并无其他任何证据证明。

2. 10 月 9 日晚上第二次转的 49 000 元的款项属性亦无法确定。

对于第二次款项的性质，犯罪嫌疑人张某显然事前也并不知情。

在侦查卷宗里，张某说："第一次转钱的时候我不知道用途，后来因为我看到了，所以第二次转钱的时候我就知道我父亲转钱是为了购买药水。"

她是什么时候看到的呢？侦查人员问老张："这批药水是什么时候送到你家的？"老张说："是 2017 年 10 月 10 日晚上九十点送到我家里的。当时是送到我家楼下单元门口的。"

结合张某本人的说法，辩护人认为，张某可能是 10 月 10 日看到的。而张某汇款 49 000 元的时间是 10 月 9 日晚上。显然，对于第二笔款项的性质，犯罪嫌疑人张某事先也并不知情，到事后才猜测为毒资。

辩护人认为：这两笔款项，张某的父亲并未提及，除了张某的供述中提及外，没有其他任何证据予以印证，且本案的上家未到案，因此，张某的供述显然属于孤证。孤证不能用于定案。

3. 老张所在的游戏房的退款事务都是他安排犯罪嫌疑人张某操作的。

辩护人与张某谈话后了解到，老张在游戏房从事收银工作，他的退款事务都是他安排张某操作的，因为他不知道如何用手机退款给顾客，而万一退错，他自己要承担赔款责任。

二、毒品来源存疑

1. 本案的上家未到案，因此，老张与上家的交易情况无法确定。

2. 付款方式究竟是先付款后发货，还是先发货后付款，抑或是当场钱货两清，无法确定。

3. 发货、收货方式无法确定。

4. 价格、数量都无法确定。如果49 000元买2箱,则每箱卖24 500元;如果49 000元买5箱,则每箱卖9 800元;这些价格与医药企业的销售价格相去甚远,与黑市价格每箱5 000元也相去甚远。

5. 张某看到其父亲从外面搬到他自己房间里的两箱东西与第二笔款项49 000元之间的关系存疑。

三、犯罪嫌疑人张某于9月下旬就知道其父亲贩卖药水的说法与事实不符

1. 本案没有证据证明犯罪嫌疑人张某的父亲9月下旬贩卖药水,且起诉意见书认定的时间也只是10月期间。

2. 在第二次笔录中,犯罪嫌疑人张某说:"我是在9月下旬的时候知道的,我记得是在第一次帮我父亲转钱之后知道的。9月下旬的一天,当时我看到我父亲出门的时候提着一个黑口袋。我妈那时候贩卖药水就是拿的这种黑口袋。这些黑口袋都是用于装药水的。这些口袋就是我妈贩卖药水的时候拿来装药水的。所以我就知道了。"

第二次笔录里的说法与第一次笔录的说法矛盾。张某并不知道其父亲拿的黑袋子里面装的究竟是什么物品,只是根据其母亲之前拿这种黑袋子装药水,猜测其父亲拿的黑袋子里装的也是药水。也就是说,她不确定黑袋子里装的是药水。

3. 老张的供述也说明犯罪嫌疑人张某是不知情的。

在侦查卷宗里,侦查人员问:"你女儿是否知道你在贩卖药水?"老张说:"她不知道。"侦查人员问:"你女儿在你贩卖药水的过程中有无起到什么作用?"老张说:"没有。"

四、明知的对象

犯罪嫌疑人张某事后猜测其父亲可能贩卖药水,不等于她明知两笔款项是毒资。张某明知两笔款项是毒资的供述可能存在取证不规范的问题。辩护人可能将依法启动排非程序。

综上所述,辩护人认为,犯罪嫌疑人张某在主观上不具有参与贩卖毒品的故意,在客观上也没有参与贩卖毒品的行为。认定其参与贩卖毒品存在事实不清、证据明显不足的情况。

五、程序方面

1. 见证人问题。

见证人身份无法核实。如果见证人与公安机关存在一定的利害关系,则违背了见证人制度中立性的要求。《办理毒品犯罪案件毒品提取、扣押、称量、取样和送检程序若干问题的规定》第三十八条规定:"毒品的提取、扣押、封装、称量、取样活动有见证人的,笔录材料中应当写明见证人的姓名、身份证件种类及号码和联系方式,并附其常住人口信息登记表等材料。下列人员不得担任见证人:……(三)办理该毒品犯罪案件的公安机关、人民检察院、人民法院的工作人员、实习人员或者其聘用的协勤、文职、清洁、保安等人员。由于客观原因无法由符合条件的人员担任见证人或者见证人不愿签名的,应当在笔录材料中注明情况,并对相关活动进行拍照并录像。"

2. 毒品分组、取样问题。

《办理毒品犯罪案件毒品提取、扣押、称量、取样和送检程序若干问题的规定》第六条规定:"对同一案件在不同位置查获的两个以上包装的毒品,应当根据不同的查获位置进行分组。"

本案的取样不科学,也不符合法律规定。(在案药水有数个批号,因此每个批号都应取样)分组、取样过程无笔录,也无照片或录像。

3. 封存问题(略)。

4. 毒品提取称量问题。

(1)办案人员在现场未提取毒品,而是三天后在看守所提取的。证据材料里未见现场封装程序,因此,样品同一性不能确定。

(2)称量未在查获毒品的现场完成。证据材料里未见拆封程序,因此,样品同一性不能确定。

(3)称量主要程序未拍照或录像。

(4)计量电子秤年检是否合格未知。证据材料里未见计量检定证书复印件。校正前是否预热30分钟未知。是否扣减包装物重量未知,故毛重、净重存疑。液态称量未使用量杯、量筒。

5. 电子数据问题。

由侦查卷宗里老张的手机提取笔录、张某的手机提取笔录可知:

(1)提取毒品不是在现场进行而是带到派出所进行的,此时就产生了封存问题。材料中没有封存笔录,也没有见到封存、解封过程的录像。

(2) 材料中未见侦查机关采取何种方法以保护电子数据的完整性。

6. 司法鉴定意见书问题。

(1) 送检人与保管人的交接情况未知。

(2) 检材来源有问题。

(3) 办案人员未在查获毒品后的三日内送检,且本案的毒品查扣日期是10月12日,而鉴定机构的受理日期是10月20日,间隔时间也超出了司法解释规定的7天最长送检时间。

(4) 检验技术方法问题。LC/MS多用于生物或人体内毒品代谢方面的检测,在缴获毒品检测方面应用较少。检验应该使用气相色谱串联法。

(5) 鉴定所依据的标准未知,方法未知。

7. 现场检测报告书。

张某现场检测吗啡呈阳性的结果有问题。在侦查卷宗里侦查人员说得很清楚,检查结果都是阴性。

六、含量,折算为海洛因1克(计算过程略)

七、尚未考虑特勤介入、数量引诱、既遂、未遂

八、犯罪嫌疑人张某的家庭情况(略)

九、处理意见

综上所述,根据《中华人民共和国刑事诉讼法》第一百七十三条(现为第一百七十七条)、《人民检察院刑事诉讼规则(试行)》第四百零一条规定,辩护人建议检察院慎重考虑以下内容:

1. 由于认定犯罪嫌疑人张某贩卖毒品的事实不清、证据不足,依法应不予起诉。

2. 或者,根据刑法总则,将犯罪嫌疑人张某的行为认定为情节显著轻微、危害不大,依法不认定为犯罪。

没有文书的不起诉

两周后,检察院通知张某前往,并作出解除该院的取保候审决定,没有将此案移送人民法院审判。张某顺路到我办公室表示感谢。我看见她修剪了头发,买了树脂眼镜。原来她已经做好了进去坐牢的准备。张某说,

为什么她家里之前请的律师一点用处都没有。这个问题我该怎么回答？我肯定不能贬低同行。我只能说，每个案件情况都不同，每个律师的处理方法也各不相同。

我遂至检察机关查询，获知检察机关已对张某做了分案处理，而侦查机关以另有其他犯罪行为需要侦查为由，将张某的案件撤回。张某的父亲于2018年4月，被人民法院以贩卖毒品罪判处有期徒刑三年六个月，并处罚金人民币五千元。本案就此结束。

再犯新罪不被逮捕，同案犯罪嫌疑人出罪

事情的发展往往出人意料。

张某不顾辩护人的告诫，在侦查机关决定的取保期间贩卖复方磷酸可待因口服溶液，于2018年11月8日被刑事拘留并羁押于看守所。经查，其贩卖次数达到30次。接到张某的求助，我和本所童佳莹实习律师写好授权委托书等后，邮寄到看守所让张某签名，并于2018年11月13日前往看守所会见张某，告知张某基于对经济因素的考虑，其可以申请法律援助。张某请我们一定要担任其辩护人。

在此次案件中，同案犯罪嫌疑人系张某的表哥张四，帮助张某运输毒品约7 000袋，在某服务区被抓获。我初步预判其表哥张四可能无罪，涉及主观明知、帮助犯、诱供及非法证据排除等问题，遂请本所同事担任张四的辩护人。后来，检察机关也认为指控张某的表哥张四犯罪的事实不清、证据不足，对张四未予批捕。

2018年12月6日，侦查机关以张某涉嫌贩卖毒品为由提请检察机关批准逮捕。我们于次日向检察机关递交书面意见，请求检察机关不予批准逮捕。我们的辩护意见是从人情角度出发的：

一、犯罪嫌疑人张某无前科劣迹，系初犯，能坦白、认罪、悔罪

二、犯罪嫌疑人张某犯罪的原因是女儿需要大额的医疗费用，其有别于职业贩毒者

三、犯罪嫌疑人张某的家庭很特殊

四、危险性

根据《中华人民共和国刑事诉讼法》第八十一条、《最高人民检察院、

公安部关于逮捕社会危险性条件若干问题的规定（试行）》、《人民检察院刑事诉讼规则（试行）》第一百三十九条，结合本案，人民检察院没有逮捕犯罪嫌疑人张某的必要，采取取保候审措施不会影响案件审理：

1. 犯罪嫌疑人张某不太可能实施新的犯罪。没有在案证据和迹象表明，犯罪嫌疑人张某已经开始策划预备实施新的犯罪。其已经完全被公安机关的效率震慑住。张某是否属于多次作案、连续作案、流窜作案，公安机关尚未查实。

2. 没有任何证据和迹象表明，犯罪嫌疑人张某在案发以前或者案发之后，正在积极策划组织或者预备实施危害国家安全、公共安全或者社会秩序的重大违法犯罪行为。公安机关对张某立案调查以后，犯罪嫌疑人张某自始至终都承认自己的犯罪事实，向公安机关如实供述。

3. 没有任何证据和迹象表明，犯罪嫌疑人张某在归案以前或者归案以后，已经着手实施或者试图实施毁灭、伪造证据，干扰证人作证，或者串供的行为。

4. 没有证据证明犯罪嫌疑人张某可能对被害人、举报人、控告人实施打击报复。

5. 没有任何迹象表明，如果被取保候审，犯罪嫌疑人张某会自杀或者逃跑。

6. 犯罪嫌疑人张某有固定的住处，一直居住于某镇。

7. 根据苏州地区的量刑情况，对于多次贩卖、运输毒品的，量刑也可能是三年以下有期徒刑，而本案所涉毒品折合成海洛因的含量很低，因此犯罪嫌疑人张某符合不批准逮捕的罪轻标准。

辩护人认为，犯罪嫌疑人张某的长女病重虽不是其违法犯罪之借口，但办案机关亦应考量强制措施的社会效果。其长女不足四岁，骨瘦如柴、沉默不语。倘若犯罪嫌疑人张某被批捕，那么侦查、审查起诉、审判三个流程估计要半年以上。如果张某此时被判有罪，则服刑完毕要在数年以后，其与长女或再无法相见。

综上所述，辩护人恳请检察机关作出不批准逮捕的决定。

2018年12月13日，检察机关决定对犯罪嫌疑人张某定罪不捕。之后张某被取保候审。其间，张某的母亲、丈夫也从监狱获释。

量刑协商

在审查起诉期间,我们再次向检察机关提交了辩护意见。首先对承办人以人为本的法律情怀深表感谢与敬意。然后从张某的坦白与协助抓捕、毒品含量、司法鉴定意见书、特情、控制下交付、数量引诱等方面展开论述,在量刑建议的协商方面取得了一定的效果,使贩卖次数被减掉了4次,认定为26次,在量刑上建议判处被告人张某有期徒刑三年至三年六个月,并处罚金。当事人对此比较满意。

审 判

本案于2019年6月14日被移送人民法院审理后,于2019年7月4日开庭审理。

在庭审中,辩护人提出了9点辩护意见,其中,协助抓捕下家的意见未被法庭采信,本案存在特情、数量引诱、控制下交付的意见未获回应。

辩护人认为,本案于2018年10月29日立案,且公安机关曾采取有技侦,但是在交货环节并未抓捕犯罪嫌疑人,所以,上家是否属于特情存疑。在法庭调查阶段,被告人回答辩护人问题的时候,讲得很清楚,第一次买药水时,上家说一箱不卖,要四箱起卖;第二次买药水时,上家又说四箱不卖,要六箱起卖。在上家未到案的情况下,本案可能存在数量引诱。

2019年7月25日,人民法院以贩卖毒品罪判处被告人张某有期徒刑三年,并处罚金人民币三千元。被告人表示不上诉,服判息诉。

律师简介

刘静宜,江苏苏州湾律师事务所律师、刑事部主任,江苏省律师协会刑事专业律师人才库成员,江苏省律师协会第九届理事会文宣委委员,业务范围为刑事辩护,擅长办理毒品类刑事案件。

撼动三个"十五年"
——张某某贩卖毒品案之有效辩护

"铁蛋"被抓

张某某,男,绰号"铁蛋",1977年出生在我国东北的一座县城。他有兄姐二人。其母为小学退休教师,其兄是包工头。张某某是家中的幼子,因被溺爱不学无术,小学没毕业就混社会,沾染了不少恶习,成年后没有正式工作却又开始接触毒品,交了不少毒友,在当地颇有"知名度"。2015年他就被县法院以容留他人吸毒罪判刑8个月。2016年本案案发。

起诉书指控:张某某在2016年5—8月,先后7次将冰毒(共计5克)以卖零包的方式赊销给冯某某和马某某。2016年7月15日晚,张某某开着别人抵押给他的奔驰轿车与朋友王某某、女友梁某某在该县的第四中学附近遇到李某某后发生厮打。张某某打了李某某后弃车逃跑。李某某追赶未果,便控制了张某某的车辆,并报案称车上有毒品。禁毒民警半小时后才赶到现场,在张某某的车上查获12小包疑似冰毒物,净重45.195 8克。这些物品后经鉴定均含甲基苯丙胺成分。2016年8月31日张某某在网吧被抓。民警从网吧包房内搜出吸毒工具及吸食剩余的0.33克冰毒。以上冰毒总计超过50克,均被公诉机关认定为贩卖数量。另外,起诉书还指控张某某先后四次在不同地点容留他人吸毒。张某某对自己吸毒及容留吸毒的指控无异议,但坚决否认自己贩卖过冰毒。

"就是他干的"

2017年5月,当地律师同行向我推荐该案后,特意说明了此案的难度。县城是熟人社会。公检法的很多人均认识张某某,且知道其吸毒,因其没有稳定收入，均认为其在以贩养吸。鉴于办案机关有这样的先入为主的认知，我一方面感觉辩护难度不小，另一方面根据经验，判断办案机关必定会重主观感受而轻证据收集和程序公正。后来介入后，果然不出所料，承办法官多次强调"就是他干的"，并对我说："你是外地律师，不了解被告人。我们都认识他。虽然取证可能有不规范的地方，但这就是他干的。我们绝对没有冤枉他！"

因毒品案件的隐蔽性特点，被告人的供述在证据体系里非常重要，直接影响辩护人的辩护策略。因张某某到案后始终不承认有贩卖毒品的行为，且虽然在案的证据经两次退查，但无论主观证据还是客观证据均存在"硬伤"。就贩卖毒品罪而言，本案完全有无罪辩护的空间。因此，我采取的是进攻型无罪辩护策略。我的思路：一是将贩卖去掉，只认容留。刑罚基本可以做到实报实销。二是将车上查获的毒品去掉。贩卖5克与容留吸毒数罪并罚的刑期不会超过5年。三是如果车上查获的毒品无法去掉，就把零包贩卖去掉。非法持有毒品与容留吸毒数罪并罚的刑期也不会超过5年。

控辩交锋，这样的证据也能定案？

本案一审法院于2017年8月、10月两次开庭。公诉人认为：本案证据确实充分，张某某贩卖毒品人尽皆知，在其车上查获的毒品与证人证言描述的此前他贩卖的零包毒品在数量、包装、存放方式等方面相同，因此可以认定这些毒品就是张某某所有；毒品物证的取证瑕疵不影响真实性认定，本案主客观证据足以支持认定起诉书的指控。

在庭前我提交了三份《非法证据排除申请书》，分别要求将从车上和网吧查扣的冰毒进行非法证据排除，还要求将证人雷同的书面证言进行排除。严格来讲，这些证据并非严格意义上的非法证据，而是瑕疵证据，但我想用排除非法证据的方式来引起合议庭的重视，从而达到在不能补正和合理解释的情况下让法庭不采信相关证据的目的。

我认为本案中指控贩卖毒品的证据远未达到确实充分、排除合理怀疑的证明标准，法院不能认定张某某实施了贩卖毒品行为。具体而言，全案证据可分为主观证据和客观证据两类，其中主观证据只有证人证言，没有张某某的供述。零包贩卖中的四起只有一位证人的证言，这明显属于孤证。

其他三起虽有两位以上的证人证言,但这些证言存在以下问题:一是证人均未出庭,因此其证言真伪无法被核实;二是指认被告人贩卖毒品的证人与被告人均有利害关系,因此证言虚假的可能性大;三是对证人的取证时间间隔大,证人串通做证的可能性无法被排除。由此可见,主观证据的真实性严重存疑。而本案的客观证据只有查扣的冰毒物证,没有其他毒品犯罪案件中常见的诸如通话详单、微信聊天记录、短信记录、银行流水、电子支付凭证等证据。本案案发时间恰恰在《办理毒品犯罪案件毒品提取、扣押、称量、取样和送检程序若干问题的规定》施行之后。该规定对毒品物证的收集有严格的规定。而本案侦查机关的做法可以说是处处违规。

就物证的合法性而言,侦查机关未按规定提取、采集毒品及内外包装物上的痕迹、生物样本;没有制作毒品的扣押、提取笔录,只有一份《提取痕迹、物品登记表》,且未让提取人签字,没有扣押清单,在被告人到案后未让被告人辨认所扣押的毒品;未对查获的毒品逐一编号或者命名,亦未进行现场封装签名并记录在笔录中;没有当场称量毒品,事后虽在质量技术监督局完成了称量,但无反映该称量过程的记载,称量时没有见证人、没有笔录,也未将计量衡具的检定证书复印件归卷、移送,且称量照片未能显示应有内容;鉴定时间不符合规定,鉴定程序、鉴定方法合法性存疑,鉴定意见通知书未被送达被告人;等等:合法的毒品取证环节几乎完全找不到。那么这样的客观证据怎么能用来定案?

就车上查扣毒品的归属而言,我认为不能排除同为吸毒人员的李某某故意陷害被告人的可能。李某某既能接触冰毒,又因控制该车辆半小时左右具有作案时间,他还有因和被告人打架吃亏而寻机报复的动机,所以即便冰毒物证取证合法,这些冰毒亦无法被认定是被告人所持有。由此可见,相关证据不具关联性。

主观证据不真实,客观证据不合法、无关联性,显然这样的证据组合不足以用来定案。

第一个"十五年"

辩护人和公诉人唇枪舌剑,互不相让。合议庭的审判长由县法院的常务副院长担任,审判员是刑庭庭长和另一名刑庭法官,没有陪审员。三位法官只简单问了被告人几个问题，做到了让辩护人畅所欲言，不偏不倚。

一审法院于 2017 年年底作出一审判决，将只有一位证人证实的四起零包贩卖去掉，将在网吧吸食剩余的 0.33 克毒品去掉，最后以不到 50 克的冰毒数量判处张某某有期徒刑 15 年，以张某某认可的容留他人吸毒判处张某某有期徒刑 9 个月，数罪并罚，最后判处张某某有期徒刑 15 年，同时判处罚金 5 万元。

第二个"十五年"

一审法院作出判决后，张某某不服，我亦不认可疑罪从重的一审判决，以事实不清、证据不足、程序违法为由迅速上诉至 S 市中级人民法院。不到一个月，二审法院即以程序违法为由将案件发回重审。一审法院将案件退到检察院，检察院再将案件退回公安机关补充侦查。之后公安机关补充了几张没有侦查人员签字，只有办案单位盖章的情况说明。2018 年 3 月，一审法院重审开庭。辩护人指出原来的证据合法性问题没有解决，非法证据未得到补正或合理解释，新补充的证据亦再次违法，但结果依然是张某某被判处有期徒刑 15 年。

第三个"十五年"

张某某不服判决，第二次上诉。一个多月后，二审法院再次将案件发回重审。本次发回重审的理由是事实不清、证据不足。2018 年 10 月 12 日一审法院第二次重审开庭。因案件两次被发回，刑庭员额法官已经全部审过本案，所以这次审判长由少年庭庭长担任，审判员则由民庭法官充数。在该次庭审中，公诉机关一度表示不出示补充来的与张某某打架的李某某的证言，因为该证言内容为李某某推翻以前证言的证言：其表示没有说过张某某车上有毒品一事。我要求对该证据进行质证，指出该证人证言前后矛盾，一方面说明证人证言的不可信，另一方面可以印证辩护人分析的该证人有故意陷害被告人之可能。三天后，辩护人就收到了和前两次完全一样的判决书：被告人张某某被判处有期徒刑 15 年。

最后的上诉

在前次开庭时我就和被告人约定过,只要一审法院维持15年有期徒刑的判决,我们就上诉,因此第三次上诉已经不用当事人确认。我把上诉状内容打印到被告人提前签好字的空白A4纸上,在收到判决书的第三日,就把上诉状邮寄给了原审法院。

考虑到这是最后一次上诉机会,在这次上诉状中,除正常上诉理由外,我用了较大篇幅来阐述一、二审法院的关系及主客观证据的相互印证等问题。二审审判长看后不悦,在电话里问我上诉状是当事人写的还是辩护人写的。我说:"上诉状是我写的,但我的困惑也是被告人的困惑。中级人民法院明明发现了问题,为何不依法直接改判,而是屡屡将案件发回重审?"同时我请求二审法院公开开庭审理。

经过数次沟通,二审法院同意开庭。2018年12月13日上午,最后一次二审庭审在一审法院公开进行。时值最冷的时节,因县法院机关搬迁,老法院只留下一个刑事审判庭仍在使用。庭内没有供暖,室内温度在零度以下。三位中级人民法院的法官均在厚厚的羽绒服外面套上了法袍,而我则脱下棉衣,穿上律师袍。法庭辩论呈现一边倒的状态。我用了大约四十分钟时间,详细回顾了本案的来龙去脉及三次一审、四次开庭的经过,对本案的证据进行了全面的分析,指出了一审法院不顾二审法院两次发回重审的裁定,一错再错的事实。出庭检察官在一个多小时的庭审中自始至终不置一词,而我不但没有感觉到冷,还略微觉得发热。

改判,在意料之外,也在意料之中

在经历了一审法院三次判处张某某有期徒刑15年之后,2018年12月29日,二审法院撤销了一审法院三次认定的有期徒刑15年,将从张某某车上扣押的毒品去掉,以贩卖毒品和容留他人吸毒数罪并罚,最后判处张某某有期徒刑4年半,并处罚金1万元。本案从2017年5月收案,到2018年12月结案,历时一年零七个月。张某某获得最后的判决时已在看守所被关押了近两年半的时间。这个毒品案件在人人都认为是被告人所为的情况下,

扬子鳄刑辩联盟精选刑事案例集——精彩辩护人

终于得到了按证据裁判的结果，使得当事人获得了法律上的公正裁判。

法理思考

这个案件在毒品犯罪案中其实是一个毒品数量不多、情节简单的案件。然而，一审办案机关不重视证据，忽视取证程序，只重视印象和感觉，坚持认为被告人就是贩毒人员，从其车上扣押到的一定是其准备贩卖的毒品，而不顾中级人民法院的两次发回裁定，固执地反复判处被告人15年重刑。辩护人的有效坚持使得本案终于获得比较公正的裁判结果，并且在当地办案机关中产生了积极的影响。本案中有以下几点值得思考：

第一，上下级法院的关系问题。上级法院对下级法院具有监督、指导的作用，这是我国两审终审制度设计的基础，因而在下级法院不能就证据进行补正及做出合理解释且不能自行纠正错误的情况下，上级法院应当积极履行纠错职能，勇于纠正其错误，而不应迁就一审法院，使法律蒙羞，使二审权威受损。

第二，在毒品灭失后贩卖毒品的证明标准问题。在没有扣押到毒品，没有被告人口供，只有两人以上书面证言的情况下，法院不能认定被告人贩卖毒品罪成立，否则不仅有违《全国部分法院审理毒品案件工作座谈会纪要》精神，也容易引发每个人都可能被贩毒的巨大法律风险。

第三，如何对待不能补正和做出合理解释的瑕疵证据问题。在车上查扣到的四十余克毒品没有张某某的供述、指纹及其他证据相印证。且取证程序严重违法。侦查机关根本无法补正和做出合理解释，后来索性放弃了，任由法院裁判。在此种情况下，如果法院硬要将上述扣押的毒品认定为被告人所有，那么国家的相关毒品取证规定就是一纸空文。

第四，言词证据和毒品物证的关系问题。本案证人的言词证据没有毒品相印证，后面扣押的毒品物证也没有言词证据相印证。前后证据无关联，且均不牢靠。前面的言词证据不能证实后面的毒品归属，后面的毒品物证也不能证明前面言词证据的真实性。二者之间证明内容不同，不能相互印证。

律师简介

侯岳川,毕业于中国人民警察大学,法律硕士,黑龙江腾鹏律师事务所主任,哈尔滨市法学会理事,毒辩联盟(黑龙江省)负责人,黑龙江黑大资产公司、黑龙江大学创业教育学院法律顾问。具有坚毅的品格、稳重的个性和严谨的作风。2006年执业以来,成功办理了大量诉讼案件。近年来,专注于刑事辩护业务,成功办理了多起不捕、撤案、改判案件。其中,2018年办理了轰动全国的哈尔滨出租车司机过失致人死亡案,最终使嫌疑人被无罪释放。

 # 再坚持一下，下一步就是奇迹
——高某传播淫秽物品牟利案办案札记

偶然接案

2018年5月21日，我刚刚结束上午半天的庭审，走出法庭就赶紧拿出手机处理待回的信息和电话。有些是催问案件进展的当事人家属的电话，有些是助理请示工作的微信，唯独一个来自广东电白的陌生号码显得很突兀，一连有五个未接来电。因为最近几年上海警方对网络诈骗、电信诈骗等类型犯罪频频出手，所以刑事立案的数量呈现爆发式增长，我们辩护的案件数量也在不断增加。虽然犯罪嫌疑人来自全国各地，但是有个地名出现的频率很高，那就是广东电白。因此，直觉告诉我有可能是案子来了。通话连接声刚响了2秒，立刻就有人接了电话。一位中年女士用一口标准的"广普话"急促地问道："您是马律师吗？""我是，您请讲！""马律师您好！我在网上看到您办过很多关于传播淫秽物品的案子，结果都很棒！这次您能不能帮帮我的儿子。他还小，才刚满19岁，一直待在我们身边做事，从来没有出过远门，4个多月前被上海警察抓走了。警察说他在网上传播色情视频，涉嫌犯罪。这简直令我们难以相信！""你们没有请过律师吗？"说到这里，家属的情绪开始激动起来。她边哭边说："我肠子都快悔青了！当初我儿子刚从家被警察带走的时候，我就问警察要不要请个律师去上海。警察说：'请什么律师？！不要浪费钱了！你儿子的事不大，最多四到六个月就被放回来了！'但是昨天我接到上海一个法院的电话。对方问我有没有请律师。我说没有。对方就直接跟我讲：'你的儿子可能会被判得很重。你们家属自行请律师吧。我们就不安排法律援助了！'听到儿子可能会被判得很重，我的脑子'嗡'的一下要炸了！于是我弟弟劝我抓紧找一个上海的律师。可是我从来没去过上海，举目无亲，只能托我弟弟在网上

看看。他在中国裁判文书网上看了很多相关罪名的判例,看到您在这方面做得成功,所以我就联系了您的律所。是前台给了我您的电话……"

首次会见

在接受家属委托的当天,我就见到了当事人高某——一张娃娃脸,话不多,很腼腆,看起来还是个孩子。听说我是他妈妈委托的律师,他就像远途归家寻母的孩子,瞬间哭成了泪人!由于我常年办理刑事案件,生离死别见得多了,内心也变得坚硬很多,但是我并没有打断他,因为他压抑太久,需要释放。一番安慰之后,我直接切入正题。我详细询问了案发经过以及到案之后侦查和审查起诉阶段的提审、定性以及量刑建议等情况之后,才发现这个案子比想象的要严重得多。起诉书已经送达当事人。起诉书指控当事人涉嫌传播淫秽物品牟利,涉案视频部数达517部,认定当事人目前只有一个坦白情节,建议量刑十年到十一年。

紧急申请延期开庭和阅卷

从看守所出来时已经是下午五点了。因为当事人已经收到起诉书半个月左右了,而且起诉书上已经明确了量刑建议,经验告诉我开庭时间基本上已经确定好了,我需要抓紧联系法官申请延期!我打电话给法官说明了情况后,法官表示要看看排庭情况,还要跟公诉人商量后再答复我。此时离预定的开庭时间还有12天,时间太紧!我一方面书面提交《延期开庭申请》,另一方面为了能够尽快阅卷,第二天早上8点我就赶到法院等着开门(因为担心法官早上有庭审,所以希望等他们8点半一上班就见上面)。但是法官碰巧早上不在法院,只是安排书记员搬来卷宗给我阅看。因为家属委托得太晚,我错过了在检察院直接刻录光盘的时机,只得用手机一张一张地拍,消耗了半天的时间。根据以往的经验,对于这种视频部数达到特别严重情节的案件,要想实现降格处罚,除了寻找法定减轻处罚的情节之外,辩护人就只能亲自阅看用于鉴定的视频检材,逐个进行甄别、筛查,以期找到重复、无法正常播放、无获利、内容有争议但不属于色情内容等的视频,作为申请减除部数的理由。本来书记员只允许律师在法院用公用的电脑阅看。我跟书记员沟通:"在法院这个环境下阅看视频,我怕自己也涉嫌传播淫秽物品!"书记员说:"那没办法,我们法院没有这个先例!"既然如此,我只能直接找法官谈,经反复协商才获得法官的同意,拷贝了所有视频检材。接下来我这个冒牌"鉴黄师"就要开始细致地工作了。对于已经有鉴定结论的淫秽视频,我通常都是报以怀疑的态度,因为"鉴黄师"也不一定会逐个打开每个视频仔细鉴别。我把自己关在办公室里一整天,对目前认定的517部视频逐个进行比对、筛选。功夫不负有心人,我最终得出了一个让人兴奋的结论:6部重复,4部打不开,9部属于"前奏"型争议视频,共计19部可以争取剔除。如果这个数量能够得到法院的认可,那么视频数量将会从517部减少到498部,而当事人就有了只被判十年以下甚至接近三年有期徒刑的可能。我对问题视频进行逐一编号,写成《法律意见书》,向主审法官和公诉人各递交了一份。等待了三天之后,我收到了法院的答复:"1. 同意延期开庭,具体开庭时间另行通知!2. 不同意辩护人的关于减除19部涉案视频的意见,理由是辩护人不具备鉴定资格,所提问题视频不具备客观性、合法性!"一盆冷水从天而降,让我觉得透心凉!

悲惨的家庭

这个当事人高某出身在广东电白的一个贫困家庭。父亲身患绝症,常年卧床不起。整个家庭都依靠母亲在乡办工厂打工维计。高某今年刚满19岁,本应该步入大学校园继续学习,但因为家境贫困,生活难以为继,他早在初中时期就辍学回家,跟随母亲在工厂打工,以补贴家用。

反复会见,推敲细节

法院的答复给了我很大的打击。幸好时间来得及。我心有不甘,决定再次去法院做个"不速之客",在没有预约的情况下"碰巧"在法院的审判楼里遇到了法官。我开诚布公,表明来意,希望法官能够考虑到高某的家庭情况以及高某年少无知,给高某一条出路。法官说话也很直接:"我也想拯救这个孩子,但是你要给我一个在法律上说得过去的理由。上次你提

再坚持一下,下一步就是奇迹

的删除问题视频的意见,我是表示接受的,但是我跟公诉人一沟通,他就坚决反对。我也没办法。反正你还有时间,可以再找找其他理由。"从法院回来之后,我一直在想,如果要找出一个减轻处罚的理由,就只能从法定减轻情节入手。于是我决定再次会见当事人。

我再次见到高某时,他依然不苟言笑,一脸憨厚。我让他回想整个案子细节。他平铺直叙,与往常无异。就在会见快结束的时候,他说:"在我被抓的当天,我女朋友在屋里玩手机,我在厨房做饭。手机是我女朋友的,发淫秽视频的微信号也是我女朋友的。警察来的时候先抓了我女朋友。后来我主动承认是我使用这部手机发视频的!"我心里一惊:我之前怎么没有问到这个细节,这个很重要的细节,这个似乎可以被认定为"自首"的法定情节?法官要的"其他理由",我找到了!于是,我决定再赌一把,赌法官有心帮他!

剑拔弩张,温情收场

经过近一个月的准备,我终于迎来了开庭!公诉人开始是"寸步不让",在主观明知、获利数额较大、传播淫秽视频情况特别严重等情节上纠缠。对于辩护人而言,核心只有一个,那就是使尽浑身解数来唤醒公诉人和法官的那颗"同情心",进而让他们接受辩护人关于"高某具有自首情节,依法应被减轻处罚"的辩护意见。在公诉意见发表结束之前,公诉人的声音明显变得缓和很多,但是他还是说出了那句我很不愿听到的"建议法庭对其判处十年以上十一年以下有期徒刑……"旁听席上高某的母亲早已哭得撕心裂肺。这个可怜的女人,她一生中最重要的两个男人,一个即将病逝,另一个即将入狱十年。绝望与悲凉充斥着整个法庭。我细细讲述了这个可怜家庭的可怜之人的故事,讲述了高某的犯罪背景,讲述了高某的社会表现,讲述了高某的年少无知,讲述了争议视频,最后讲述了高某被抓获的经过,论证了他的行为构成自首的可行性。整个辩护意见中有六次提到"恳请合议庭,恳请公诉人……"。我捕捉到一些细节:法官目不转睛地注视着我,眼神里流露出温情,而此时的公诉人也开始有了纠结的表情。最后我大胆地提出了"综上所述,辩护人建议法庭对高某判处有期徒刑三年,并适用缓刑"。法庭突然安静了下来,安静得让人紧张。法官示意宣布休庭，待合议庭评议之后将当庭作出宣判，并示意公诉人一起到后庭商议。10分钟过去了，20分钟过去了，还不见法官和公诉人进来。家属越等越绝望，又开始失声痛哭。但是作为辩护人，我看到了一丝希望：这说明他们正在对这个案子进行认真的磋商！过了一会儿合议庭成员和公诉人陆续回到位置上。我又发现了一个细节，法官和公诉人居然都面带微笑。我的激动之情涌上心头！果然，法官宣告评议结果："本庭经过审慎评议，采纳辩护人关于高某具有自首情节的辩护意见，并考虑高某违法行为的家庭背景，同时出于挽救青少年的本意，决定判决如下，被告人高某犯传播淫秽物品牟利罪，罪名成立……判处被告人高某有期徒刑三年，宣告缓刑三年，并处罚金人民币一万元……"我听到了，没听错！天哪！这场辩护简直是豪赌，赌的是"人性之美"！我再次相信司法者也是有温度的！

律师简介

马政鹏，上海明伦（苏州）律师事务所执行主任、刑辩委员会主任，上海市浦东新区司法局法律讲师，上海市开放大学客座讲师，中共苏州市姑苏区律师协会第六联合支部书记。毕业于南京大学法学院，多年致力刑事辩护的理论和实践研究，办理的刑事案件达两百多起，其中有些案件轰动上海乃至全国，均获得较好的辩护效果。

再坚持一下，下一步就是奇迹

公司资金流动怎成贪污？
——陆某贪污案

小官员惊动省监委

2018年，陆某因涉嫌贪污被D市监察委员会（简称"监察委"）留置，数月后被S省N县检察院批准逮捕。之后D市监察委将本案移送D市检察院审查起诉，同日D市检察院将本案移交S省N县检察院审查起诉。

2018年11月，我接受陆某的家属委托，并前往S省N县与陆某的家属会面。在车站，我和陆某的妻子及其父亲第一次见面。由于看守所与检察院不在同一地区，我决定先前往看守所会见陆某。在途中，陆某的妻子向我简述了案件情况，并特别向我讲述了案件的起因。车外金色的麦田传递着丰收的喜悦，车内低沉的谈话却透露着暗藏的压抑。

陆某是某事业单位B市办事处主任，家庭美满，工作稳定，一直以来未曾经历过什么大的波折，更是从未想过有朝一日身陷囹圄。在被监察委留置数月后，陆某十分疲惫。妻子因为自己多次被询问，并为自己奔波忙碌，也令陆某很愧疚。陆某认为自己在工作中确实有行为不规范之处，但绝无犯罪之意。

民事纠纷怎演变成刑案

某事业单位B市办事处与某机关部门签订房屋租赁协议，以350万元/年的租金承租某地房屋，并授权F酒店有限公司经营管理F酒店。2012年，F酒店因需要装修，向某机关部门申请减免租金。双方达成装修期间不支付相应175万元租金的协议。该协议已向某事业单位秘书处请示。同时，某事业单位秘书处指定B市S酒店管理有限公司（以下简称"S公司")管理 F 酒店,并按房租的一定比例向 S 公司支付管理费用。S 公司是陆某的妻子与其朋友陈某共同出资成立的。对此某事业单位是知情的。

由于 F 酒店实际未装修,因此将 175 万元租金转入 S 公司账户。而某机关部门因为已经批准免租 6 个月,拒绝接收该笔租金。因此,该笔租金一直存放在 S 公司账户中。待日后 F 酒店需要装修免租时,S 公司用该笔租金支付给某机关部门即可。对此,某事业单位是知情的。

之后,某事业单位 B 市办事处与 F 酒店结束合作,与 T 公司达成合作,并减免 T 公司 3 个月租金共计 87.5 万元,因而扣除税费后,之前的 175 万元仅余 48.533 3 万元。

2018 年,S 公司股东陈某与陆某发生纠纷,因此恶意举报陆某,从而引发本案。监察委调查后出具的意见书认为:陆某利用职务便利,隐瞒截留租金 82.6 万元,转入陆某的妻子实际控制的 S 公司的账户,由其个人控制使用。其中,约 44.62 万元用于购买车辆一辆供个人使用;20 万元用于购买书法作品 60 幅,而陆某分得 5 幅;约 17.98 万元用于归还陆某个人信用卡欠款。我在连夜研读案卷后,发现本案有非常大的辩护空间,于是向检察官初步表达了我的想法。

车辆的性质

我认为,本案的车辆并不是贪污的犯罪对象。某事业单位 B 市办事处与 S 公司签订了《购车协议》,约定:由 S 公司出资,借用某事业单位 B 市办事处指标购买车辆一辆,花费 446 196.44 元;该车可由某事业单位 B 市办事处无条件使用,但使用中产生的费用由某事业单位 B 市办事处承担。

首先,车辆是由 S 公司出资购买的。S 公司作为独立法人,有独立的财产,有权自由处置其资产。暂存放的租金款项与 S 公司自有资金同在 S 公司账户内。资金和水一样,放在一起是区分不出来的。因为购买车辆的款项是从 S 公司账户中划出的,就将购买车辆所用款项认定为租金款项明显是不合理的。

其次,退一步说,即使购买车辆的款项是公款,车辆也是登记在某事业单位 B 市办事处名下的,并未被过户到陆某私人名下。而陆某使用该车主要是为接待来 B 市的某事业单位领导及办事处其他用车事宜。这虽然存在自用的情况,但仅涉及公车私用问题,属于违纪而非贪污。

一纸鉴定增数额

但是就在检察院即将起诉前夕,我收到了一份意想不到的新文书——来自监察委的补充侦查材料——《艺术品鉴定报告》。该报告对陆某手中的5幅书法作品进行了鉴定。鉴定价值高达60万元!而当初某事业单位购买的60幅书法作品总计也不过20万元。60幅作品皆出自同一位书法家同批作品,在价值上并没有什么区别。我随后收到的《起诉书》将5幅书法作品认定为"公物",指控这一笔贪污金额为60万元。我认为这是严重不符合事实的。

由某书法家创作的60幅书法作品属于公物还是私物要看是谁出资购买的。如果是公物,那么这些作品应该由某事业单位来出资。但是,这些作品实际上是由S公司出资购买的。前面已经分析过,S公司是民营公司,它有自由使用资金购买任何合法财物的权利。所以,这60幅字画不属于公物。

而且陆某也没有将这5幅书法作品当回事,即使属于私物也没有想占为己有。该60幅书法作品一直放在某事业单位B市办事处,之后由于办事处办公地点被撤销,无处存放,因此某事业单位秘书长将其中的5幅书法作品交给陆某保管,自己则保管剩余55幅作品。若某种行为要构成贪污罪,在主观方面必须出自直接故意,并具有非法占有公共财物的目的。但在本案中,书法作品本并不是公物,且陆某对该5幅书法作品仅有保管目的,并无占有目的。该5幅作品并未被陆某转移占有,而且在监察委的调查中也是陆某在无意中主动讲到的,陆某的家属甚至不清楚其存在。并且,20万元的稿费最后又被退回S公司账户了。其实S公司是民营企业,账上本来就有钱,也不存在退不退的问题,但在形式上钱还是被退回去了,所以陆某的行为无法被认定为贪污。

监察委的《起诉意见书》将这60幅书法作品认定为陆某和某事业单位秘书长共同贪污的,没有区分陆某实际保管的只有5幅这一事实,将20万元都认定为陆某的贪污金额。我在检察阶段提交的律师意见中对这方面提出了异议。结果退一步的律师意见(我首先认为将20万元定性成公款是不正确的）被检察院的《起诉书》采纳了，但是金额神奇地变成了60万元。认定贪污60幅的金额只是20万元，认定贪污5幅的金额反倒成了60万元?!

《纪检监察机关查办案件涉案财物价格认定工作暂行办法》第二条规定："本办法所称价格认定，是指纪检监察机关在查办案件中，对价格不明、价格有争议的涉案财物，向人民政府价格主管部门设立的价格认证机构（以下简称价格认证机构）提出价格认定，由价格认证机构依法对涉案财物的价格进行测算，并作出认定结论的行为。"只有在涉案财物价格不明或存在争议的情况下纪检监察机关才需要对涉案财物进行价格认定。本案涉案的60幅书法作品的稿费是20万元当事人之间有明确约定，并有往来账单印证，明确且无异议，因此，监察委并不需要对此进行价值鉴定。而且从监察委的《起诉意见书》到检察院的《起诉书》，二者都没有说清楚指控的行为到底是贪污"公款"购买了书法作品，还是非法占有了书法作品这一"公物"。打个比方，贪污公款20万元买了一块劳力士手表，在指控的时候劳力士手表只值5万元了，那检察院是不是就只指控贪污了5万元？这显然是不对的。如果检察院认定购买书法作品的钱是公款，那么数额当然要以使用的数额来认定。但如果检察院不认定购买书法作品的钱是公款，而直接认定书法作品为公物，在逻辑上就更说不通了，因为如果不是用公款买的，买的东西自然也不是公物。

并且，进行鉴定的B市某古玩字画鉴定中心是一个个人独资企业，根本不具备司法鉴定的法定资质。所谓的鉴定人张某某和陈某都不具备司法鉴定资质。而作为《起诉书》认定依据的《艺术品鉴定报告》极其粗陋，没有估价依据、估价方法和过程要述，也没有任何其他说明材料，只是武断地将5幅作品一概评估为每幅12万元，总价60万元。《最高人民法院关于适用〈中华人民共和国刑事诉讼法〉的解释》第八十五条规定："鉴定意见具有下列情形之一的，不得作为定案的根据：（一）鉴定机构不具备法定资质，或者鉴定事项超出该鉴定机构业务范围、技术条件的；（二）鉴定人不具备法定资质，不具有相关专业技术或者职称，或者违反回避规定的……"因此，该《艺术品鉴定报告》不得作为本案的定案依据。

公司资金流动怎成贪污？

175 万元的定性问题

第一次开庭时,D 市检察院及市监察委都派人员参与了旁听。这无疑对我造成了一定的压力。但出于维护当事人权利的责任感,在庭审过程中,我对自己的辩护意见做了充分的表达。

本案的贪污罪的定性是基于 175 万元属于公款是成立的这个条件。但我认为,将本案中的 175 万元认定为公款的证据不足,所以我对本案贪污罪的定性有异议。

若陆某的行为被定性为贪污罪,试问:本案的被害单位是哪一方?175 万元的所有权属于谁?175 万元应该在谁那里,由谁管理?这些问题的答案都不是某事业单位。

《中华人民共和国刑法》第三百八十二条规定:"国家工作人员利用职务上的便利,侵吞、窃取、骗取或者以其他手段非法占有公共财物的,是贪污罪。"构成贪污罪的要件在主观方面必须出于直接故意占有国家公共财产,侵犯的客体是国家公共财物的所有权和国家机关的正常职能与威信。但本案中的 175 万元,是某事业单位 B 市办事处向某机关部门申请的 F 酒店的 6 个月装修期的免租金额。这笔钱是 F 酒店交的租金,如果 F 酒店装修了,那么它就无须缴纳这笔钱。但它没有装修,所以这笔钱它应当缴纳。因为它没装修,所以 S 公司还是打算将这笔钱交给某机关部门。但是某机关部门对酒店是否装修是了如指掌的,也期望酒店能重新装修。某机关部门已经走完流程,同意免交租金,所以不会收这笔钱。反正酒店迟早要装修,以后装修的时候再产生的免租期的租金从这笔钱中扣除就可以了,而后面给 T 公司交的免租期的租金就是从 175 万元中扣除的。所以可以肯定的是,这 175 万元的所有权在法律上一定不属于某事业单位,是否属于某机关部门也值得商榷。故将这 175 万元认定为"公款"是没有事实和法律依据的,将陆某的行为定性为贪污也是不准确的。

再问:陆某在本案中是否隐瞒了这 175 万元?这 175 万元有无被占为己有的可能?

本案某地房产位于市中心,是某机关部门十分重要的资产,某机关部门派有专人在里面监管。某机关部门一直期望 F 酒店能重新装修,经营得好一点，所以才会同意给予半年的装修期并免除175万的租金。某机关部门也一直盯着F酒店是否有装修。根据某机关部门原副局长何某某的询问笔录，某机关部门知道F酒店没有装修，但也没有向S公司要回这半年租金。其实这租金由S公司根据经营需要来支付可以说是约定俗成的，不可能存在隐瞒的情况，并且某事业单位的秘书长也完全了解此事。关于免除这175万元租金，某事业单位和某机关部门签有协议。由于某机关部门有专门人员在监督，这么大一个酒店装修与否是绝不可能瞒过某机关部门的，这笔钱也根本没有可能被占为己有，更不可能被陆某隐瞒。而且S公司和某机关部门的合作和租金支付一直很正常，某机关部门从没有提出过任何异议。即使F酒店或以后接管的其他饭店一直没有重新装修，或者S公司支付不了某机关部门的租金出现违约，某机关部门也可以通过民事诉讼追回之前的免租期租金和要求对方承担违约责任，但这纯属于民事范畴。

我认为S公司是民营企业，175万元放在账上不存在专款专用的问题。有资金变动就被认定为贪污这175万元中的钱是不合适的。

前面分析过175万元放在S公司账上是合情合理合法的。那么是不是存在一个规定，就是这175万元应该是专款，放在账上不能流动，一有流动，立即触发贪污呢？首先，这个规定确实不存在。其次，资金是没有标记的。S公司本身有投入注册资本，其中陆某的妻子作为股东就实际投入了30万元，公司也有一些其他收入。在私营企业开展业务或消费的过程中，资金流动是很正常的。资金流动了就被定性为175万元中的部分被贪污了在逻辑上是说不通的。S公司一直按照约定及时向某机关部门支付租金，没有发生过违约的情况。现在S公司账户上仍有100多万元。指控免租金剩余的钱已经被陆某贪污了是很难说通的，因为钱现在还在，还绰绰有余。总不能说用掉的是贪污的钱，剩下的是S公司自己的吧。

虽然陆某的妻子是股东，但S公司因此就被看成特殊主体是不合适的。S公司和某事业单位有协议。委托经营是要支付一定管理费的。这是很合理的。总不能让S公司白干吧。办案机关把S公司当作特殊的纯义务劳动主体来对待显然是不客观的。某事业单位和S公司在法律上完全是民事委托经营关系，即使有争议也应当通过民事诉讼来解决。

本案是由另一个股东陈某举报引发的。股东之间闹纠纷本应通过民事诉讼来解决。陈某作为陆某的朋友和公司股东，一有利益矛盾就进行刑事

公司资金流动怎成贪污？

举报是非常卑鄙的。而司法机关动用刑事手段介入民营企业的民事纠纷也是当前政治和法律形势下的高压线。

即使不考虑175万元定性的问题，本案在贪污金额认定方面也存在非常大的问题。175万元在缴纳租金和税费后只余48.5333万元，而起诉书指控的贪污金额竟高达1 213 746.32元，这是完全违背事实的。

首先S公司免了T公司3个月的装修期租金，从之前的175万元中交付给了某机关部门87.5万元。《起诉书》也认可交的9.8万元税费。并且依据蒋某某的询问笔录，T公司支付给S公司租金的日期截止于2016年12月，所以T公司仅交付2016年8—12月共5个月的租金，而S公司支付给某机关部门租金的日期截止于2017年1月，所以S公司还垫付了1个月的租金29.1667万元。所以175万元在缴纳完租金和税费后只剩下（175 - 87.5 - 9.8 - 29.1667）万元 = 48.5333万元。也就是说，即使这175万元被错误地定性为公款，S公司能够管理的这部分钱也只剩下48.5333元了，贪污的金额怎么还会远远大于实际管理的金额呢？这显然是没有道理的。

在对本案定性展开探讨后，我又对陆某贪污汽车、字画与偿还信用卡的问题也一一展开了辩论。庭审结束后，陆某的家属表示对我的庭审表现非常满意。

来之不易的判决结果

在时隔数月后法院第二次开庭。本案在侦查及审查起诉阶段进展非常迅速，在审判阶段却艰难推进。在多次交锋后，本案得到了期待已久的判决书。

判决书对起诉书中陆某贪污汽车、字画的意见未予认定，仅认定陆某偿还信用卡，贪污款项167 549.88元，判决陆某犯贪污罪，判处有期徒刑一年三个月，差不多就是"实报实销"。

我认为陆某的妻子通过S公司帮陆某还信用卡的钱，甚至直接帮陆某还信用卡的钱都被认定为贪污是不符合事实的，也没有法律依据。在二审中，对此我进行了重点辩护。

我认为之前监察委的《起诉意见书》是将175万元减去缴纳的T公司的免租期租金和相关税费后剩余的82.6万元全部当作贪污的金额。在买车的钱和20万元的稿费加上后，为了使总金额和82.6万元相一致，监察委将陆某的信用卡消费约17.98万元也作为贪污的金额。尤其是在几笔相对大的金额被列入后，对于还差的12 253.68元，通过陆某承认是通过个人发票报出来的来认定为贪污金额。金额精确到小数点后两位，明显是为了凑成82.6万元。这是非常牵强的。《起诉书》将监察委纯粹凑数字的12 253.68元去掉了，这是正确的。但其他几笔被认定是贪污款也是没有事实和法律依据的，或者说是完全不近人情、违反常理的。妻子帮丈夫还信用卡变成丈夫贪污妻子帮还的款项，这在逻辑上是怎么也说不通的。

首先，关于陆某的妻子从S公司领的3万元被认定为陆某的贪污款的问题。S公司账户中本就有陆某妻子的个人财产。陆某的妻子作为S公司的员工，每月可从S公司获得报酬1万元。由于陆某的妻子在另外一家公司也有任职，因此在S公司领取报酬并不是按月领取，而是通过发票报销的方式领取。所以将陆某的妻子从自己公司领取报酬的行为和陆某贪污挂钩是完全不能成立的。

其次，关于丁某向陆某转账37 892.52元的问题，这笔钱是陆某向丁某借的款，之后由陆某的妻子代陆某向丁某还款。虽然陆某的妻子从S公司直接转账到丁某账户不合规范，但不会导致陆某贪污公款，在本质上也是妻子帮丈夫还账的问题。

再次，关于S公司向陆某分多笔转账99 657.36元的问题，这也是陆某的妻子替陆某还信用卡的钱。丈夫让妻子帮还信用卡是再正常不过的事情。而且陆某是在和某事业单位副秘书长刘某某谈话时才知道曾有9万多元款项是S公司帮还的。他之前根本不清楚妻子是怎么还的，之后陆某也由原路径将钱退到S公司账上了。

事实上，陆某的很多信用卡消费是用于某事业单位B市办事处的接待，且这部分钱从某事业单位B市办事处账上报销也没有任何证据证明，所以一股脑将这些钱都当作陆某的贪污金额更是非常不公平的。

虽然二审法院没有采纳我的辩护意见，但本案的辩护已经达到了预期效果。

公司资金流动怎成贪污？

律师简介

周小羊，北京盈科（上海）律师事务所股权高级合伙人、管委会委员，扬子鳄刑辩创始人，扬子鳄刑辩联盟主席，盈科长三角刑辩中心主任，上海市律师协会刑事合规委员会委员，民革上海市委民主监督委员会委员、主任助理，静安区统战部特约专家，静安区政协特约专家，静安区新的社会阶层人士联谊会理事，苏州大学王健法学院实践导师，苏州大学文正学院兼职教授。

胡凤敏，毕业于西北工业大学，北京市盈科（苏州）律师事务所实习律师，扬子鳄刑辩核心成员，参与办理过很多各种类型的刑事案件，具有扎实的法学理论基础和一定的实务经验。

作家之殇
——作家程某某挪用公款罪案辩护纪实

为作家程某某先生辩护是我第二次为作家这一群体提供法律服务。这是一次仓促而又艰难的博弈。程某某在担任禹城市图书馆馆长时，因涉嫌挪用公款，被 Y 市人民检察院提起公诉。经过我的不懈努力，Y 市人民法院最终作出了定罪免罚的判决。该院认真落实以审判为中心的刑事诉讼制度，严格把握刑事犯罪认定标准，坚持罪刑法定原则和证据裁判规则，坚守法律和正义的底线，堪称构建新型控辩审关系的典范。

案情回放

程某某生于 Y 市，自 1994 年开始业余创作，已在 50 余家报刊上发表小说、散文，共约 50 万字，作品多次被《小说月报》《小说选刊》《微型小说选刊》转载，并有作品在国外出版和播音，获《人民文学》《山东文学》《短篇小说》等期刊所评奖项十余个，曾获中国人口文化奖一等奖。

Y 市图书馆是 Y 市文化局下属的事业单位，面向读者收取图书押金办理借书证，刚开始对每个借书证收取 50 元，后来对每个借书证收取 100 元。近年来推行了一卡通，对每张卡收取 200 元。押金自 2007 年起便由员工台某某负责管理，2013 年至 2016 年由员工李某某管理，从 2017 年年初到 2017 年 8 月由员工彭某某管理，之后继续由休完产假的李某某管理。

在台某某管理图书押金时，程某某发现台某某用一些不认识的人名将押金变成了存单。程某某害怕公款出现问题，就让台某某出具了内容为"代管押金 XX 钱"的代管条，注明时间并签名，将大额公款提取出来由自己代管。除去程某某自己花掉的，其余部分被存入了其中国银行、中国工商银行和中国邮政储蓄银行的个人账户中。

2017年9月4日，Y市纪律检查委员会（简称"纪检委"）介入案件。纪检委工作人员找程某某谈话，调查相关问题。在此之前，程某某一直将其代管的图书押金用于馆中的各项支出。支出范围涵盖图书馆日常各项正常开支，包括电话费、网络费、打字复印费、设备维修保养费用、夏季空调维修费用、冬季场馆取暖费用、图书加工管理费用和临时工工资等。纪检委经过调查发现，程某某在图书馆财务工作人员台某某、李某某和彭某某处支取图书馆读者图书押金88万元，其中的75万元已经不在账上。程某某不能说明所支取图书押金的合理去向，也无法提供使用图书押金的相关证据。有证据证明程某某于2016年2月14日、2月18日分别挪用图书押金4万元、1万元，用于归还其于2015年11月向李某某借的钱款。

纪检委工作人员离开后，程某某觉得此事非同小可，急忙同妻子马某B一起，向亲戚朋友四处借钱。次日，即2017年9月5日，程某某一共借得款项60多万元，连同自己手头积蓄20多万元，最终将88万元款项全部上缴至Y市纪检委。

2017年10月26日，Y市公安局对程某某执行刑事拘留，同年11月10日执行取保候审。2017年12月15日，Y市公安局以程某某涉嫌挪用公款将本案移送Y市人民检察院审查起诉。2018年4月3日，Y市人民检察院指控程某某犯挪用公款罪，向Y市人民法院提起公诉。

临危受命

2017年的秋天，我刚刚结束了在哈尔滨的案子，踏上了回家的路。因为身心俱疲的缘故，我就在火车不均匀的颠簸中睡着了。电话在我包里连震带响都没把我吵醒。

火车停靠在站台时，我醒了，拿好行李下了车，慢慢往出站口走。我从包里拿出手机看了一眼才发现，在我睡着的这段时间里，原来一起工作的同事马某A给我打了一连串的电话。

我连忙拨了回去。在电话那边，马某A略显急促的声音透着一丝焦急："我家里出了点事。你赶快来Y市吧。"我此时已经很累了，便问能不能明天再去。可是马某A坚称家中告急，让我马上过去。我见他坚定的语气容不得半点耽搁，就从停车场取了车，直接开往Y市。

我见到程某某的妻子马某B的第一感觉就是,她似乎对程某某被抓的事情早有预知,也做足了心理准备,不像很多当事人那样泪流满面、泣不成声。其实她和程某某在2017年9月就已经离婚了,只是目前还在一起居住。念及昔日夫妻感情,她在这个事情上还是决定要帮程某某一把。

这时候是Y市检察院向D市检察院呈请逮捕期间。程某某本人坚持不认罪。程某某的家属已经委托了济南的律师。这律师不仅劝说程某某认罪认罚,争取宽大处理,还给程某某的家属做思想工作,让家属说服程某某认罪。律师说,只有认罪才能不被逮捕,办理取保候审。这时候程某某的家属就感到十分纠结,因为马某B的某位朋友有过类似的情况,听信律师,认罪认罚,最终被判得很重,所以找我过来帮忙。

听马某B给我介绍完具体的案情以后,我首先对本案进行了一个法律上的判断。根据《中华人民共和国刑法》第三百八十四条的规定,挪用公款罪是指国家工作人员,利用职务上的便利,挪用公款归个人使用,进行非法活动的,或者挪用公款数额较大、进行营利活动的,或者挪用公款数额较大、超过三个月未还的行为。程某某的图书馆馆长身份属于国家工作人员范畴,其挪用88万元不退还的行为性质已经相当严重。根据法律规定:挪用公款归个人使用,进行非法活动,数额在三万元以上的,就应当依照刑法第三百八十四条的规定以挪用公款罪追究刑事责任;数额在十五万至二十万元以上的,应当被认定为刑法第三百八十四条第一款规定的"数额巨大"。挪用88万元公款并且不退还,已经属于"情节严重",一旦被法院认定,程某某的刑期就已经是五年起步了,并且,即使他认罪认罚,也绝对没有缓刑的可能性。如果他积极退赔,律师进行辩护所能取得的最好的结果也就是被判五年左右的有期徒刑。同时我讲了我自己对案子的理解:首先,本案数额较大,认罪认罚起到的效果并不大,并且绝无适用缓刑的可能。其次,程某某的行为不构成犯罪。这个钱款的性质与归属存在争议,可以作为辩点进行防御。再次,现有证据无法形成完整的证据链来证明程某某挪用了88万元的公款这一犯罪事实。分析完我的辩护思路之后,程某某的家属当机立断,决定委托我作为程某某的辩护人。我即刻联系我所在的律师事务所邮寄手续,签订委托合同,推掉了后续的工作,准备第二天就会见程某某。

隔着德州市看守所厚重的玻璃,我见到了程某某。程某某的脸很方,

作家之殇

眉毛很淡，眼睛不算大但很有神，透露着知识分子特有的睿智。他一开口就透露出山东人的淳朴。他并不如我想象中的作家那般脱俗，就是一个典型的山东汉子。

表明了来意并征得了程某某本人的同意之后，我向他问起了和案件相关的主要问题。我从程某某这里了解了更加深入的案情：

Y市图书馆办公楼的建设、施工、改造的费用全部源自Y市的财政支出，图书、电脑、空调等都是由Y市财政局拨付费用给Y市文化局，再由文化局负责购置。图书馆正式工作人员的工资由Y市财政局发放。在2013年之前，Y市文化局并不重视图书馆，几乎不给图书馆报销任何费用。2013年之后，情况才有所好转，文化局每年给图书馆8万元的报销额度。8万元分摊到一年12个月里，相当于每个月有6 000多元。这对于各项费用都要用真金白银支出的图书馆来说实在是杯水车薪。

文化局不给报销费用，又不提供专项资金的支持，所以图书馆的运营和发展全都要靠自己想办法。除了电话费、网络费、打字复印费、设备维修保养费用、夏季空调维修费用、冬季场馆取暖费用、图书加工管理费用和临时工工资等经常的必要性支出外，图书馆日常接待宾客、节日走访慰问、同行之间交流、组织职工学习培训、开展文化活动等也都需要经费的支持才能进行，可是图书馆这样一个公益性的文化事业单位到哪里去创收赢利，从而自给自足呢？于是程某某只好被迫挪用读者办理借书证的押金，勉强维持图书馆最基本的日常运营与发展。

但是程某某挪用公款几乎与"挥霍"二字沾不上关系：请名人大咖开办讲座时，虽然主讲人不收取费用，但是最基本的接待宾客支出是免不了的，而接待费用就是用程某某代管的借书证押金支付的。图书馆员工外出参加培训时，虽然住宿费、差旅费这些有正式单据的开销可以报销，但是程某某不忍心让员工们因为吃住操心，就使用了他代管的押金，让员工们在培训期间也能够吃好睡好，安心学习。夏天馆内闷热，读者阅读、员工工作都受到影响，于是程某某又使用押金购置了三台空调……他是挪用了公款，但是所有支出都是为了这所他深深爱着的图书馆。

文化局的报销费用不仅额度极低，还有着近乎严苛的报销标准和财务制度。此刻我开始明白，为什么程某某会如此坚定地认为自己是清白的，一直紧咬牙关不承认自己有罪。我突然觉得，此时与我隔窗对坐的程某某，不像一位涉嫌挪用公款的犯罪嫌疑人，反而像一位心怀天下、忧国忧民的君主——图书馆就是他的国土，一位位图书馆员工就是他的爱将、策士、谋臣，而那一本本编码分类、排列整齐的图书就是他时时刻刻深深牵挂着的百姓。

程某某使用这些押金后，不仅没有保留单据发票，也没有记账备案，甚至支出这些押金都没有几个人知道。

"你为什么不记账，也不保留单据呢？"我问他。

"我认为我支出的押金文化局不会给我报销，记账和留单据也没什么用。但是我知道这些钱都是读者的，心里面其实一直都想着这个事儿。我知道我早晚都要还回去，所以我没有记账，也没留下单据。我想，我在退休之前一定要把这个钱补上。"程某某这样回答道。

走出看守所后，我的心情有些沉重。可以说，财政拨款的过分欠缺与近乎严苛的账目报销标准共同造成了图书馆四处漏风的无奈窘境；而程某某法律意识的淡漠和账目管理方面知识的欠缺，共同导致了他遭遇这场牢狱之灾。

正义迟来

本案捕前辩护的时间非常紧张。留给律师会见和做捕前辩护的时间勉强只有三天时间。我早上结束会见之后，和助理在德州找了一家酒店住下。仅凭着本次会见时程某某所说的内容，我在宾馆匆匆写就了《不予批准逮捕法律意见书》，并于下午去检察院的侦查监督科递交了该法律意见书。

回到家里我一直在思考这个案子，又想到了几个关键点，于是连夜写了一份补充法律意见书，第二天早上就送了过去，但是因为办案单位集体开会，我把法律意见书交给一位值班的工作人员后就离开了。

2018年4月3日，也就是我结束会见后的第三天，检察院没有批准逮捕程某某，随即变更强制措施为取保候审。

2018年4月26日，Y市人民法院公开审理本案。我作为被告人程某某的辩护人出席法庭，为程某某做了无罪辩护。

我提出了如下几点辩护意见：① 检方所指控的图书押金不属于公款。首先，图书馆代为临时保管的图书押金，随时退还，所有权仍然属于读者

本人，图书馆对该笔款项既没有处分权，又没有所有权。② 图书馆不属于《中华人民共和国刑法》第九十一条所规定的国家机关、国有公司、企业、集体企业和人民团体中的任何一个。③ 现有证据不能证明程某某将支取的 5 万元图书押金用于归还个人债务。虽然银行交易明细显示 2016 年 2 月 14 日程某某分 6 次向李某某的银行卡共存款 39 920 元，当月 18 日分 5 次向李某某的银行卡共存款 16 700 元，但是所存的现金有零有整，少的 100 元，多的有 20 020 元。以上钱款应是程某某向多方筹集的个人款项。如果程某某用图书押金归还借款，完全可以一次性存入，没必要分 11 次存入。现有证据不能证实程某某用 5 万元图书押金归还了个人借款。公诉机关仅依据程某某支取图书押金的当天有还款行为就推定其用图书押金归还了个人借款，显然是有罪推定。综上所述，辩护人请求法院宣告被告人程某某无罪。

检察机关指控程某某犯挪用公款罪，但是情节轻微，建议免予刑事处罚。

我则继续坚持无罪的辩护意见，坚持要求法官秉承良知，依法判决程某某无罪。

Y 市人民法院审理后认为，检方提供的证据中，只有程某某挪用 5 万元的证据能够形成完整的证据链。最终，禹城市人民法院作出判决：程某某犯挪用公款罪，免予刑事处罚。

因为程某某的心愿就是保住公职，不再做官，安心归隐家庭，继续写作生涯，所以他对一审结果表示满意，决定不上诉。我作为辩护人也尊重当事人的选择。

律师点评

虽然程某某被认定为犯挪用公款罪，但是法院采纳了免予刑事处罚这一法律意见，使程某某最终得以定罪免刑。本案结果其实是法院平衡控辩双方诉求后作出的一个折中判决。如果法院在认定程某某挪用公款 5 万元的前提下，判处其有期徒刑，那么在法律层面也没有任何问题。

虽然在法律层面，程某某被判决有罪，但是免予刑事处罚对他来说意义重大。《中华人民共和国公务员法》第二十四条第一款规定："下列人员不得录用为公务员：（一）因犯罪受过刑事处罚的；……"这意味着当事人不仅免去了牢狱之苦,也保住了公职身份,而辩护律师在本案中的作用也得到了充分的体现。

后　　记

程某某本身就是一介文人。历史上有名的文人大多不愿做官,而程某某大概也如此。他虽然在文学上妙笔生花,颇有造诣,但是在做官方面,真的难称出色。

大概是感受到了官场生涯的危险,程某某自此之后"解甲归田",主动请辞,不再担任Y市图书馆馆长一职。我也不知道他近况如何。在这篇辩护纪实即将收尾之前,我从书柜中取出程某某赠予我的他所著的小说。扉页上还有他用那独特飘逸的字体留下的"赠张金武律师收藏斧正"的墨痕。

律师简介

张金武,山东忆兴律师事务所执业律师,毕业于山东大学法学院,执业二十余年,擅长刑事辩护,成功代理过著名作家熊某某不予批捕一案、宜宾民警李某某诈骗罪申诉无罪案件、盘锦企业家李某某合同诈骗罪申诉无罪案件等多起案件。

判决免予刑事处罚的遗憾
——姚某某涉嫌受贿案辩护记

祸从天降

某县公诉机关指控：2009年9月，被告人张某某、张某、姚某某经事先商议，合伙成立某县某街道福众建材经营部（以下简称福众经营部），约定由被告人姚某某负责出资及日常经营，被告人张某某、张某负责联系业务。2010年3月左右，被告人张某某、张某以各自妻子的名义，与被告人姚某某补签协议，约定在被告人张某某、张某未出资的情况下，对福众经营部产生的利润各分成30%，被告人姚某某分成40%。2010年至2011年，三名被告人在某县某街道新农村示范点建设工程彩瓦、涂料等建材的采购过程中，经事先通谋，由被告人姚某某出面介绍供货商到某新农村建设有限公司（以下简称新农村公司）承接业务，并收取回扣，由被告人张某某、张某利用作为甲方管理人员对于甲供材料采购所享有的管理职权，为相关供货商提供便利。其间，三名被告人收取某彩瓦厂及某涂料公司陈某给予的回扣共计人民币144 560元。

姚某某因涉案于2013年9月10日被某县检察院决定取保候审。某县检察院于2013年10月10日以姚某某涉嫌受贿，将其与张某某、张某一并起诉至人民法院。

为求温饱寻出路

我受理案件后，针对起诉书指控的事实，多次听取姚某某的陈述，以期充分地了解案件的真实情况。据姚某某陈述，2009年9月，他正处于失业状态，为了解决就业出路问题联系了张某。当他从张某处得知新农村公司正在开始新农村项目的建设,而且该项目有相当大一块建筑材料由新农村公司"甲供"时,心想,这可是一个能解决自己温饱的商机,一定不能失去,于是他通过张某认识了张某的直接领导张某某。之后三人商量由姚某某出面成立一个企业即福众经营部,然后三人通过福众经营部承接新农村建设项目甲供部分的建筑材料的买卖业务,并从中获利。

但是事实上福众经营部一直未做成具体的新农村建设项目甲供材料的买卖业务,而姚某某只是因为与张某某、张某熟悉,在新农村公司买卖彩瓦、涂料业务上做成了两个居间业务。某彩瓦厂和某涂料公司陈某均表示,只要姚某某帮他们将新农村建设项目的相关材料供应业务做成,且能把货款收回,即支付一定比例的业务费(或称回扣)。之后姚某某完成了两家单位设定的居间目标,因此某彩瓦厂支付给姚某某 112 060 元的业务费,某涂料公司支付给姚某某 32 500 元的业务费,姚某某总计收到 144 560 元业务费。

姚某某收到这些钱以后曾经向张某提过三人按补签的协议中约定的比例分利润,但张某向张某某征求意见时,遭到张某某的明确反对。最后这 144 560 元被姚某某自己买商品房时用掉了。姚某某陈述的案情在案卷材料中得到了印证。因此,我对如何针对起诉书指控的犯罪事实有效地进行辩护有了清晰的思路,决定采用"抽丝剥茧"的策略为姚某某受贿罪一案进行辩护。

收取居间费如何成受贿

姚某某收取某彩瓦厂和某涂料公司陈某给的业务费,分明只是在正常经营过程中收取居间服务费用,为何被控诉为受贿?

第一,姚某某仅仅是个普通群众,在成立福众经营部之前,正处于失业状态,每日为温饱发愁,在成立福众经营部之后,也只不过是个普通的个体工商户,和国家工作人员这种身份完全扯不上关系。在本案中,尽管张某某、张某符合国家工作人员身份,但姚某某自始至终不具备国家工作人员的主体资格:他没有国家工作人员的身份,也没有从事管理新农村建设项目采购材料的工作。姚某某只是利用与张某的同学关系,将新农村建设项目所需的彩瓦、涂料的供应商介绍给新农村公司,使双方获得各自的

判决免予刑事处罚的遗憾

利益。由于姚某某没有从事新农村建设项目的管理工作，因此姚某某不具备国家工作人员的主体资格。

第二，姚某某、张某某、张某不具备构成共同受贿罪的条件。按照起诉书的指控逻辑：尽管姚某某不具备国家工作人员的资格，但是张某某和张某是国家工作人员。姚某某与张某某、张某事前通谋由姚某某开办福众经营部，且在福众经营部设立后又补签协议，约定利润分成比例，为共同受贿创造条件。某彩瓦厂、某涂料公司均与新农村公司发生建筑材料买卖关系后付业务费给姚某某，因此这些业务费与新农村公司有关。在姚某某收取某彩瓦厂、某涂料公司陈某的业务费后，姚某某又将业务费记载于福众经营部财务账上，因此这次受贿属于三人共同受贿。但是，公诉机关的这种起诉逻辑，在向法庭提供的案卷材料中无法得到印证。姚某某与张某某、张某等人设立福众经营部的目的是与新农村公司发生买卖业务关系并从中获利。这一点在案卷材料中是可以得到印证的，但在实际操作中福众经营部事实上没有和新农村公司发生买卖业务关系。某彩瓦厂供应彩瓦和某涂料公司供应涂料是在姚某某的介绍下发生的。两家供应商尽管知道或认识张某某、张某，但是给姚某某业务费的事事先未告知张某某或张某，也就是说张某某、张某事前根本不知道两家供应商会有业务费回扣。姚某某是在完成居间业务并取得业务费后才和张某表示分钱的意思。当张某将姚某某分钱的意思告知张某某后，张某某明确表示不能要这些钱。所有证据显示三人事前未通谋，事后也未分钱，那么共同受贿的事实从何而来？《中华人民共和国刑法》第二十五条明确规定：共同犯罪是指二人以上共同故意犯罪。根据这一规定，本案证据无法说明三人共同受贿的犯罪事实。因此公诉机关的指控逻辑是错误的。

第三，福众经营部不是由姚某某、张某某、张某三人合伙成立的。案卷材料中的福众经营部工商登记资料内容表明，福众经营部是姚某某个人经营的个体工商户。尽管三人在2010年3月补签了一份协议，约定福众经营部由张某某、张某的妻子各自分享30%的利润，姚某某一人分享40%的利润，但是实际上张某某、张某是未出资的，工商登记资料上也未显示二人各拥有30%的股份。因此，显然福众经营部并非三人合伙的企业。如果福众经营部没有实际的新农村公司的建筑材料业务且在经营过程中不产生利润，那么三方补签的协议上关于利润分成比例的约定也仅仅是一句空话而已。

第四,某彩瓦厂不属于行贿人。我在查阅案卷材料时发现,某彩瓦厂负责人时某某、业务员王某某的证言均证实了以下事实。① 某彩瓦厂与新农村公司及相关工作人员之间不存在不正常的经济关系,但与福众经营部姚某某之间存在以业务费名义给回扣的事实。② 他们与姚某某洽谈业务时,并不知晓另一被告人张某与姚某某是合伙做生意的,只知道他们两人是同学关系。③ 给姚某某回扣的原因:A. 彩瓦厂的经销商都要拿一定比例的回扣,这是商业惯例;B. 姚某某确实介绍了生意;C. 姚某某在整桩生意上确保了货款的回收;D. 姚某某向彩瓦厂表示与新农村公司有关系,能保证彩瓦的采购和货款结算;E. 彩瓦厂与姚某某之间签订了一份《居间合同》,目的是以书面的形式将供应的各种彩瓦规格每张的业务费回扣确定下来。某彩瓦厂负责人和业务员的证言说明,彩瓦厂支付的业务费是给姚某某个人的,而不是给张某某、张某的贿赂款。因此,三人共同收受彩瓦厂贿赂的事实不能被认定。

第五,某涂料公司陈某不属于行贿人。案卷材料中陈某的证言证明了如下事实:陈某与姚某某系老乡关系,还曾经在同一家公司做过同事,关系非常好。当姚某某向陈某表示能做到新农村公司涂料业务时,陈某原来的初衷是直接和福众经营部发生买卖关系,但陈某发现,如果由姚某某去向新农村公司推销涂料,其专业知识是不够的,因此陈某决定直接通过姚某某的介绍与新农村公司谈涂料业务。陈某明确表示,只要涂料业务做成,就给姚某某10%的业务费回扣。但是在实际操作中由于姚某某没有参与涂料的发送、质量问题的处理、与现场管理人员的沟通,因此回扣由原定的10%的业务费最终变为5%的业务费,计32 500元。陈某的证言充分证明该32 500元是给姚某某个人的回扣,而不是给涉案三人的,因此这32 500元不应当被认定为陈某给涉案三人的贿赂款。

事实证明起诉书的指控是错误的。无论是彩瓦厂还是涂料公司陈某支付给姚某某的业务费都是有真实原因的。某彩瓦厂或陈某认为只要交易顺利且能实现赢利,那么按照商场上的规则,向姚某某支付一定比例的业务费是正常的。因此在本案没有证据证明某彩瓦厂或陈某支付的业务费是指向涉案三人的前提下,公诉机关的指控不能成立。

利润分配非行贿

姚某某与张某某、张某补签协议约定利润分配比例以及向张某表示其收到的业务费三人应按约定比例分配并不构成行贿罪。

尽管起诉书没有以姚某某与张某某、张某一起商量开办福众经营部并通过协议形式约定利润分配比例的事实指控其行为构成行贿罪，但是作为辩护人，从《中华人民共和国刑事诉讼法》第三十五条规定的辩护人职责出发，为了全力维护姚某某的合法权益，我必须对案件进行全面的分析研究，在通过法律和证据排除姚某某的行为构成受贿罪的情况下，应当对姚某某与张某某、张某开设福众经营部，补签协议约定利润分配比例，向张某表示三人按约定比例分配其收取的 144 560 元的行为是否构成行贿罪进行分析。如果能排除姚某某的前述行为不构成行贿罪，那么法院应当判决姚某某无罪。基于以上疑问我进行了以下有针对性的分析。

首先，起诉书中指控的姚某某与张某某、张某经事先商议由姚某某设立个体工商户性质的福众经营部，在设立福众经营部后三人又补签协议约定利润分配比例确实是事实。那么如何对这一事实进行定性呢？我认为如果姚某某将从某彩瓦厂和某涂料公司陈某处取得的业务费按协议约定的比例分给了张某某、张某，那么姚某某送钱的行为完全符合《中华人民共和国刑法》规定的行贿罪的构成要件，姚某某应当为此承担刑事责任。但问题是：①尽管三方协议约定了利润分配比例，但是福众经营部未实际与新农村公司发生过业务关系，也未从中获利。因此姚某某用福众经营部经营利润向张某某、张某行贿的事实无从谈起。②假如姚某某与张某某、张某三人在补签的协议中约定，在福众经营部张某某、张某家属各自持有30%干股（或称为出资额），那么是否属于姚某某向他们行贿呢？《最高人民法院、最高人民检察院关于办理受贿刑事案件适用法律若干问题的意见》第二条专门针对收受干股做出明确规定："国家工作人员利用职务上的便利为请托人谋利，收受请托人提供的干股的，以受贿论处……股份未实际转让，以股份分红名义获取利益的，实际获利数额应当认定为受贿数额。""两高"司法解释明确规定，如果是请托人提供干股的，那么在受贿人未出资的情况下，请托人提供的干股应当登记在受贿人或其指定的人名下；如果干股没有登记在受贿人或其指定的人的名下,那么应当按照以股份名义获取的利益确定受贿数额。由此可见,本案中虽然三人补签了协议,确定了利润分配比例,但由于福众经营部是个体工商户性质的企业,即便协议确定张某某、张某的家属对福众经营部拥有30%的股份,也无法实现将确定的各30%股份登记在两人家属名下。另外,没有证据证明张某某、张某两人以协议约定的收益比例获取利益。据此我认为,三人无论是合谋设立福众经营部还是补签利益分配协议,均不能证明姚某某的行为构成行贿罪。

其次,姚某某向张某表示按约定比例分配144 560元的主观故意,遭到张某某的明确拒绝,在此情形下姚某某的行为是否构成行贿罪(未遂)?案卷材料显示姚某某在获取某彩瓦厂、某涂料公司陈某给予的144 560元后,曾向张某表示三人应按之前协议约定的分配比例分利润,张某也将姚某某的意思表示转告了张某某,但遭到张某某的明确拒绝。之后姚某某就将该144 560元用于自己买商品房。《中华人民共和国刑法》第二十三条明确规定:"已经着手实行犯罪,由于犯罪分子意志以外的原因而未得逞的,是犯罪未遂。"根据刑法关于犯罪未遂的定义,结合贿赂犯罪的特点,我认为行贿罪的构成必须是既要存在行贿的主观故意事实,也要存在客观行贿事实。关于行贿未遂这一犯罪形态在实际生活中是否存在,我的回答是肯定的。姚某某只是向张某做出了行贿的意思表示,并未实际实施行贿行为,因此姚某某的行为不能被认定为构成行贿罪(未遂)。

受贿还是行贿?

公诉机关在起诉书中指控姚某某的行为构成受贿罪,受贿数额达57 824元。在《中华人民共和国刑法修正案(九)》颁布之前,姚某某的行为如果构成受贿罪,他就将面临五年以上有期徒刑的刑事处罚。一审法院于2013年11月6日公开审理了本案。经过庭审过程中控、辩双方的激烈辩论,一审法院于11月25日作出了姚某某的行为构成行贿罪(未遂),免予刑事处罚的判决。一审法院的判决理由如下:被告人张某某、张某作为国家工作人员,利用职务上的便利,在经济往来中,违背公平、公正原则,为被告人姚某某谋取竞争优势;被告人姚某某为谋取不正当利益,给予被告人张某某、张某财物,因意志以外的原因而未能得逞。被告人张某

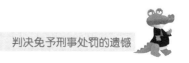

判决免予刑事处罚的遗憾

某、张某的行为已构成受贿罪,被告人姚某某的行为构成行贿罪(未遂)。

主观归罪意难平

在相当长的一段时间内,从事刑事辩护的律师对于贿赂犯罪深感辩护难。辩护难的原因不外乎以下几种:① 贿赂案件属于检察院的自侦案件。一旦案件被起诉,法官往往"一边倒"地向着公诉机关一方,很难采纳辩护人的辩护意见。② 贿赂案件取证难。一旦辩护人向行贿人取证,就会陷入执业威胁的境地,因为《中华人民共和国刑法》第三百零六条规定的妨害作证罪是悬在辩护人头顶上的一把利器,让辩护人时刻举步维艰。但是,辩护人又必须根据《中华人民共和国诉讼法》第三十五条的规定,尽到职责,维护被告人的合法权益。那么,在贿赂犯罪的辩护中辩护人究竟应该怎样拿捏分寸,既维护被告人的合法权益,又不至于使自己遭遇执业风险呢?我在贿赂犯罪刑事辩护中常用的方法是,从公诉机关提供的案卷材料中仔细地找出对被告人有利的证据,即采用"以其之矛攻其之盾"的方法设计辩护观点,通过在法庭上将案卷材料中对己方有利的证据全面展现给法官,然后通过发表充分的辩护意见赢得法官的支持。本案的有效辩护就是最好的例证。

本案的案情其实并不复杂。存在于本案案卷材料中的案件基本事实是:① 张某某、张某具备国家工作人员身份;② 姚某某设立的个体工商户性质的福众经营部未与新农村公司发生业务关系;③ 姚某、张某某和张某三人曾经通过补签协议的方式,约定对福众经营部经营利润的分配比例;④ 姚某某向张某表示按事先约定分配 144 560 元,但遭到张某某拒绝;⑤ 姚某某因为张某某拒绝而独自花掉了 144 560 元。根据这些基本事实,我们很难相信公诉机关会按照受贿罪的构成条件提出指控,而现实是公诉机关已经以受贿罪对姚某某等人提出指控了。我们不难发现,公诉机关提出指控的逻辑是张某某、张某符合国家工作人员身份条件,事先又以协议的形式约定了福众经营部的利润分配比例,而某彩瓦厂和某涂料公司陈某给予的 144 560 元属于福众经营部的收益,因此三人应当按照受贿罪分别承担刑事责任。但是公诉机关根本没有注意到案卷材料中某彩瓦厂和某涂料公司陈某给予姚某某的 144 560 元的属性,在有充分证据证明这些钱是给予姚某某个人的前提下，事实上无法得出三人共同受贿的结论。这也是一审法院没有支持公诉机关指控的原因。

需要指出的是，其实一审法院判决姚某某犯行贿罪（未遂）也是错误的。张某某在法庭上对张某转达姚某某分钱的意思的辩解十分明确。他得知姚某某要分配这144 560元时，很清楚地向张某表示不能要。张某也向姚某某明确转达了张某某拒绝的意思。姚某某在法庭上也表示，其知道张某某不同意分钱后，就将144 560元用于购买商品房。这一完整的证据链事实上无法产生一审法院认定的姚某某的行为构成行贿罪（未遂）的结论。事实证明姚某某只是表达了自己的主观意愿，没有实施送钱的客观行为。如果仅凭主观意志即可定罪，那么岂不成了主观归罪？这在我国刑法理论和实践中是属于违反罪刑法定原则的情况。

因此，我认为一审法院判决姚某某的行为构成行贿罪（未遂）是本案最大的遗憾。

律师简介

顾跃华，浙江海威特律师事务所高级合伙人，嘉兴市律师协会刑辩委员会委员。1994年以前曾经作为兼职律师从事刑事辩护，1994年正式成为执业律师。执业20多年来，办理刑事案件数百起，尤其擅长职务犯罪案件刑事辩护。办理的案件中有多起案件获无罪结果，多起案件当事人被减轻处罚或获缓刑。

被"骗补门"风暴扫到

——李某某滥用职权案

祸　起

事情还要从当初闹得沸沸扬扬的新能源汽车生产公司骗补贴的新闻说起。新能源汽车生产公司在研发和销售环节都能获得补贴。只要车辆达到规定的技术标准，除了中央财政补贴外，新能源汽车生产公司一般还能享受地方政府根据中央财政补贴按1∶1发放的补贴。在巨大利益诱惑面前，诸多新能源汽车生产公司为了得到国家财政补贴，在未生产即虚假上报合格证、产品参数与《道路机动车辆生产企业及产品公告》关键参数不一致、电池拆装后重复利用的情形下申请补贴。该新闻被曝光后震惊全国。在此背景下，政府各相关部门责任人员及主管人员也被严厉追究责任。

Y市K客车制造有限公司是一家新能源汽车生产公司，为骗取国家新能源汽车推广应用补贴资金，在未实际生产出车辆的情况下，采取伪造机动车安全技术检验报告、制作虚假合格证和车架号、虚开销售发票等一系列手段进行注册登记，并向Y市公安局交通警察支队车辆管理所（以下简称车管所）申领了车辆号牌和行驶证。

K公司案发后，李某某作为Y市车管所负责人，立刻被Z市检察院讯问，同日被决定拘留，10日后被决定并执行逮捕。其间多次取保候审的申请均被驳回。从李某某第一次被讯问到法院判决，时间长达2年。一审法院从受理案件到判决用了近1年，多次开庭，在最后一次开庭后拖了大半年才判决。一审法院认为李某某的行为构成滥用职权罪，并判处其有期徒刑两年。

一审判决书认定了李某某有两个渎职点,一个是违规安排车管所检验科参照 G 公司车辆检验模式将 K 公司纳入新车注册检验监管范围,另一个是明知在上门查验中 K 公司存在车辆尚在生产线上,且缺少零部件的情况,仍然违规指使车管所检验科肖某某予以通过查验。

背景知识

要具体了解本案,就要先了解一些专业性的背景知识。

首先,Y 市车管所具备上门查验的条件。上门查验是方便企业的措施。Y 市车管所曾被公安部评定为"全国一等车辆管理所"。依据《车辆管理所等级评定方法和标准》(2013 版),一等车辆管理所必须具备的条件包括:使用查验智能终端及为辖区内的大型企业、专业运输单位提供车辆管理上门服务。事实上,Y 市车管所上门服务已持续 20 多年了。上门查验是 Y 市车管所的常规业务。李某某签批同意对 K 公司上门查验是正常履职行为,可以说是不存在过错的。

其次,没有安排中级民警查验员上门查验存在客观因素。因此,此前车管所无法按照《机动车查验工作规程》中的规定安排中级民警查验员上门查验是存在一定的客观因素的。

再次,PDA(查验智能终端设备)无信号也可以按照查验规范完成查验。关于 PDA 在不能连接车管所 Wi-Fi 时就无信号这一事实,无信号并不表示不能使用,不表示不具备上门查验条件。PDA 的用处在于通过远程对比《道路机动车辆生产企业及产品公告》照片和数据,向机动车查验监管系统无线上传数据及生成《机动车查验记录表》。这一操作不需要现场完成,可以在有信号处或回到车管所后操作,关键是现场对比无误。

直击辩点

因笔者是二审辩护人,只能前往中级人民法院阅卷。在一、二审衔接期间律师无法阅卷,因此大段时间被浪费。卷宗从一审法院被移送到二审法院后,距离开庭时间也不远了,加之只有纸质卷宗,于是我们花了大半天时间,一页一页把十几本卷宗拍完。此时留给我们的阅卷及考虑辩护对

被"骗补门"风暴扫到

策的时间已经极少了。

在认真研读卷宗后，我们认为李某某安排检验科参照 G 公司模式将 K 公司纳入新车注册检验监管范围的指令不存在过错。

首先，事后的专门调查汇报中都没有将"纳入监管范围"作为错误点。一审判决存在着专业不对口导致僵化理解相关规定，并挑选不利的一些规定来生搬硬套的情况。就将 K 公司"纳入监管范围"和"采纳报告"这两点来说，事发后多次的专业调查汇报都没有将此作为错误和渎职点来进行汇报和总结。这三个单位和机构在车辆的检验管理方面应该是最专业的，各自独立的调查和汇报材料都没有认为"纳入监管范围"是错误和纰漏。检察院开始侦查时将此列为渎职点，而其显然在这方面没有上面出具报告的单位和机构专业。根据专业单位和机构在事发后的调查报告，"纳入监管范围"和"采纳报告"都不构成渎职。

其次，从语义和实际情况分析，纳入监管范围是好事。我们先把复杂的事情简单化，从简单语义来分析。"纳入监管范围"成为渎职点是很奇怪的。K 公司做的是国家政策扶持、鼓励的新能源汽车，它自己有检测线。车管所把它的检测线"纳入监管范围"不是好事吗？如果要纳入监管，肯定会督促企业升级检测线，提高生产和社会效率。经济和企业发展不就需要这样去正面推动吗？Y 市大市范围内的现有检测机构入围之后就不能新增吗？检测业务也是很大的一块业务，如果永远只能采用现有检测机构的报告，那就是垄断。鼓励有条件的企业入围是负责任和有作为的表现。

再次，"纳入监管范围"也是有条件的。参照 G 公司车辆检验模式将 K 公司纳入监管范围要求 K 公司首先要达到 G 公司的条件。李某某是这个意思，而且要求很具体。检验科科长齐某某也完全接收到了这样的要求。

在一审判决书上齐某某的证言很清楚："我和我们车管所的几位领导一起去了 K 公司汽车制造厂。他们带我们去看检测线，给我们看省质监局的设备标定证书，但是资格证书和计量认证证书正在办。李某某现场和 K 公司王某说要安装视频监控设备。在回去的车上，李某某要求我对 K 公司的检测线要和对 G 公司的一样纳入监管。K 公司要被纳入监管范围，首先要有检测资质，安装监控设备，但我之后没有跟进。如果 K 公司不被纳入监管范围，我们就不能认可 K 公司自己检测线出具的检测报告。一天，王某拿着李某某审批同意的上门检验申请书来找我。我就打电话给肖某某，让他安排查验员，于是就让王某去找肖某某了。我没有问王某K公司检测线的相关资质是否办好。当时我们去查看的时候，李某某还让K公司安装摄像头，所以我认为K公司不可能放着自己的检测线不用，再去其他检测机构检测。我应该去核实的。"

一审判决书认定的王某的证言是这样的："李某某告诉我：一是要把厂内检测线纳入监管范围，让我与检验科对接；二是关于预登记的事情，要我打申请给牌证科；三是批量上牌可以申请上门查验，具体也找检验科。"

其实只要根据一审法院采纳的齐某某的这段证言，李某某的这个渎职点就是完全不成立的。一审判决书认定李某某"错误地认为K公司已取得标定（即计量认定）等同于已取得机动车检测资格，具备了机动车检测资质，可以出具检测报告，并违规安排检验科参照G公司模式将K公司纳入新车注册检验监管范围"。而这个渎职点的认定内容和一审法院同时采纳的齐某某的证言是完全矛盾的。王某的证言和齐某某的证言又相互印证，和肖某某在这个点上的证言也是相互印证的。

李某某在实地考察后看到K公司有一条检测线，而且已经取得了省质监局的标定，并且听K公司说资格证书和计量认证证书正在办，在这种情况之下，告诉K公司还要安装视频监控设备，并告诉齐某某可以参考G公司模式将K公司纳入监管范围。齐某某承认李某某所讲的"纳入监管"是有这些条件的，也承认自己没有核实好。

联网是所有检验机构当时都客观达不到的条件。辩护人对检察院将K公司的检测线没有与车管所监管平台联网作为指控要点是有意见的。一审判决书的渎职事实部分表述为"按规定Y市支队应在2015年5月前完成"，而在2015年5月前Y市的检测机构在新车查验方面无一联网。在客观条件没有达到的情况下简单按照条文来套，以此指控李某某有错有罪，是典型的机械司法。但是一审判决书在对庭审争议点进行分析评判时又认为：对于联网问题，无法确认查验时已具备。由此可见，两个表述存在矛盾。联网问题应当被认定为与是否渎职无关。

规章未变致此罪

一审法院认定李某某的行为构成滥用职权罪的重要依据是，K公司的

被"骗补门"风暴扫到

车辆尚在生产线上,且缺少零部件,因此不可能通过查验。从一般常识来看,事实确实如此,但是在与李某某沟通后我才了解到,车辆尚在生产线上,且缺少零部件,并不必然不能通过查验。

从查验流程来看,按照原来的规程查验是正确的。车辆登记上牌是一种行政许可行为。车辆查验只是车辆登记上牌中的一个条件和环节。《中华人民共和国行政许可法》规定,设定和实施行政许可,应当依照法定的权限、范围、条件和程序,也就是"法无授权不可为"。所以实际操作部分的工作人员不能随意添加条件,否则就很容易演化为故意刁难,反而涉嫌滥用职权。

一审法院判定李某某的行为在这个点上构成渎职没有任何法规依据,事实上在判断上存在着脱离查验专业知识的情况。没有哪条规定写明停在生产线上的车就不能通过查验,也没有哪条规定写明缺少零部件的车不能通过查验。一审法院没有查清(也没有调查)到底有多少辆车是停在生产线上而通过查验的。K公司的生产线很短,生产线上调试的成品车最多有2辆。正在生产线上的车可以是生产好了之后再返回生产线进行最后装饰、封闭,或者再返回去进行调试的车,只要符合查验规范,完全可以通过查验。而对于缺零部件的情况,一审法院也没有调查到底有多少数量的车缺零部件,缺的是什么零部件。

新能源汽车的电瓶不在查验的项目内。新能源汽车是近几年才出现的新类型的汽车种类。上级部门没有为此专门设定查验标准和条件,所以车管所在实际工作中只能按以往常规的查验标准和条件进行查验,也就是按查验规范中规定的20个项目进行查验。只要车辆符合条件,查验人员就判定该车合格。对于缺电瓶的车辆是否可以通过查验,一审法院最后也没有得出一个结论,也没有咨询有专门知识的人员。Y市上牌的新能源车辆有上万辆,缺电瓶情况较普遍。对于新能源车辆的电瓶问题,李某某是咨询过专家的。专家的意见是在查验时满足查验表内规定的内容要求的车辆就可通过查验。然而,电瓶根本不在查验项目里面。所以一审判决书里对电瓶问题压根没有提及,只概为"明知缺少零部件"。这样的说法李某某是不服的,也是一审法院专业不对口并回避问题的表现。

而且李某某并不清楚无车、少车的情况。《起诉书》中并没有指控李某某对K公司无车、少车的情况知情。一审判决书在渎职事实部分也没有认定李某某对无车、少车知情，但是在评判争议点的时候，又认为"李某某在检验科安排职工上门查验中型客车并发现企业少车、无车的情况下未予制止，指示先上牌，再抓紧组织补生产，因此对K公司存在无车、少车注册查验负有主要管理职责"。我们认为，对于无车、少车的情况，《起诉书》都没有指控，一审判决在评议部分却做出上述评判是不正确的，也与判决书前面渎职事实部分的认定矛盾。一审法院之所以将"尚在生产线上和缺少零部件的车通过查验"作为渎职点，实际上是因为将此和"无车、少车"的情节混淆在一起评价了。

终审判决

本案起因是车管所在查验中存在问题，但我们认为，李某某对此已尽到应尽的义务。在本案中，李某某只是审批同意了K公司的上门查验申请。之后是检验科科长齐某某和副科长肖某某安排查验人员上门查验的，而不是由李某某安排查验人员。其中，王某是由肖某某安排的；杨某某第一次是由齐某某安排的，以后每次都由肖某某安排。李某某不可能去核实检验科常规工作的每个细节。并且按照车管所各科室的职权分工，检验科的常规工作由业务监督科进行监督管理。车管所配备PDA和执法记录仪有专门的部门管理，对于配备给什么人车管所也有规定，而此业务并不由李某某分管。

滥用职权很容易成为公职人员的口袋罪。当一个热点案件发生之后，往往有公职人员会被以滥用职权罪（或者玩忽职守罪）追究刑事责任，但公众很少会关注被追究刑事责任的公职人员是否真的有罪，或者是否真的有错。事后拿着条条框框来苛责当时公职人员的一些做法有时候是很不公平的，因为生活中经常存在着规范要求和实践场景相脱节的情况。如果社会对公职人员没有"容错机制"，就会让公职人员行政作为的积极性受到非常严重的打击，最终损害的也是老百姓的利益。

这个案件的二审庭审被直播了。我们认为庭审效果还是很好的，尤其是在发问阶段，上诉人对案件的疑问都做了合情合理的解释。虽然最终二审法院还是维持原判，但当事人对我们的辩护很认可。尽管案件结果没有如愿，但是结果本身不是由我们控制的，我们能做的就是用我们的专业知

被"骗补门"风暴扫到

识,尽力维护当事人的合法权益。我们把这个结果并不成功的案例放入本书中是为了说明:成功案例不可复制,因为它需要具备天时、地利、人和等条件。每一个律师都会有成功案例,但也一定会有失败案例。失败案例在辩护的过程中也会有精彩之处,而本书应当记录一些这样的案例。

律师简介

周小羊,北京盈科(上海)律师事务所股权高级合伙人、管委会委员,扬子鳄刑辩创始人,扬子鳄刑辩联盟主席,盈科长三角刑辩中心主任,上海市律师协会刑事合规委员会委员,民革上海市委民主监督委员会委员、主任助理,静安区统战部特约专家,静安区政协特约专家,静安区新的社会阶层人士联谊会理事,苏州大学王健法学院实践导师,苏州大学文正学院兼职教授。

吴正红,毕业于中国政法大学,为扬子鳄刑辩核心成员,毕业后即投身律师行业,办理过诸多刑事及刑民交叉案件,具有扎实的法学理论基础和丰富的办案实务经验。吴律师办案严谨,善于发现案件中的微小细节,发掘案件的辩点,寻找案件突破口。吴律师自执业以来始终以维护当事人的合法利益为出发点和落脚点,深入贯彻辩护律师执业理念,坚持"挥法律之利剑,扶正义之天平,为社会主义建设和人类的进步事业奋斗终生"。

附录

泛谈刑辩
——陈松创律师

各位同学：

下午好！我叫陈松创，是北京市盈科（珠海）律师事务所的律师。很开心能够参加第二届苏大刑辩班。第一届我也参加了。那应该是我执业十年来第一次走出去参与刑辩培训活动。我感觉收获不少，所以，第二届，我又来参加了。我不但自己来了，还带来了我们刑事部的五名成员。第二届与第一届不同的地方是多了分享沙龙。我认为这是一个很好的机会，所以，在昨天中午，当看到周小羊律师发布沙龙分享报名通知的时候，我就第一个报了名。在这里，要特别感谢组织方的用心安排。

在昨天报名的时候，我的想法是分享一个我现在正在办的涉恶案子。初定的题目是《扫黑除恶要严格把握标准》。到了昨天晚上，我就把题目改了。原因有三个：第一，这个案子正在办理当中。尽管有一些方面可以拿出来说一说，但我可能更多的是发发牢骚，因此，大家可能不会太感兴趣。第二，其他同学分享的题目都是比较契合我们今天这个主题的，所以我从内心就不太想讲这个了。第三，我最想讲的其实是我这一年来执业的感受。既然这是沙龙，我又是第一个上场的，就应该享有一点特权，那就是自由地选择我自己的题目。基于对以上三个方面的考虑，我就决定不谈"扫黑除恶"的事情了。我把题目改成了《泛谈刑辩》。泛谈就是泛泛而谈的意思，没有限制，想到哪里说到哪里。

其实，站在这里对各位讲十分钟，对于我来说是一件困难的事，但我为什么要抢着上台，还抢着第一个上台呢？我觉得应该给大家交代一下。在座的人中有带过我的老师，有我的初中同学，也有我的同事。他们都很了解我。我是一个相对内敛的人。就拿这种上台分享的事来说，按照我以前的想法，我怕得要命。这种上台的事情搞不好会变成很丢脸的事。我的口才又不好，肚里也没多少墨汁。面对这么多人，以前的我一定是畏畏缩缩、胆战心惊的，但是现在我愿意把握每一次上台的机会，而且尽量抢着第一个上台。事实上，我现在也很紧张，也会哆哆嗦嗦，但我想明白了一件事，谁第一次上台不紧张？难道因为紧张，就一辈子都不上台了吗？当然不行。有的人说："哎，我口才不好，上台一定会丢脸，会被人家指手画脚。"各位，庭立方的成老师你们知道吧。他口才很好吗？要说口才好的人，轮不上成老师。他每次上台讲课，经常会冒汗，但是，成老师讲了上千次课，效果都很好。他的特点是真诚。他有句名言："不是因为我厉害，我才去讲，而是因为我越讲越厉害。"还有的人说："我一上台，手脚就会瑟瑟发抖，抖到我都快控制不住身体了。"这很可怕吗？我觉得也不可怕，到台上多抖几次，自然就不抖了。只有跨出第一步，才能有第二步、第三步。当然，我们也不用太在乎丢脸的事。如果背后有人对你指指点点，那是对方的素质有问题。一个良善、宽容的人应该给予别人锻炼的机会。我现在就是这样，把握每一次上台的机会，不断地锤炼自己。在这里，我还可以分享一个小窍门，不一定对所有人适用，但对我适用。我把自己"分裂"为两个人。一个"我"负责判断，如果觉得某件事是正确的事情，应该做的事情，就毫不犹豫地做。比如这次沙龙报名。当时我看到周小羊律师发布报名通知，觉得这是很好的机会，我就没有犹豫，立即报了名。另一个"我"负责经受挫折和考验。上一个"我"不管三七二十一，报名，下一个"我"就得硬着头皮上，然后两个"我"促成了我上台，促进了我成长。那为什么要讲这个呢？是因为我觉得我以前很害怕上台。我相信很多年轻的律师也会害怕。这番话更多的是对年轻的律师讲的。其实我们没什么好怕的，要勇敢地跨出第一步。人总是要跨出第一步的。这是我想说的第一点。

第二点，"如何做好刑辩工作"。这个题目很大，涉及的内容会很多，但我只讲我自己认为最为重要的一点，那就是"热爱刑辩"，从心底里热爱。如果是真爱，你就一定会做好！你会为了它废寝忘食，会为了它辗转反侧。你会下苦功夫，会比别人多花两倍甚至三倍的时间。只要你真心热爱刑辩，就一定会做好。

第三点，"刑辩凭什么值得我们热爱"。我一直认为，刑辩是所有律师业务当中最神圣、最崇高的业务。我接触过许多犯罪嫌疑人，但我并没有觉得哪一个人是很坏很坏的，我甚至常常能从他们身上发现人性的光辉。

不可否认的是，这世界上确实有不少坏人，可是当他们在被社会、被法律打上坏人标签的时候，有多少人会去挖掘他们每一个人背后的故事，会去发现事情背后的无奈，会去理解他们？在很多情况下他们其实也是受害者。更何况，还有不少人是被冤枉入狱的。我的家就在看守所旁边。我在阳台上可以看得到看守所里面。我喜欢抱着女儿到阳台玩。当女儿问我是干什么的时候，我告诉女儿，我是救他们的。当我说这句话的时候，我感到非常自豪。这就是我热爱刑辩的原因。

第四点，"拒绝勾兑"。上个星期，我们盈科广东和海南共八家分所举办了高级合伙人培训班。深圳盈科的黄律师是深圳律师刑委会的会长。他说他在竞选会长的时候说过一句话："我办过的所有案子中没有一个有勾兑的情况。"这是多了不起的举动。我相信没有勾兑的律师不在少数，但也不会很多。我们很少会听到一个律师在公开场合讲这种话。这是一种姿态，很让人敬佩的姿态。做律师就要做这样的律师。如果连我们这帮拿法律当武器的人都去违法，那刑辩会走向一个死胡同。刑辩律师的对手是公权力。如果自己不干净，就很难挺起腰杆子，也就很难维护当事人的合法权益。有一段时间，很多人给"死磕派"律师泼脏水，其中甚至有不少干刑辩的律师。我觉得这些人，要么别有用心，要么太幼稚。如果是你遇到那种情况，你会不会"死磕"？你不"死磕"就是不负责任，就是对不起这个职业，就是对不起当事人。反正，我是挺佩服"死磕派"律师的。我觉得做人，特别是做一个刑辩律师，还是要堂堂正正，不要去走歪门邪道。

第五点，收入问题。现在竞争确实很大。很多年轻的律师面临着生存的问题。前两个月，我在广州番禺看守所会见时，遇到一个律师。他在一家律师事务所已经执业10多年，拿着工薪，每个月8 000元。我听了很诧异，问他为什么不跳出来干。他说一直没勇气跳出来，不知出来后是好是坏。我刚执业那几年也遇到过这样的问题。其实，这归根到底是自己的问题。今天在座的各位，很多我不认识，但我认识莫丽冰律师。她执业才几年，可能三年都不到，但现在整个盈科体系内的律师几乎都认识她，很多盈科体系以外的律师也认识她。她的收入应该是很高的。为什么？因为她很努力啊。她热爱这个职业，不断地充电、学习，制作了一个阅读软件，非常便于阅卷。我们刑事辩护团队就用了她那个软件。她的办案质量可能要远远高于很多执业年限比她多的律师的办案质量。莫律师可以做到，你也可以做到，对不对？

只要你肯努力、勤动脑，愿意为刑辩付出，收入还是问题吗？

好了，我今天就讲到这里，请大家指正，谢谢大家！

案例分享
—— 方超波律师

各位同人：

大家好！

我是方超波。我今天想跟大家分享一个案件。

壮乡公司与农工贸公司于2016年1月共同出资成立广西田东壮乡公司。法人代表由壮乡公司的陈总担任。

2016年7月广西田东壮乡公司投资建设"芒果示范园"项目。项目由广西一建公司总包承建。广西一建公司向丰源公司和华驰公司采购建筑材料。之后由于各种原因，广西田东壮乡公司有4 000万元工程款没有支付给广西一建公司，从而引发了下列事件：

一、2018年1月18日，丰源公司的李某和华驰公司的钟某带领十几名成年男子到广西田东壮乡公司"讨薪"，其间在厂区大喊大叫。民警到场劝阻后，李某和钟某带人离开。（无任何委托手续）

二、2018年1月30日，李某和钟某带人开三辆小车堵住广西田东壮乡公司大门，不让员工出入。公司法人代表陈总不在。民警出警后，要求双方自行解决，不得堵门，不得闹事。随后李某和钟某带人离开。

三、2018年1月31日，李某和钟某带人开两辆小车堵住广西田东壮乡公司大门，致公司的车辆无法出入。该公司人员报警后未见出警。经劝阻无效，陈总带领员工手持木棒砸车。之后李某和钟某驾驶离开。离开后，广西一建公司的项目经理带李某和钟某到当地派出所报案。经物价部门鉴定，车辆损失总计12 000多元。

之后公安机关以故意毁坏财物罪将本案移送检察院审查起诉。

希望大家一起讨论一下，本案企业家的行为系正当防卫还是故意毁坏财物罪？

（该案检察院于2019年6月15日对本案作出不起诉决定）

学员沙龙演讲
——侯岳川律师

各位律师同人，各位企业家朋友：

大家下午好！

我是来自哈尔滨的律师侯岳川。

我今天给大家介绍一个成功改判的案例：3次判15年，2次发回重审，最后改判4年半。我去年办的刑事案件中有无罪的案子，但我之所以选择这个改判的案子和大家分享，是因为它很有代表性。借着这个案例，我就毒品案件的证据问题谈一下我粗浅的看法。

我先介绍一下基本案情。我的当事人张某是吸毒人员。有人指认他以贩养吸，卖零包。他一共卖了不到10克毒品，同时侦查人员在他开的车上扣了40多克毒品。很快，这个案子被移送检察院。我看到卷宗之后，发现许多问题。这个案子是由一个县办案机关办的。这个案子有两部分证据。一部分是主观证据，也就是三个下家的证言，还有我当事人的无罪辩解，即零口供。另一部分是客观证据，也就是侦查人员在车上查扣的那部分毒品。案发时间恰恰在最高人民法院、最高人民检察院、公安部制定的《办理毒品犯罪案件毒品提取、扣押、称量、取样和送检程序若干问题的规定》实施之后，即在2016年7月1号之后。当地公安机关可能不知道这个规定，还按照习惯处理，在整个毒品物证的提取、扣押、称量、取样、送检的过程中有十几处违法行为。毒品物证取证的合法性有问题，同时关联性也有问题。这个案子是怎么回事呢？当时我的当事人拉着他小弟出去转，在一个加油站附近碰到一个仇家，于是他就和仇家打起来了。他打了这个仇家，然后他的仇家报复他，拿刀追他。他和他小弟就跑掉了。车门没有锁。车就留在了现场。被打的这个仇家回来之后就把他的车控制住了，对车又砸又踢，发泄不满情绪，最后报案说车上有毒品。然后警察到了现场，把现场封锁，说在车上搜出了毒品。证据的关联性是有问题的。搜到的毒品是不是我当事人的毒品呢？笔录里有下面这样的证言。侦查人员讯问他："车上的毒品是不是你的？"他否认。侦查人员说："如果提取到包装上的指纹和你的指纹一致，你是否认可？"他说："那我认啊。你若能查到是我的，我就认。"结果，侦查机关没有采集他的指纹，也没有进行比对。

在审判环节，我说这个案子问题很多。主观证据只有证人证言，一共有三个下家的证言。这个小县城很有特点，是熟人社会。我的当事人在当地吸毒、卖零包的事实侦查人员、检察人员还有审判人员都知道。他们就说："侯律师，你辩得很好，但你不了解他。我们都知道，这事肯定就是他干的。"他们就凭感觉判案。我说："那不行啊。你认为是他干的，那你亲眼看到了吗？毒品来源你清楚吗？有转账记录吗？有通话记录吗？有其他客观证据加以证实吗？"对方说："你看我们也扣到毒品了呀。有40多克。"我说："前后两部分证据是脱节的，不能相互印证。前面证人说的卖零包的毒品和后面车上扣押的毒品指向不是同一的。前面证据指向的毒品已灭失了，后面的毒品关联性有问题，合法性也有问题。那么就排除非法证据吧。"然而，县城的审判人员也不按照规矩来，第一次就判了15年，是以贩卖毒品罪和容留他人吸食毒品罪并罚判处的。容留他人吸食毒品罪我的当事人认的，没有问题，但针对贩卖毒品罪我一直在做无罪辩护，因为主客观证据不一致，证据的合法性、关联性存在严重问题。

一审法院判决之后，我们上诉。二审法院很快以程序违法为由将案件发回重审。二审法院也注意到整个毒品物证的提取、扣押、称量、取样、送检的过程中存在着一系列瑕疵，而且相关部门未能补正和做出合理解释。然后法院重新组成合议庭审理。我就继续提非法证据排除。他们这次象征性地开了一个庭前会议，但是没有得出任何结论，在判决书中也没有任何体现，结果还是判了15年。

之后我们继续上诉。没过多久，二审法院法官和我联系，说："你提交一份辩护词吧。"我说："这不行啊。这个案件需要开庭啊。你们已经发回重审一次了。只有开庭，一审法院才能查清楚。"他说："我们发回重审还不行吗？"我说："还能再次发回？呀！"结果过了一段时间，案子确实被发回了。我们通常认为只有一次发回重审的机会，但其实可以有两次；在程序违法的情况下，二审法院可以发回一次，在事实不清、证据不足的情况下也可发回一次。

案件再次被发回之后，一审法院又换了一批合议庭成员审理。小县城的刑庭员额法官没有几个。这次刑庭法官没人可换了，法院就换了民庭法官来审理。每次重审补充的证据都有许多瑕疵，而每次我都对重审的内容和程序提出新的辩护观点。然而第二次重审之后,法院又判了15年。至此,我的当事人张某已经第三次被判处15年有期徒刑了。

我们继续上诉。上诉之后,我和中级人民法院法官联系。我说这个案子必须要开庭,这个案子问题很大。后来,二审法院公开开庭审理了。在庭审时,我的辩护观点有三个层次:第一,在贩卖毒品罪名上张某是无罪的,因为主客观证据不一致。第二,主客观证据不能同时被采信。法院要么只用主观证据认定张某贩卖不足10克的零包,要么只用客观证据认定他非法持有毒品。第三,若主客观证据都被采信,15年的量刑也是羁重的,法院应该改判。开庭时,出庭的检察官自始至终没发表任何意见。我自己说了近一个小时,把整个案件三次一审、三次二审的情况都回顾了一遍。最终,法院改判四年零六个月。

对于这个案子,我深有体会。想把案子办好非常不容易。我们要有信心,胆大心细,竭尽全力维护委托人的正当利益。

学员沙龙演讲
——刘彦成律师

各位朋友:

大家好!

我是刘彦成。我今天和大家分享的内容和这个主题没有多大关系。刚才大家提到最多的是朱明勇律师。我最早关注朱律师是在2009年,也就是我刚做律师的第一个年头。那个时候还没有微博,也没有微信,只有博客。我一直关注朱律师的博客,很崇拜他,所以我对刑事案件特别感兴趣。我一直在我们律师事务所讲:"你关注这个行业的动态,关注这个行业的代表人物,你才有可能产生兴趣。"2018年3月的一天晚上我接到一个电话。对方说他是朱明勇律师。我开始还不太相信,因为之前从未见过朱律师,也从未和朱律师打过交道。中国政法大学刑事辩护研究中心自2015年以来每年都评选全国十大无罪辩护经典案例。朱律师是该研究中心的主任。我之前办理的一个无罪案件入选了2017年度十大无罪辩护经典案例。朱律师打电话来正是为了向我核实案件具体情况。这个案例我就不多讲了。

今天,我看到有好多年轻律师参加这个培训班。我想谈谈刑事辩护的发展问题。谈到刑事辩护发展,我想从不成熟的律师的角度谈几点看法。这些看法不一定对。我觉得刑事辩护发展有三个阶段。目前我和我们团队正在或者将来一定会经过这几个阶段。

第一阶段是刑事辩护的量变。一个律师首先要有案子可接,解决生计问题。在此基础上办理大量的刑事案件才能体验到人间的喜怒哀乐、悲欢离合,才有很激烈的情感体验,才能发现到底是否热爱刑事辩护业务。新修改的《中华人民共和国刑事诉讼法》里面提到了值班律师制度。这个制度虽然有很多缺陷,但还是给刑辩律师尤其是年轻律师提供了机遇。年轻律师可以先不考虑钱的问题,抓住机会多参与,接触大量案例。

第二阶段是刑事辩护的质变。一般人们都会说量变引起质变。我觉得把每个案子都做好是很难的。有些律师做了一辈子律师也没有成为技术很全面的律师。年轻律师可以充分利用各种技术强化技能,比方说莫丽冰律师提到的阅卷技术、可视化、大数据等。我们在办案中运用这些技术将案件事实、法律关系呈现给司法办案人员的同时也收获了多起无罪案例。

第三阶段是刑事辩护专业化和团队化。现在很多律师或律师事务所已经开始走专业化道路,只办理刑事案件。我非常喜欢一句话:一个人走得快,一群人走得远。团队化是个很大的话题,我们可以找时间一起探讨。今天我就谈这么多,谢谢大家。

学员沙龙演讲
——王玉琳律师

各位律师:

大家好!

我来自内蒙古。作为刑辩律师,我有责任证明内蒙古的法治环境在变好。

从2016年到现在,我承办的死刑案件有7起获得了改判,其中5起是一审法院判处死刑,而二审法院改判的,另外两起案件是到最高人民法院死刑复核阶段获得改判的。

今天我就讲讲在死刑复核阶段获得改判的两个案子。鉴于时间的关系，细节部分我就不详说了。我希望大家记住当事人的名字，第一个被告人是孙泽，第二个被告人是孙旭飞。会后大家可以去裁判文书网搜看判决书，了解我的辩护观点。

今天我要讲的主题是"天理辩、幽灵辩、留命辩"。"天理辩"就是要在辩护过程中讲天理人性，讲因果命运。"幽灵辩"就是要在辩护过程中讲案件事实不清、证据不足、不排除合理怀疑的问题，讲案外有人的情况，讲出那不可排除的幽灵般的其他人。"留命辩"就是争取找到不死的理由，找到活结，让被告人不死，让法官不判他死。

下面介绍一下，这些辩护策略在孙泽案、孙旭飞案死刑辩护当中的运用。这两个案件都是贩毒案件。在办理这两个案件时，我感觉除了常规的毒品犯罪案的辩点以外，最主要的是"幽灵辩"和"天理辩"起了作用。

我先说孙泽案。

被告人孙泽一审被判死刑后，他的一审辩护律师四川达州的同行联系到我，提出二审时一起辩护，因为最近几年我专门研究毒品治理和毒品案件。但是我们一起做二审辩护后，二审法院维持原判，即判了死刑！二审法院判决以后，达州的律师同行退出了。死刑复核阶段的工作只有我来做。实际上我是冒着风险的，特别害怕被告人死在我手上，但是在二审阶段被告人和其家人对我们的辩护观点和庭审表现特别满意，所以在告知利害关系后我继续做被告人死刑复核阶段的律师。

在二审阶段我们除了用常规的辩护方法即提出称量、管辖、鉴定等方面存在非法取证、证据瑕疵等要点问题以外，最重要的是还证明了本案有"幽灵"存在，用"幽灵辩"争取为被告人留命。在死刑复核阶段我继续强调这个问题。

"幽灵辩"是辩护的一种策略，源于发生在我国台湾的一起香烟走私案件。走私的人被抓住后说：查获的香烟不是他的；他是个出海打鱼的渔民；海盗把鱼都抢走了，在他船上装了几箱香烟。这种说法也叫"海盗逻辑"。最后，当地的检察院在不排除存在海盗而又证实不了走私犯罪是唯一结论的前提下起诉，但法院判决无罪了。这里的海盗就是"幽灵"，是找不见的人。我办的孙泽案也有一个"幽灵"，是一个外号叫"小黑"的人。孙泽从来没有说过自己是"小黑"，但是有人指认他是"小黑"。经过辨认以后,在下家和与他打交道的证人两拨人中,一部分人指认"小黑"就是他,还有一部分人说他们见到的"小黑"不是这个人。这就出现了有两个"小黑"而另一个"小黑"还没到案的情况,即出现了真假"小黑"。我紧紧抓住这个问题不放,在面见最高人民法院死刑复核法官的时候重点强调了"小黑"这个问题,说明:不排除案外还有其他人,而这个人可能是一个毒枭,经常用别人的名字去办一些事情,包括贩毒;孙泽被这个人冒名顶替后脱不了干系,处于确实解释不清的境地。孙泽本人虽然被下家指认是到过案发地包头的"小黑",但是孙泽本人的手机基站信息没有记录其到过包头,所以他到包头作案的可能性应该可以排除。而案件确实发生于包头,那就说明有人以"小黑"的名义到包头作案,那个人就是"幽灵"。这种情况确实导致扑朔迷离状态。最后最高人民法院改判了,不予核准死刑。

孙旭飞案也发生在包头。他去广州贩毒,用邮包发货过来,在案发后被抓。但是他的上家和他的下家被抓了以后都指认交易者是一个姓杨的。姓杨的在湖南已经被抓了,但孙旭飞的上家经过辨认说,他说的"杨哥"不是这人。难道其他人也用这个名字?那这个人在哪儿?不知道。公安机关问收款人:"钱是你汇的款吗?""不是,是龙哥。龙哥给我汇的讨债的钱。"这一下子中间出来两个人,一个"杨哥",一个"龙哥"。这两个人公安机关没有去查实,也查实不了,因为像"幽灵"一样存在。有的时候,这些像"幽灵"一样的人有可能是公安的线人,钓鱼执法用的;也有可能是真的毒枭,他们就借用别人的身份证、身份信息搞活动。

既然本案出现"杨哥""龙哥"这两个无从查证的人物,出现了"幽灵",那我的辩护观点就紧紧抓住"幽灵"不放,进行"幽灵辩"。

孙旭飞案的辩护还有"天理辩"的元素在里面。案发时孙旭飞刚刚23周岁,是个年轻公民,于是我就做了从"讲天理"的角度法院不应该判处死刑的说理。

我从社会学角度来分析,做了一个家庭调查,并做了书面报告:孙旭飞家位于近郊农村。当年计划生育政策特别严厉时,他父母生育四个子女却没有被计生办查处。因为子女众多,他们家经济条件一落千丈。而且父母常年生病,母亲患癌症,父亲发生过三起交通事故,三次受重伤。从孙旭飞五年级开始他们就经常住院治疗,因此家庭入不敷出。因为家长常年住院,家里孩子无人看管,孙旭飞小学毕业后即辍学。虽然国家推行九年制义务教育，但是教育责任单位从没关心过这家孩子的就学情况，未了解辍学原因。我们一直说中国人口老龄化速度加快。如果现在我们把一个年轻人拉到刑场枪毙了，那么其社会意义在哪里？留下他，让他用感恩的心态回报社会将比一枪毙命具有更大的社会意义。更何况，同案还有两个人没有到案，案件事实还没有查清楚，适用死刑应该不符合"天理"。在书面报告当中我还附上了孙旭飞小时候特别可爱的一张照片，并反问道："这么好的孩子为什么会变成现在的贩毒分子？这个孩子的成长经历、社会责任问题也应该需要考证。"最后，"天理辩"起了作用：最高人民法院没有予以核准死刑，这个案件得以改判，而被告人孙旭飞得以留命！

以上是我在承办死刑案件当中总结的"天理辩""幽灵辩""留命辩"辩护策略。望大家指正！

欢迎大家到内蒙古做客、交流。谢谢！